国有林区林业产业识别与产业建设研究
——以黑龙江省为例

吕洁华　张　滨　著

科学出版社

北京

内 容 简 介

本书从国有林区林业产业建设与林业经济转型视角出发，以黑龙江省国有林区为研究区域，剖析林业经济发展的影响因素和制约因素，提出黑龙江省国有林区林业经济发展与生态产业建设的战略构想；通过对龙江森工集团和黑龙江省大小兴安岭森林生态功能区的林业产业类型识别，分析林业三次产业及内部产业结构之间的转换关系，确定非木质林业产业的发展潜力与途径，构建"一根两翼"式生态主导型经济发展模式，为推进黑龙江省国有林区林业产业建设与林业经济转型发展提供了有效途径。

本书可作为高等院校林业经济管理及生态经济学等专业学生的专题教材或为从事相关专业的科研工作者进行该领域的研究提供借鉴和参考。

图书在版编目（CIP）数据

国有林区林业产业识别与产业建设研究：以黑龙江省为例 / 吕洁华，张滨著. —北京：科学出版社，2018.9

ISBN 978-7-03-058741-1

Ⅰ.①国… Ⅱ.①吕… ②张… Ⅲ.①国有林–林区–林业经济–产业发展–研究–黑龙江 Ⅳ.①F326.273.5

中国版本图书馆 CIP 数据核字（2018）第 206921 号

责任编辑：李 莉 / 责任校对：孙婷婷
责任印制：吴兆东 / 封面设计：无极书装

科 学 出 版 社 出版
北京东黄城根北街 16 号
邮政编码：100717
http://www.sciencep.com
北京虎彩文化传播有限公司印刷
科学出版社发行 各地新华书店经销
*
2018 年 9 月第 一 版 开本：720 × 1000 1/16
2018 年 9 月第一次印刷 印张：15 1/4
字数：307 000
定价：106.00 元
（如有印装质量问题，我社负责调换）

前　言

　　国有林区林业经济发展是我国林业事业发展的核心内容，黑龙江省国有林区又是东北地区、内蒙古自治区国有林区重要的组成部分，黑龙江省国有林区林业产业建设情况不仅决定了地区林业经济发展水平，而且在很大程度上影响着区域林业生态环境。随着国有林区全面禁伐政策的实施，黑龙江省国有林区不仅面临着新的发展挑战，同样也面临着巨大的发展机遇，国有林区能否在现有有效森林资源禀赋的基础上发展新型林业产业，优化林业产业结构，推动林业生态化建设和林业经济转型，是决定未来国有林区林业事业发展水平的关键所在。本书从国有林区林业产业建设与林业经济转型视角出发，以黑龙江省国有林区为例，通过识别林业产业类型，分析林业产业结构转换关系，探讨非木质林业产业发展途径以及构建林业生态主导产业，找出制约国有林区林业产业建设、林业经济发展过程中的症结所在，为推动黑龙江省国有林区林业产业建设与林业经济转型提供新的发展思路。

　　本书共有 13 章，其中，吕洁华（东北林业大学）完成第 1、2、3、8、11、12 章，并统筹全书框架结构，张滨（东北林业大学）完成第 5、6、9、10 章，王惠（河北农业大学）完成第 7 章，张洪瑞（青岛科技大学）完成第 4 章，高路（哈尔滨金融学院）完成第 13 章，东北林业大学硕士研究生刘艳迪、付思琦、王潇涵参与全书的修改与排版，特别感谢刘延龙博士（哈尔滨工程大学）在第 6 章给予的建模帮助。

　　本书由黑龙江省科技攻关软科学项目（GC12D114）、黑龙江省哲学社会科学规划项目（14B123，17GLB012）资助。

　　由于作者水平有限，书中难免会有认识不足之处，敬请各位同仁批评指正！

作　者

2017 年 11 月

目　　录

下篇　黑龙江省大小兴安岭森林生态功能区林业产业识别与生态产业建设

上 篇

总 论

第1章 绪 论

1.1 研究背景、目的与意义

1.1.1 研究背景

国有林区是我国林业事业发展的核心区域。2016 年 5 月，国家林业局公布的《林业发展"十三五"规划》中明确指出：林业正处在新的战略机遇期和黄金发展期，林业改革发展具备了很多有利条件和积极因素，绿色发展赋予了林业发展新使命，全面建成小康社会提出了林业发展新任务，供给侧结构性改革明确了林业发展新要求，全球生态治理带来了林业发展新机遇。国有林区，尤其是国有重点林区，在新的战略机遇期和黄金发展期扮演着重要的角色，是改革创新的主力军。因此，优化国有林区林业产业结构，建设国有林区林业生态产业，推动国有林区林业经济转型升级，是应对新形势下林业发展挑战和破解我国林业发展困境的有效途径和必然选择。

黑龙江省作为我国的林业大省，林业经济的发展在整个经济社会中扮演着重要的角色。与此同时，黑龙江省国有林区又是整个黑龙江省林区的主体部分，2016 年 4 月公布的森林资源清查（第九次全国森林资源清查）结果显示，2015 年黑龙江省共有森林面积为 1990 万 hm^2，其中，中国龙江森林工业（集团）总公司（简称龙江森工集团）的森林面积为 816 万 hm^2，大兴安岭林业集团公司的森林面积为 679 万 hm^2，两者共计 1495 万 hm^2，占黑龙江省森林面积的 75.13%，因此，黑龙江省国有林区林业事业的发展情况实际上决定了整个黑龙江省林业经济发展水平。1998 年"天然林资源保护工程"的实施以及 2014 年 4 月黑龙江省重点国有林区全面停止天然林商品性采伐的措施都在很大程度上改变了黑龙江省国有林区林业产出结构，一方面，林木采伐量的减少不仅直接降低了木材采运业的产出效益，同时，作为下游产业的林木产品加工制造业在一定程度上也受到原材料供给不足的影响而面临发展困境；另一方面，黑龙江省国有林区非木质林业产业发展相对落后，从而在林木资源受到政策约束后，短时期内不能充分利用非林木资源形成发展互补。在这样的林业政策背景下，黑龙江省国有林区林业产业结构演化失衡，林业经济增长动力出现不足，加之黑龙江省国有林区林业基础设施相对落后，林业现代化尚未实现，因此，黑龙江省国有林区林业经济发展面临的困难重重。实际上，原有粗放式的林业经济发展模式已经不适合现阶段黑龙江省国有林区林业经济发展的需要，更不能满足现代化林业建设的现实需求。这就在客观上要求国有林区必须进行林业产业结构调整与林业经济的转型升级，以实现林业经济的高效发展。

2010～2012 年，黑龙江省国有林区加速了林业经济转型，林业经济发展由以木材生产为中心向以生态建设为中心逐渐转型，由以林木采运业为主向多产业共同发展转型，由相对封闭式发展向对内外全方位改革开放转型，由以生产建设为主向各项事业全面发展转型。通过一系列的改革措施，黑龙江省国有林区森林资源逐渐恢复，生态效益明显提高，林业产业结构趋于合理，体制机制不断完善，林区民生状况得到改善，林业经济增长动力日益提升，国有林区整体经济实力明显增强。然而，林业经济转型和林业产业优化并不是一蹴而就的，它是一个漫长的调整过程，并且随着林业经济的增长和林业产业规模的变化，每个林业产业之间产生了更多的联系，每个林业产业不再是相互割裂的个体，而是一个相互制约、相互促进的有机整体。因此，在对黑龙江省国有林区林业经济和林业产业进行研究的过程中，必须从全局的角度出发，在国家林业政策约束下，根据黑龙江省国有林区林业资源禀赋的实际情况和各个林业产业的发展潜力，制定合理的林业产业发展规划，形成合理的林业产业发展新布局，从而有效地带动黑龙江省国有林区林业经济增长和林业生态建设。

不仅如此，黑龙江省国有林区拥有丰富的森林资源，对保护我国生态系统安全以及发挥区域生态化优势有着重要的战略地位。生态环境保护对当今区域经济发展起到基础性的影响作用。然而，随着人类发展节奏的加速，森林资源往往被过度利用，生态环境日益恶化，人类早已身处经济社会发展与生态环境相互制约的矛盾之中。结合全球生态环境的发展问题，改善生态环境早已提上各国议事日程。森林作为陆地生态系统主体的部分，不仅是自然界中功能最完善的资源库、基因库、蓄水库、碳储库和能源库，而且在提供森林产品、保障生态安全以及促进人与自然的可持续发展中发挥着不可替代的作用。保护森林资源、发展区域经济成为我国公共决策的重要内容。近十几年来，我国多地区凸显出的高污染、高能耗产业对环境造成的持续影响和对经济造成的可持续发展制约，敲响了我国必须走生态经济发展之路的警钟。现阶段，我国各级政府以实现促进经济发展、稳定社会局面、平衡人口波动、降低资源消耗、改善区域生态环境质量等为目标，从各个层面制定了各类区域经济、社会、人口、资源、生态、环境等协调发展的战略措施。目前，在各地区经济发展过程中，不同的资源禀赋条件在一定程度上束缚了区域经济发展，其中生态环境恶化已经成为继资源禀赋条件之后对经济发展的最大束缚。此时，可持续发展战略成为人类经济和社会发展的必然要求，遵循可持续发展之路成为解决生态问题的必然选择。

大小兴安岭森林生态功能区是我国面积最大、纬度最高、国有林最集中、生态地位最重要的森林生态功能区和木材资源战略储备基地,在维护国家生态安全、应对气候变化、保障国家长远木材供给等方面具有不可替代的作用。大小兴安岭森林生态功能区有很大一部分位于黑龙江省区域范围内,但由于多年的高强度采伐,黑龙江省大小兴安岭地区的森林资源破坏严重,采伐抚育失调。长期的高强度开发,导致生态功能区生态功能退化、可采林木资源锐减、生态功能区民生困难、经济社会发展滞缓等矛盾和问题凸显。2009 年,黑龙江省省委、省政府确定今后一段时期着力建设"八大经济区"和"十大工程"的规划和部署。其中,"大小兴安岭生态功能保护区"和"生态环境建设保护工程"分别是黑龙江省省委、省政府确定建设"八大经济区"和"十大工程"的发展战略之一。建设生态功能区,是我国进入 21 世纪为应对生态环境的严峻挑战、统筹人与自然和谐发展的重大举措和有效途径。大小兴安岭地区是我国以森林为主、地处寒温带的生态功能区,在近半个世纪的开发建设过程中,森林生态系统受到不同程度的破坏,急需保护和恢复。因此,大小兴安岭地区面临着生态保护和发展经济的双重任务。按照黑龙江省省委精神:坚持生态主导、科学开发的方针,精心保护,修复和提升生态功能;合理开发,发展生态主导型经济;综合利用,科学适度有序开发林木和矿产资源;以人为本,切实提高人民生活质量,努力实现大小兴安岭森林生态功能区人口、经济、资源、环境协调发展,构建生产发展、生活富裕、生态良好的美好家园。这就要求全面停止大小兴安岭林木砍伐,让森林得以休养生息,让环境污染和生态破坏基本得到控制;同时,基于全省不同地区自然资源禀赋,大力发展区域特色优势产业、生态产业等接替产业,形成以生态经济为主的生态主导型经济格局。因此,将黑龙江省森林资源与林业经济发展有机结合起来,形成一个以森林资源为特色的林业产业新布局和以生态产业为优势的林业经济发展新模式,有利于推动黑龙江省国有林区林业事业的全面发展。

1.1.2　研究目的

本书从国有林区林业经济发展与林业产业转型角度出发,以黑龙江省国有林区为研究对象,具体从龙江森工集团和大兴安岭林业集团公司两家单位对黑龙江省国有林区林业经济发展现状、林业产业类型识别、林业产业结构优化、非木质林业产业发展、林业生态产业建设以及制度完善等内容进行分析,研究目的主要包括以下五个方面:

1)分析现阶段黑龙江省国有林区各个林业产业发展的现状,具体从龙江森工集团和黑龙江省大小兴安岭森林生态功能区两个区域范畴探讨黑龙江省国有林区林业经济发展和林业产业建设情况。

2）对龙江森工集团和黑龙江省大小兴安岭森林生态功能区林业三次产业及内部次级产业类型进行识别，在国家林业政策背景下，为黑龙江省国有林区林业生态产业建设与林业经济转型升级提供现实依据。

3）从林业产业产值增长的角度和林业产业结构相互转换的角度分析现阶段龙江森工集团林业产业结构情况，并进一步探讨不同林业产业的发展优势和劣势。

4）从产业关联角度分析龙江森工集团非木质林产品（non-wood products）产业与林业产业之间的关联程度，并从非木质林产品产业系统内生增长的角度出发，量化非木质林产品各产业对产业总体的动态影响效果及贡献水平，衡量非木质林产品各产业发展潜力及发展方向。

5）建立黑龙江省大小兴安岭森林生态功能区生态主导型经济发展模式，并优化生态功能区生态主导型林业产业，以推进生态功能区生态主导型经济格局。

1.1.3 研究意义

通过黑龙江省国有林区林业经济发展现状分析、林业产业类型识别分析、林业产业结构转换分析、林业产业关联分析、林业产业发展潜力分析以及林业生态化建设分析等一系列的实证研究，找出阻碍黑龙江省国有林区林业经济增长和制约林业产业优化的症结所在。在国家林业政策约束下，充分发挥黑龙江省国有林区有效森林资源禀赋的优势，通过对龙江森工集团和黑龙江省大小兴安岭森林生态功能区林业产业类型进行识别，较为全面地理解黑龙江省国有林区林业经济发展现状和林业产业演化特征，针对黑龙江省国有林业事业发展过程中存在的种种问题，针对性地给出合理的解决方案。通过对龙江森工集团非木质林产品产业的发展状况进行系统分析，明确非木质林产品产业对林业产业结构的影响程度，进而进行产业发展潜力分析，明确黑龙江省国有林区非木质林产品产业的进一步发展方向与重点，从而针对性地给出对策与建议；通过对黑龙江省大小兴安岭森林生态功能区林业生态主导型产业体系的设计与建设，形成相对完备的林业生态主导型产业发展模式与政策环境，这对于以大小兴安岭森林生态功能区为代表的黑龙江省国有林区实现林业生态化建设、林业经济健康增长以及森林可持续发展等都具有十分重要的理论意义与实践意义。具体来说，本书的研究意义主要有以下几点。

1. 有利于充分把握黑龙江省国有林区林业产业类型特征，剖析发展症结所在

从黑龙江省国有林区林业产业发展现状出发，通过灰色发展决策分析等方法对现阶段龙江森工集团和黑龙江省大小兴安岭森林生态功能区林业产业类型进行识别，剖析各个林业产业类型特征的变化轨迹，从而准确地判断出黑龙江省国有

林区各个林业产业的发展潜力。通过从林业产业发展动力（灰色发展系数）和产业规模水平（预期产业比重）等多个角度进行综合分析，进一步剖析黑龙江省国有林区林业产业发展过程中的症结所在。

2. 有利于掌控黑龙江省国有林区林业产业转型轨迹，提供产业结构优化依据

通过对龙江森工集团林业产业结构转型轨迹进行马尔可夫分析和有序度测算，实现对黑龙江省国有林区林业产业结构转型和林业产业发展的有效监测。在充分考虑国家林业政策和林业经济发展潜力的基础上，深入探讨龙江森工集团林业产业结构优化的潜在方向，针对龙江森工集团林业经济增长和林业产业结构调整中存在的若干问题，本书将结合龙江森工集团的有效森林资源禀赋优势给出调整林业产业结构的合理措施，而这些解决措施最终可以落实到具体的管理决策上。

3. 有利于促进黑龙江省国有林区非木质林产品的合理开发利用

通过对龙江森工集团非木质林产品产业的发展现状、发展优势以及发展中存在的问题进行分析，基于非木质林产品产业的内部构成，量化未来一段时间非木质林产品各产业对产业总体的动态影响效果及贡献水平，明确非木质林产品各产业发展潜力，借助灰色关联分析法找出非木质林业产业发展与产业结构变化之间的潜在关系，运用向量自回归（vector auto regression，VAR）模型进一步分析主要林业产业发展对非木质林业产业的带动作用，从而为合理开发利用黑龙江省国有林区非木质林产品，充分挖掘非木质林业产业潜在经济价值、发挥产业优势、弥补产业不足提供决策依据。

4. 有利于保护国有林区生态环境、维护区域生态安全，突破林区发展困境

大小兴安岭森林生态功能区是我国东北、华北的生态屏障，具有极为重要的生态价值。黑龙江省大小兴安岭森林生态功能区是大小兴安岭森林生态功能区的一部分，也是黑龙江省国有林区生态建设的重要内容。通过对黑龙江省大小兴安岭森林生态功能区林业生态主导型产业体系的设计与建设，为减缓黑龙江省国有林区生态功能退化，提升国有林区森林面积、蓄积，增强区域生态环境质量、维护区域生态安全提供新的发展思路。通过推动黑龙江省大小兴安岭森林生态功能区林业经济增长方式转型，形成相对完备的林业生态主导型产业发展模式与政策环境，有利于推进黑龙江省国有林区非木质林产品产业的发展，促进区域经济发展，缓解森林资源危机，增加大量就业岗位，吸纳林区下岗职工，提升职工生活水平，最大限度地缓解国有林区当前的"三危困境"①。本书着力解决黑龙江省大

---

① "三危困境"指可采林木资源危机、林业企业经济危困和职工生活危难。

小兴安岭森林生态功能区生态保护、资源利用与林业经济发展之间的矛盾,使黑龙江省大小兴安岭森林生态功能区成为生态环境优越、森林资源丰富、经济发展繁荣、人民生活富足、社会关系和谐的地区,进而带动黑龙江省国有林区林业产业生态化转型,促进国有林区林业经济可持续发展,实现绿色发展、绿色富民。

5. 有利于推动黑龙江省国有林区林业经济发展模式转变,实现林业可持续发展

中华人民共和国成立以来,黑龙江省国有林区林业经济发展主要依赖单一的木材型经济结构,过度砍伐单一的木材型经济结构成为破坏森林生态、耗竭森林资源的首要原因。进入 21 世纪以来,人民对生态环境质量的现实需求越来越高,以资源经济为特色、木材采伐为主导的林业经济发展模式,既违背了国有林区可持续发展的客观要求,又难以适应人民日益对生态环境质量的现实需求,黑龙江省国有林区林业经济发展模式急需转变。因此,充分利用森林特有的生物资源、气候资源和生态资源,发展具有自然垄断性的林特产品、绿色产品和有机产品,重构黑龙江省国有林区林业经济发展模式,优化林业产业布局,发展优势林业产业与特色林业产业,逐步建立一种新型的生态型林业经济发展模式是推动黑龙江省国有林区林业经济发展的有效途径,也是实现区域林业可持续发展的必然选择。

1.2　国内外研究综述

1.2.1　林业经济增长研究

臧良震等(2014)运用状态空间模型分析方法对 1995～2012 年中国农村劳动力转移对林业产业产出和林业产业结构的影响进行实证研究。结果表明:中国农村劳动力转移促使林业产业总产值不断提高,并且这种影响效应越来越大;与此同时,中国农村劳动力转移使得林业第一产业与第二产业之间的产值差距逐步拉大,即中国农村劳动力转移实际上对林业产业产出和林业产业结构的影响表现出不一致的特点。

廖冰(2014a,2014b)运用 2000～2011 年江西省林业相关数据,利用 C-D 生产函数模型和双对数模型测算劳动力、资本、林地面积生产要素对江西省林业经济增长的弹性系数,结果发现,现阶段江西省劳动力、资本和林地面积生产要素对林业经济增长的弹性系数分别为 0.46、0.29 和 0.25。相比之下,运用索洛余值法测算劳动力、资本、林地面积和科技进步对江西省林业经济增长的贡献率分别为 0.7、0.36、0.12 和 –0.09。同时,进一步运用结构效应模型对 1996～2012 年江西省林业数据进行实证分析,通过对江西省林业产业结构的变动情况进行分析,进一步测算林业产业结构变动对林业经济增长的影响。结果发现,江西省林业经

济增长是由林业产业增长效应和林业产业结构效应共同引起的，并且产业结构效应相比经济增长效应对江西省林业经济增长的作用更加明显。

余智敏等（2014）通过选取 1994～2012 年我国主要林产品进出口额与林业总产值数据，建立相应的 VAR 模型，从而对我国林业经济增长与林产品进出口之间的动态关系进行实证研究。结果表明：我国林业经济增长与林产品进出口之间存在长期稳定的格兰杰因果关系，并且从长期来看，林业经济增长与林产品进出口之间存在较弱的正带动效应，但林产品进出口对林业经济增长的贡献度相比林业经济增长对林产品进出口的贡献度较大。

邱方明等（2014）通过运用广义的 C-D 生产函数模型对浙江省 45 个林业标准化项目实施的统计数据进行实证分析，测算得到林业标准化实施对浙江省林业经济增长所产生的影响。结果表明，林业标准化实施对浙江省林业产出带有明显的正带动效应，并且从林业标准化实施强度和适用范围两个角度计算浙江省林业标准化的推广实施对林业经济增长的贡献率，分别达到 20.80% 和 19.98%，即林业标准化实施对林业经济增长具有显著的促进作用。吴亚奇等（2015）通过运用 C-D 生产函数对 1994～2011 年我国林业经济的相关数据进行实证研究，以分析我国林业经济增长的主要影响因素。结果发现，我国林业经济增长的主要影响因素是林业资本和林业政策，并且现阶段我国林业经济增长模型符合古典经济增长的模式。

王玉芳等（2015）从经济发展、社会建设、生态环境三个方面对大小兴安岭国有林区林业经济转型现状进行分析，通过参考已有的可持续发展等指标构建了大小兴安岭国有林区林业经济转型与林业经济增长之间的综合评价指标体系。在具体的实证分析方面，通过采用格兰杰因果关系检验方法对 2000～2012 年大小兴安岭国有林区林业经济转型与林业经济增长之间的因果关系进行检验，结果表明：大小兴安岭国有林区林业经济增长为林业经济转型创造了适宜的转型条件，但是短时期内林业经济转型并不能有效地促进林业经济增长。

张朝辉和耿玉德（2015）基于路径演化理论论述了"涌现机制"的路径依赖和"建构机制"的路径创造的具体演化特征。同时，在进一步分析路径演化理论中路径生成、路径依赖、路径正负向锁定和路径分化各个阶段属性的基础上，剖析国有林区传统林业产业的生成、发展、成熟、衰退等一系列演化过程以及现代林业产业演化的基本态势，从而系统掌握国有林区林业产业发展的一般性演化过程，最终为国有林区林业产业转型和现代林业产业体系构建研究奠定基础。

赵林美（2016）通过对林业公共投资经济增长效益和生态供给效应两个方面的研究，定量分析我国林业投资政策对林业经济增长和森林生态供给的推动作用，进而反映林业投资政策实施的成效。分析表明，从经济和生态两个角度来看，我国林业投资的效率总体上呈下降趋势。虽然林业投资的效率受多方面因素的影响，但是主要因素在于营林产业结构、投资体制和投资方向及其他相关政策。郑新宇（2016）运用灰色 GM（1，1）模型预测了 2015～2020 年河池市林业各产业产值，结果表明，第一产业稳步发展，第二产业初具规模，第三产业初具雏形，林下经济正在崛起。

1.2.2　产业结构研究

Clark（1940）以多个国家劳动力在三次产业间的投入产出数据资料为基础，研究产业结构的演进趋势及规律，结果表明，劳动力以经济发展为依托，由第一产业、第二产业、第三产业逐次转移。Drucker（2013）以美国为研究对象，选取三个制造业连续三年的统计数据进行实证研究，结果表明，有效的区域产业竞争结构以及多样化的区域经济对企业绩效有显著的影响。Hirschman（1958）则提出了"产业关联度准则"，他认为供需矛盾是经济增长的促进剂，可以对特定行业扶持形成主导产业以使不均衡状态通过关联产业形成一种增长拉力从而促进经济的增长。Peneder（2003）通过研究经济合作与发展组织（Organization for Economic Cooperation and Development，OECD）的 28 个国家的国内生产总值（gross domestic product，GDP）和经济增长的运行机制，认为产业结构的变动在 GDP 和经济增长中起到关键的作用。Valli 和 Saccone（2009）在研究中国和印度经济增长问题后，则认为经济增长主要来自行业内部劳动生产率的提高和资源在行业间的再分配。

耿玉德和万志芳（2006）从林业产业的种类、区域分布、组织结构、经济效益和环境因素等方面对黑龙江省林业产业结构的优化与调整进行研究，分析结果表明，黑龙江省国有林区林业产业体系还存在诸多弊端，而林业产业结构的调整与优化必须依据相关理论，并结合产业结构调整优化的目标和林业产业发展的特点及规律，积极推进林业企业建立和实施市场化运行机制，提高林业产业发展的科技含量，从而逐步实现黑龙江省国有林区产业结构的合理化和高度化。黄烈亚等（2010）和潘炜栋（2013）运用多部门经济模型对我国林业产业结构变动对林业经济增长的贡献值进行了测算，黄烈亚等（2010）认为林业产业结构的变动对林业经济增长有正向拉动作用，但属于次要的影响作用，潘炜栋（2013）则认为产业结构优化对林业经济有显著的促进作用，两者都认同林业产业结构的变动对林业经济增长存在显著的地区差异性。钟艳等（2011）通过对 1996～2009 年东北地区林业产业结构变动对林业经济增长的贡献分析，发现黑龙江省和吉林省林业产业结构变动对林业经济增长的贡献较大，但其贡献的波动也较大，辽宁省林业产业结构变动对林业经济增长的贡献及贡献的波动较小。

朱玉杰等（2011）通过建立灰色发展决策模型对黑龙江省林业第一、第二和第二产业中木材加工及木竹棕苇制品制造目标下的发展系数进行测算，结果表明，林业第一产业中未来潜力产业为木材采运和经济林产品的种植和采集，第二产业中的优势产业为林产化学产品制造和木竹苇浆造纸业，木材加工及木竹棕苇制品制造中的重要部分为锯材、木片加工和人造板制造，并提出相应发展政策。肖利容等（2012）运用灰色关联分析法、比较分析法以及建立灰色 GM（1，1）模型对浙江省林业产业结构现状及发展趋势进行了分析与测算，结果表明，浙江省林业产业结构虽优于全国林业产业结构，但相较于浙江省国民经济产业结构有所落后，认为应重点发展第三产业以实现优化浙江省林业产业结构的目标。

谢彦明等（2012）采用动态偏离份额分析方法对云南省林业产业结构进行研究，结果表明，林业第一、第二产业中涉林产业结构布局合理，林业第三产业结构布局则不合理。肖兴志等（2012）在对生产者和要素供给者进行双重优化动机分析的基础上运用各产业资本增长率、劳动产出弹性、勒纳指数、随机贴现因子、主观效用贴现因子、风险规避系数等数据建立了一个定量测算最优名义产出增长率模型，运用该模型对 1992～2009 年中国最优产业结构的测算结果发现，三次产业实际增长率与最优增长率之间大致保持同向变动关系，并且三次产业实际增长率与最优增长率之间差距的变化趋势能够有效地反映经济运行过程中的波动。

丁胜等（2013）运用产业关联分析法对 2005～2010 年林业三次产业之间以及产业内部次级产业间的关联关系进行计量，结果表明，林业三次产业中第二产业和第三产业间存在较高的关联性，三次产业内部关联性较高的产业分别为木材采运业、木材加工业以及林业旅游与休闲业，为进一步优化林业产业结构奠定了基础。吕盈（2013）从产业结构理论演进的角度出发，运用库兹涅茨法则和摩尔向量对我国 1996～2011 年林业产业结构变动速度进行分析，结果表明，我国林业产业结构变化速度呈现区域化差异，并且地区经济越发达，林业产业结构变化速度越快。丁贺等（2014）根据 1998～2011 年我国林业产业数据，利用灰色预测方法对 2012～2030 年数据进行预测，之后运用弹性模型对 1998～2030 年我国林业产业结构特点进行分析，结果表明，1998～2005 年林业表现为"一、二、三"的产业结构形式，2006～2021 年将演变为"二、一、三"的产业结构形式，2022～2030 年则进一步演变为"二、三、一"的产业结构形式。

吕洁华等（2014）通过建立马尔可夫二次规划模型，预测 2012～2020 年黑龙江省林业产业目标结构，并进行 1998～2011 年林业产业结构的有序度测算，结果表明，2006～2011 年黑龙江省林业产业结构优化效果较好，其中 2012 年、2015 年以及 2020 年参照指标的有序度分别为 0.97～0.98、0.92～0.93 以及 0.89～0.90，且近些年黑龙江省林业产业结构调整程度较好，为继续优化林业产业结构提供思路与策略。杨阳和田刚（2015）运用向量误差修正模型分析 1996～2014 年中国林业总产值与林业三次产业之间的均衡关系，结果发现，中国林业总产值与林业三次产业之间存在长期协整关系，协整关系系数为–0.63，认为林业产业发展的关键是优化林业产业结构的同时充分发挥地方资源禀赋的优势。

朱震锋等（2016）基于相似度视角，采用结构相似系数分别测算2003～2014年黑龙江省森工林区与全国以及东北地区、内蒙古自治区重点国有林区林业产业结构相似度，并测算黑龙江省森工林区内部多种经济产业结构相似度，结果表明，东北地区、内蒙古自治区重点国有林区林业产业结构具有显著的相似性，2010年后黑龙江省森工林区相对于全国林业产业结构相似度呈下降趋势，黑龙江省森工林区内部多种经济产业结构趋同性明显，不利于其成为深化国有林区转型的依托，为积极应对林区改革提供理论与现实依据。

曹媛媛（2016）运用灰色关联分析法，从静态和动态两个角度对林业产业之间和各子产业内部间的灰色关联度进行测算，从林业产业结构调整的目标、影响产业结构调整的因素以及调整建议三个方面提出石家庄市林业产业结构调整的对策。结果表明，林业第一产业的主导地位逐渐变弱；林木培育的关联度居于第二位，但呈先升后降的趋势；除非木质林产品加工制造业的关联度曲线是呈波动上升的外，其他子产业都呈波动下降的状态。赵丹等（2016）通过从区域角度对西南地区林业产业集聚水平进行研究，基于2009～2013年西南地区林业产业的产值数据，计算出林业产业的区域集聚程度指数，结果表明，花卉及其他观赏植物种植、木材加工及木竹藤棕苇制品制造、林业旅游与休闲服务、林业专业技术服务不适合作为集聚产业培植；经济林产品的种植和采集可作为产业集群进行培育；林产化学产品制造、非木质林产品加工制造业应及时进行集群升级和转型；其他产业可作为西南地区林业产业发展的接续产业并大力发展。

张琦和万志芳（2016）依据2001～2014年黑龙江省国有林区林业产业相关数据，分析了黑龙江省国有林区林业产值增长率、产业主导性及多样性，并结合黑龙江省国有林区全面停止天然林商业性采伐的实际情况，结果表明，目前黑龙江省国有林区三次产业产值除2014年外均呈逐年上升趋势，第一、第二产业产值增长率波动幅度较大，第三产业产值增长率波动幅度较小。李臣（2016）采用规范分析和实证分析相结合、定量分析和定性分析相统一的研究方法，构建评价指标体系，运用熵值法对黑龙江省国有林区林业产业转型的成效进行分析，结果表明，2005～2014年黑龙江省国有林区林业产业转型不断向优化升级的方向迈进。利用主成分分析，对黑龙江省国有林区主导产业进行选择，将以森林旅游为主的第三产业确定为林业主导产业，并根据得分筛选出其他优势产业，以此为依据构建黑龙江省国有林区林业产业体系。

牛乌日娜（2016）采用动态偏离的份额分析方法进行研究，着重对内蒙古自治区林区份额分量、竞争偏离分量、结构偏离分量的变化情况进行观察，并通过动态数据将其较为直观地进行展示，用以支持内蒙古自治区林区产业结构的发展状况研究的系统化分析，结果表明，内蒙古自治区林业发展速度落后于全国平均值，竞争偏离值仍处于负值状态。

魏斌和王晓燊（2017）从静态、动态及结构效益等角度对辽宁省林业产业结构进行分析，并将辽宁省与全国以及其他部分省份的林业产业结构进行比较，结果表明，辽宁省林业产业目前处于优化升级阶段，在产业结构变动速率、多元化上领先全国总体水平，增长稳定性略低于全国平均水平。张菊等（2017）根据全国及内蒙古自治区 2001～2014 年《中国林业统计年鉴》的数据，引用动态偏离-份额分析模型，对内蒙古自治区林业产业进行分析，表明内蒙古自治区林业产业较全国水平仍有差距，但稳中有增，结果表明，内蒙古自治区林业产值第一、第二、第三产业较全国平均水平均有所增长，体现了内蒙古自治区林业产业结构逐渐进行调整的有效性。

1.2.3　产业类型划分研究

刘思峰等（1998）通过建立收入弹性指标、需求增长率指标、技术进步指标、产业关联度指标和比较优势系数等为主的区域主导产业评价模型，成功地识别区域主导产业并对其他产业进行类型划分。王德鲁（2004）在梳理英国、法国洛林、中国香港的产业转型以及中国上海市纺织行业产业结构调整后，进一步从产业演进趋势、区域产业竞争力和资源约束 3 个典型因素对城市衰退产业进行识别，最后针对衰退产业的具体情况提出从企业能力再造、产业区位转移、产业延伸、产业创新等方式实现城市衰退产业的转型升级。

在分析传统三次产业之间的融合、新兴产业与传统三次产业的融合、产业经济系统与生态系统的融合的基础上，韩顺法和李向民（2009）认为产业融合的直接效应是产业发展基础、产业结构关系、产业之间关联、产业组织形态等方面发生根本性改变。产业融合的推进往往导致传统的三次产业分类不再准确地揭示现代产业结构的演变规律，并且三次产业的经济解释能力也大大减弱。为解决传统三次产业划分方式对经济解释能力降低的问题，同时适应产业发展模式的进一步转变，依据产品价值构成的变化，从产业演化的角度对现代产业进行解构分析，创造性地提出现代化产业分别是以精神产品、物质产品、服务产品以及生态产品生产为主的创意产业、物质产业、服务产业以及生态产业所形成的新型产业体系，并且在这个新型产业体系中，创意产业在影响产业结构演变的方向上具有主要作用。

赵树宽和姜红（2007）在梳理经济增长的创新结构效应、产业技术创新传导路径的基础上，具体论述了基于创新结构效应的产业类型划分方法，并对 2006

年我国 38 个工业产业类型进行识别，划分出 5 个不同的工业产业类型，同时，根据各个工业产业类型及其在我国经济社会中的具体作用给出不同的产业政策建议。王满（2010）通过对我国主要林业产业类型生产规模和地区分布进行分析，并根据我国林业产业发展所面临的新形势，针对性地规划我国林业产业发展的基本格局，并提出我国林业产业发展布局的整体思路。吕洁华等（2014b，2014c）通过运用灰色 GM（1，1）模型和灰色发展决策模型，从产业产值影响力和产业发展潜力两个角度对黑龙江省和伊春市林业产业类型进行划分，并对林业产业类型划分结果进行针对性的分析与探讨，取得了良好的预期效果。

1.2.4 循环经济研究

国外对循环经济的研究具体见表 1-1。

表 1-1　循环经济研究领域主要理论内容

代表人物	理论名称	主要贡献
肯尼斯·波尔丁	"太空船经济"理论	1966 年发表《即将到来的宇宙飞船经济学》，首次从经济学角度提出"循环经济"的概念。主张建立既不会使资源枯竭，又不会造成环境污染和生态破坏，能循环使用各种资源的循环式经济，代替过去的单程式经济，是循环经济思想的基础
保罗·霍肯	商业生态学	循环经济是实现可持续发展的主要途径，提出"商业生态学模式"；指出线性经济存在严重的弊端以及"系统设计"在循环经济发展模式中占据首要位置；重新认识企业的性质、企业的经营、企业的活动对社会的影响
巴里·康芒纳	"控制等同于失控"理论	在对待污染物的问题上，预防胜于控制；经济及技术因素导致资源未能完全实现循环利用；提出多种措施以促进资源的循环利用并从源头预防污染
艾默里·洛文斯	自然资本理论	在通往自然资本论的进程中，商业经营模式会发生 4 个方面的变化：自然生产率提高、循环经济模式、循环经济所倡导的职能经济或服务经济模式、对自然资本再投资
莱斯特·R.布朗	生态经济	闭路循环的模式；反对过度消费，反对物品用过即弃；在经济发展过程中，技术是一把"双刃剑"；政府应发挥更大的作用

自我国引进循环经济概念以来，国内政府部门、产业界和学术界对循环经济的研究非常活跃，多维度对循环经济进行了研究。从目前来看，我国学者对循环经济理论的研究大体可分为以下几种观点："资源综合利用论""发展模式论""发展阶段论""经济形态论""5R 理论"[①]［即再思考（rethink）、减量化（reduce）、再

[①] "5R 理论"是在原有"3R 理论"的基础上进行了拓展，是对循环经济理论的发展和完善，"3R"即减量化（reduce）、再利用（reuse）、再循环（recycle）。

使用（reuse）、再循环（recyde）、再修复（repair）]。从清洁生产开始，我国对生态产业系统的各个领域都进行了有益的探索和研究。1985 年马传栋在《经济研究》上发表了一篇题为《提高能源开发利用的经济生态效益》的文章，成为国内早期较为系统的关于生态产业方面的研究。我国著名的生态学家马世骏在 1984 年提出社会-经济-自然复合生态系统的概念、动力机制及控制原理。1994 年生态经济学家刘思华把生态经济作为多层利用的一种现代工业发展模式。李有润等（2001）认为生态产业系统可能在企业内部的不同工艺流程中建立，或者在一个联合企业构成的企业群落，或者在一个包含若干工业企业以及农业、居民区等的一个区域系统，即工业园区的范围内建立。

1.2.5　生态产业研究

生态功能区的生态产业发展，实质是一个区域内的经济发展，是考虑生态经济平衡发展条件下的产业优化问题。产业系统中物质与能量的输入依赖于自然生态系统的供给，但是输出却往往造成严重的环境压力。这给科学家的启发是模拟自然生态系统，从中获得产业开发的途径与方法。通过与自然生态系统的类比，Frosch 和 Gallopoulos（1992）指出传统的产业活动模式应转向生态产业系统模式，它的目标是建立"无废物"产生的物质循环产业体系。系统生态学家 Brown（2005）将生态产业划分为生物圈的一个亚系统，认为生态产业是一个能量、物质消耗最优化的系统，工业废料最少，一个过程的产品是下一个过程的原材料，在这个系统里技术、生产、消耗得到最和谐的统一，生态产业的重要特征是生态性与共生性。生态产业系统是自然生态系统的一部分，不同产业或企业可以通过各种废弃物连接成生态产业系统（埃尔克曼，1999）。系统组成的四个基本要素是资源开采、制造者、消费者和废物处理者，生态产业的系统模式可以表述为通过系统中基本要素之间及其内部的交互作用，实现有限的资源输入和有限的废物输出（Allenby，1999）。与自然生态系统相似，工业生态系统的代谢机理的研究是通过分析系统的结构，进行功能模拟和分析输入输出信息流进行的，并指出工业活动过程中的全部物质与能量的流动与储存情况以及对环境的影响（Ayre，2005）。生态产业的发展模式，较为典型的是以 Schalarb（2001）为代表，认为生态产业系统企业之间应该建立物质和能量交换的共生关系或将区域的政府、社区公众加入企业循环，形成多方合作以实现系统的物质流、能量流、信息流、人才流的功能。美国经济学家罗斯托、日本经济学家筱原三代平等提出建立合理的产业结构和推进产业结构优化对经济发展的重要性，并从更广泛的角度论证了优化产业结构的途径，使其更具有现实的指导意义。特别是罗斯托的理论观点对发展中国家在经济发展中确立和调整自己的产业结构有很大的参考价值，调整产业结构主要靠主导产业的启动和带动等。

我国生态经济的研究兴起源于实践的需要。在著名经济学家许涤新的倡导下，生态经济学的研究工作在全国蓬勃兴起。刘思华（1994）初步确立了我国生态经济学的理论体系，将产业生态化过程看作合理、充分、节约利用资源以及工业产品在生产与消费过程中尽量减少资源的消耗、降低废弃物的排放从而实现多层次利用的一种现代工业可持续发展模式。刘增文和李雅素（2003）根据生态系统可持续性的基本原理对发展持续林业的趋势、结构、特点和理论基础等问题进行了研究。通过分析林业在生态建设中的特殊地位，利忠（2004）提出了林业可持续发展的有效途径：区域林业可持续发展、引入非公有制林业、制定科技强林政策、开征生态税、建立林业可持续发展的保障体系。有学者对林业产业化发展过程中存在的问题进行了分析，并提出了一些改进林业产业化的相关政策建议（刘显凤和戚福庆，2001）。曹建华和王红英（2005）认为林业政策就是将有限的森林资源分配与经济利用和生态利用，并要找到经济效益与生态效益最大化的均衡点。雷加富（2005）则认为应当从生态建设为主的林业发展战略的角度重新认识林业产业，充分体现林业产业发展对林业生态建设的促进作用。梁伟军和易法海（2007）在界定产业生态化概念的基础上，归纳了产业生态化的主要特征，分析了生态产业演进机制。

黄和平等（2014）运用层次分析法（analytic hierarchy process，AHP）和专家咨询法，构建了包括社会发展、经济增长、生态建设、资源利用和环境保护五个模块在内的生态经济指数评价指标体系和模型，并将其应用到鄱阳湖生态经济区。齐木村和于波涛（2015）基于黑龙江省森工林区的产业体系，运用数据包络分析（data development analysis，DEA）方法，对黑龙江省森工林区林业生态经济模式进行了产业划分，以最具代表性的营林产业、森林生态旅游产业、林下经济产业的产值作为产出指标，以固定资产投资完成额及在岗职工年均工资为投入指标，对黑龙江省森工林区林业生态经济模式进行投入产出效率评价。结果表明，增加林业投入、扩大林业生态经济发展规模可以有效提高黑龙江省森工林区的生态经济效益。邓冬梅（2016）通过分析林业生态文明和评价指标体系原理与林业生态文明理论基础，构建了林业生态文明评价指标体系并以广东省清远市清城区为例进行了实践应用。

陈飞（2016）从安徽省林业生态经济发展的实际状况出发，结合林业经济理论以及公共政策评价相关理论基础，构建了评价指标体系，并对安徽省相关林业政策实施的效果进行了分析，分析认为安徽省林业生态经济相关政策的实施取得了较为明显的成效，但其中林业经济效益水平提高较快，而生态和社会效益相对滞后；通过对公共政策实施效果的影响因素进行理论分析，认为影响和限制安徽省相关林业生态经济政策执行效果的深层次原因是林业自然资源有限、经营水平

不高、政府相关财税政策投入不够、人力资源不足以及政策内容之间不够协调和
政策执行制度本身存在局限性等。在生态经济学、可持续发展理论和协调发展理
论的指导下，汪伟（2016）基于汶川县林业生态经济的发展现状，分析了推进林
业生态建设的必要性和重要性，并探讨了促进汶川县林业生态经济体系建设的对
策。Chen 等（2017）运用产出距离函数综合考虑中国林业的经济和生态产出，并
用随机性来讨论其生产效率前沿模型控制和环境变量被纳入捕捉中国林业的异质
性，实证结果表明，中国东北部以外的中国经济区域之间的效率差距并不明显，
国有林业结构对中国林业的生产效率有显著的负面影响。

1.2.6　林业可持续发展研究

林业产业生态化是实现林业可持续发展的重要途径，林业产业生态化是实现
经济可持续发展和生态环境持续改善的关键途径，同时，林业产业生态化也是林
业资源型城市转型的有效途径之一。

不同学者对于林业资源的可持续管理有着不同的理解，但实质上都是考虑与
林业资源相联系的各种社会、经济、环境之间关系的协调与平衡。Kangas 等（2006）
提出了评价与监视林业可持续管理的过程的标准与指标。林业可持续管理的
Bhopal-India 过程是在考虑印度林业形势的基础上，通过一系列的会议与讨论以及
国家级别的研讨会而制定的，Bhopal-India 过程包含了 8 个标准与 43 个指标，前
4 个标准包含 21 个相关指标，解释了生态的排他性，而其他标准与指标是衡量社
会、经济方面的（Gol，2004；IIFM，2005；Kangas et al.，2006）。Namaalwa 等
（2007）和 Kotwal 等（2008）尝试着建立衡量可持续林业管理的标准与指标体系，
其所建立的标准与指标体系将林业生态的发展放在了重要的位置，在此基础上兼
顾林业对经济发展的支持。

森林资源的利用与生态环境的保持之间既存在竞争又存在合作的关系。Shahi
和 Kant（2005）利用进化博弈理论方法建立了一个联合森林管理（joint forest
management，JFM）体制框架下当地政府与国家机构（林业管理者）之间相互作
用的模型。他们还建立了一个非对称双矩阵博弈来描述这些相互作用，并利用
进化稳定策略（evolutionary stable strategies，ESS）来理解 JFM 项目产出的空间
与时间变量，然而他们的研究结果被限制在采取同样策略的政府。从经济策略
角度来看，这些政府是完美同质的，而在实际中这些政府是不可能存在的。Shahi
和 Kant（2005，2007）也意识到了这方面的局限性，并强调需要将这些工作
延伸到异质的政府，进一步利用进化博弈理论方法研究 JFM 问题，将国家体
制和 JFM 体制下的不同政府作为 n 人非对称博弈，并利用 ESS 和渐近稳定状
态（asymptotically stable states，ASS）解释 JFM 项目产出的变量。在国家体制下

的林业利用 n 人博弈有一个唯一的纳什均衡，在该均衡条件下，背叛者和违法者将继续非法采伐林业资源直到采伐的净收益为负。在 JFM 体制下，林业资源利用的 n 人博弈具有很多纳什均衡，但是只有一个子博弈完美背叛均衡。然而，JFM 体制下的 n 人博弈具有四个进化策略均衡：合作者（C）均衡；背叛者（D）均衡；背叛者-执行者（D-E）均衡和合作者-执行者（C-E）均衡，但是只有两个渐近稳定均衡（C-E 和 D-E）。

林业资源的利用效率与区域社会经济稳定发展是紧密相关的，林业资源的消耗随着国民收入水平的增加而增加，而且有时候还会出现加速增长的态势（Escobal and Aldana，2003）。Lantz（2002）对加拿大 GDP 与人均森林面积之间的关系进行了验证，发现它们之间不存在倒 U 形关系。在发展中国家则出现了不同的情况，随着国民总收入水平的不断提高可能增加林业资源的压力（Angelsen and Kaimowitz，1999）。Mamo 等（2007）研究了林业资源对城市家庭收入水平的影响，利用实证方法进行了分析，发现林业收入在可支配收入所占的比重与农业几乎相等，而且在比较贫困的其他林业收入所占的比重要比其他收入来源的比重都大，而且较富裕的区域从林业资源所获得的收入要比贫困区域高，林业资源是人们生活的重要潜在来源，有效地利用林业资源将改善人们的福利水平。西欧为了恢复废弃地原有生态系统和建立新的自我维持生态系统，实施了政府集资、发展经济和有效恢复技术等一系列短期和长期的处理措施（Bradshaw，1983）。

国内学者对林业的可持续发展也从不同方面进行了研究，陈木发（2007）研究了林业的可持续发展与森林资源的持续利用之间的关系；刘超（2005）通过对循环经济与林业可持续发展的关系进行分析，提出利用循环经济解决林业可持续发展的问题；朱玉林和陈洪（2007）从可持续发展的角度分析了建立林业循环经济的必要性与可行性，并提出了相应的政策建议。郭占胜等（2007）根据目标层、亚目标层和指标层 3 个层次的评价指标体系对林业可持续发展能力进行了综合评价研究，在所建立的评价指标体系中将林业生态发展作为首要目标进行了考虑，突出了林业可持续发展中林业生态的重要性。

刘显凤和戚福庆（2001）对林业产业化发展过程中存在的问题进行了分析，并提出了一些改进林业产业化的相关政策建议。赵良平等（2004）以全国林业生态建设与治理区划的研究成果为基础，深入分析了八大林业生态建设与治理区域的自然与社会环境，研究发现各区域面临的主要生态问题以及林业生态建设的有利与不利因素，提出了各区域林业生态建设与治理的思路与方向。林世祥（2007）在总结福安市林业生态建设与产业发展工作的现状及存在问题的基础上，结合我国林业发展的形势提出了林业生态与产业发展的目标、对策、措施，提出需要重点发展林业产业。刘增文等（2013）通过生态系统可持续性的基本原理对发展持续林业的趋势、结构、特点和理论基础等问题进行了研究。我国政府在林业生态建设方面做出了积极的努力，取得了巨大的成就，但生态形势依然严峻，治理速度远远落后于生态恶化速度，生态建设与国民经济和社会发展的要求极不适应，生态建设任务还相当艰巨（张於倩和王玉芳，2004）。吴志文和杨淑军（2005）研究了清洁发展机制（clean development mechanism，CDM）对中国林业发展启示，适当地引入 CDM 经济学在解决此类问题时的思路，综合运作用强制性政策和产权交易方法，建立一种"上下游利益互补机制"，公益林生态效益补偿基金制度，征收范围、征收环节和标准、征收办法、适用范围、建立森林生态监测网络等，CDM 值得借鉴。张映（2017）通过对伊春市林区森林结构、森林资源利用现状、气候变化等问题的分析，提出了伊春市林区发展生态林业建设的建议与措施，分析了木材产量与木材消耗量之间的关系，通过回归方程为科学安排木材生产计划提供了理论依据以实现生态林业的发展与木材资源的永续利用相协调。

张智光（2007）提出了林业生态与林业产业协调发展问题的重要性，并对研究现状进行了综述。曹建华和王红英（2005）则认为林业政策就是将有限的森林资源分配与经济利用和生态利用，并要找到经济效益与生态效益最大化的均衡点。张大红（2005）则认为应当以林业产业的发展推动林业生态建设，拉动森林培育业，甚至提出以"产业载体论"取代"产业主体论"。

1.2.7　大小兴安岭森林生态功能区现状研究

大小兴安岭森林生态功能区建设是在明确定位大小兴安岭林业区域，采用多样指标衡量该区域可持续发展水平，突出生态优先原则的基础上，妥善解决区域内及区际关系协调发展的问题。具体研究方向主要包括以下两个方面。

1. 国家级发展战略，凸显典型自然地理条件下不可替代的生态作用

2003 年，《中国 21 世纪初可持续发展行动纲要》在总结以往成就和经验的基础上，提出了我国 21 世纪可持续发展的新目标、新任务和新要求。2007 年，我国开始着手编制《全国主体功能区规划》，根据《国务院关于编制全国主体功能区规划的意见》（国发〔2007〕21 号）的要求，"全国国土空间将被统一划分为优化开发、重点开发、限制开发和禁止开发四大类主体功能区"，黑龙江省大小兴安岭地区被确定为限制开发的重要生态功能区。2010 年 12 月 16 日，国家发展和改革委员会对《大小兴安岭林区生态保护与经济转型规划（2010~2020 年）》予以批复（发改东北〔2010〕2950 号），标志着大小兴安岭森林生态功能区上升为国家级发展战略，并且进一步强调大小兴安岭森林生态功能区的生态作用。作为黑龙江省"十二五"时期"八大经济区"发展战略之一的大小兴安岭森林生态功能区建设，能否顺利实现并使其尽快恢复到可持续发展状态是大小兴安岭森林生态功能区可持续发展的关键所在。

2. 存在或潜在的主要问题，引起生态环境问题的驱动力和原因

第一，停止森林主伐问题。丁郁（2011）探讨了伊春市林区停止森林主伐要处理好的 6 个问题，即停伐与森林保护、森林培育、经济转型、扩大就业、对外开放、对上争取 6 个关系。2010 年 12 月 16 日国家发展和改革委员会与国家林业局联合颁布的《大小兴安岭林区生态保护与经济转型规划（2010～2020 年）》为大小兴安岭林区的可持续发展指明了道路，有助于逐步恢复东北地区生态屏障（齐泓鑫等，2011）。第二，保障机制问题。贾若祥和侯晓丽在 2009 年《限制开发区域中森林生态功能区的利益补偿机制问题》一文中提出综合补偿机制、补偿基金机制、补偿资金筹措机制、特色产业发展机制。在《为大小兴安岭森林生态功能区建设提供制度保障》一文中从理念、保障机制、政策法规和政绩考核四个方面论述（马边防，2009）。曾昭文等（2008）对大小兴安岭生态功能内资源、生态环境、经济、社会等进行现状分析及评价，并提出功能区协调、持续发展的基本思路及目标。在适度开发区和重点开发区内，在注重生态环境保护与恢复的同时，发展以循环经济、清洁生产、生态旅游及绿色、特色产业等为重点的生态经济产业。李小丽在 2011 年《大小兴安岭森林生态功能区可持续发展保障机制创新研究》一文中提出构建社会沟通机制、社会责任机制、社会法律机制、社会监督机制。第三，经济转型问题。王玉芳等（2016）通过对 2000～2014 年大小兴安岭国有林区的相关统计数据，从纵向的角度对大小兴安岭国有林区转型发展情况进行比较，具体剖析了林区社会、经济及生态各层面的转型进展情况，实证结果表明，大小兴安岭国有林区转型发展总体呈现较好的发展趋势，但是经济、社会、生态各领域的转型发展尚不协调，且各领域的转型发展仍处于较低的水平，其中经济领域的转型最好，生态领域的转型最差。

1.2.8　非木质林产品研究

关于"非木质林产品"一词，2006 年之前，国外学者较多采用的是"非木材林产品"（non-timber forest products）这一名称，关于这一名称也有很多种叫法，包括：林副产品、特殊林产品、多种利用林产品、非木质林产品等。自 2006 年，联合国粮食及农业组织（Food and Agriculture Organization of the United Nations，FAO）发布了 *Global Forest Resources Assessment* 报告，该报告采用了非木质林产品一词，并定义非木质林产品是从以森林资源为核心的生物群落中获得能满足人类生存或生产需要的产品与服务，认为其包括植物类产品、动物类产品以及服务类产品等多种类别。开发利用非木质林产品能够从多种渠道帮助受到冲击与影响的贫困居民缓解危机，非木质林产品能够提供安全网，能够用来满足生活的基本需求还能获得收入来源。例如，可被用作薪柴、食物、工具、医药等（Khanina et al.，2001）。美国林务局介绍了美国联邦政府基于多功能利用的林业政策，开发利用不同类型的非木质林产品，其中包括草药及保健品、森林食品和动物饲料、花卉园艺装饰制品、芳香树脂和植物精油、工艺美术品以及毛皮服饰品和狩猎等，以及在开发过程中面临的主要问题及采取的应对措施（US Forest Service，2014）。

张爱美（2008）及卢萍和罗明灿（2009）对我国非木质林产品开发利用、存在的问题以及问题产生的原因进行了系统分析，认为当前我国非木质林产品开发利用过程中存在缺乏人才资源、科技投入，市场机制不完善，资源管理体制不健全等问题，并提出完善市场机制、规范战略规划、加大扶持力度等建议。朱臻等（2011）从非木质林产品生产投入的角度，建立 C-D 生产函数对临安市 2 个县 167 户林农数据进行实证分析，结果表明，地域因素、农药化肥投入显著影响该地区非木质林产品生产，而林业劳动力人均种植面积以及劳动力投入仅显著影响山核桃生产。浙江省非木质林产品生产规模小，产后商品化处理较为落后且产品质量有待提高，地区专业合作经济组织之间发展不均衡，存在品牌繁多且杂乱的现象（崔雨晴和徐秀英，2011）。赵静（2014）运用 AHP-SWOT 分析方法对江西省非木质林产品利用进行综合发展评价，结果表明，收益动力、消费及需求动力是当前非木质林产品利用的三大发展动力。

FAO（1997）认为非木质林产品的发展对生物多样性有一定的影响作用，对非木质林产品合理开发能够在推进森林资源可持续利用的同时，缓解人口的高速增长与生态环境之间日益凸显的矛盾。Janse 和 Ottitsch 认为影响非木质林产品生产和服务的因素主要有体制框架、经济特点（竞争和排他性）、人口、森林资源、价值观、习俗等。Mulenga 等（2012）建立二阶段估计模型来分析非木质林产品与居民收入之间的关系，首先估计一个家庭从事非木质林产品采集受哪些因素的影响，其次在此估计基础上考察采集非木质林产品获得的家庭收入受哪些因素的影响。非木质林产品具有多重利用价值，能够满足不同国家的效益需求，如乌克兰主要利用非木质林产品获得经济效益，而瑞士则主要利用非木质林产品获得文化价值与精神享受（Strynmetes，2012）。

李超等（2011）运用 ArcGIS9.3 生成主要非木质林产品产量及产地分布图发现非木质林产品具有巨大的综合利用价值，不仅能够改善生态环境和促进林业可持续经营，还能为贫困地区带来多种经济来源。王玉芳等（2014）从非木质林产品经济效益角度，测算了非木质林产品对龙江森工集团企业经济增长的贡献率，结果表明：2004～2012 年非木质林产品产业对企业经济增长平均贡献率高达19.92%，其中以森林旅游业和森林食品业的贡献水平最为显著，回归结果显示非木质林产品产业与龙江森工集团企业经济增长之间存在正相关。

　　耿利敏和沈文星（2014）通过评析非木质林产品与粮食安全、增加居民收入、乡村安全网之间的研究概况，认为非木质林产品能够增加林区居民收入和减少贫困是当前研究所得出的一致性结论，但其研究视角需进一步扩展。廖灵芝和吕宛青（2015）在对中国林产品贸易壁垒研究进行综述的基础上，提出今后应多以非木质林产品的角度进行贸易壁垒以及贸易壁垒量化等方面的研究，改变当前仅以木质林产品贸易作为研究对象的研究现状。张松（2015）以松花江为研究对象，通过实地调研分析非木质林产品开发利用对职工住户收入的影响，结果表明，非木质林产品产量与经营面积对职工收入影响最为显著，其次是家庭劳动力数以及是否参加相关技术培训，最后为投入非木质林产品劳作的时间。李鹏丹和张雅丽（2016）基于微观农户调查数据，实证分析生产经营非木质林产品对西部地区家庭收入影响效果，结果表明，非木质林产品生产经营对农户增收作用显著。

　　非木质林产品认证是一种森林认证形式，是由独立的第三方机构按照规定的程序和标准对森林经营和林产品生产销售进行合格评定的活动，是一种运用市场机制促进森林可持续经营的工具（宋永贵，2016）。胡延杰（2016）对我国非木质林产品认证面积、分布、产品类型等现状梳理的同时重点分析了非木质林产品认证的效益，从认证产品市场培育、市场需求、企业扶持、认证成本、企业联盟等方面分析了目前开展非木质林产品认证面临的主要问题，针对国有林区和集体林区，分别提出了今后深化非木质林产品认证的思路和对策。李秋娟等（2016）对比现有的非木质林产品认证标准，分析当前非木质林产品认证现状，提出对我国发展非木质林产品认证的几点建议，包括完善非木质林产品认证标准、推进非木质林产品认证标准的国际互认、优先发展有市场前景产品的认证和加强对非木质林产品认证的宣传等。

　　张雨竹等（2016）运用灰色关联分析法，研究非木质林产品产业与林业产业结构的关联度，分析其对林业产业结构的影响，采用灰色预测方法，预测非木质林产品产业的发展趋势，并分析预测后的非木质林产品产业与林业产业结构的相关性。结果表明，非木质林产品产业对林业产业结构的影响程度较大，预测的结果也表明两者具有高度相关性。因此，研究认为黑龙江省可以通过发展非木质林产品产业来对林业产业结构进行改进和调整，实现林业产业结构优化。甘海力（2016）根据实地调查和工作实践，对黔中地区非木质林产品发展进行了分析，结果表明，黔中地区非木质林产品主要存在思想认识不足、整体规划缺失、科技研发不足、资金投入不足等问题，针对存在问题提出了相应对策。李洋和王雅提（2017）对非木质林产品绿色供应链的模型构建、低碳发展、关系协调、流通效率、经济收益以及绩效评价体系等内容，并结合时代背景进行了总结和研究。根据林业绿色供应链和农产品绿色供应链的定义创新性地提出了非木质林产品绿色供应链的定义，指出了未来非木质林产品绿色供应链的研究方向。

1.2.9 林业资源型城市研究

在林业资源型城市产业生态化研究方面，Wohlfahrt（1996）认为林业生态与林业产业两者的关系经历了从对立关系到共生、互相依赖关系的发展过程，林业发达国家的经验表明林业生态与林业产业的良性协调是实现林业的经济、社会和生态三大利益统一的有效方式。Mater（2005）提出林业生态与林业产业和谐发展的重要途径之一就是根据产业生态学理论，研究构建林业循环经济系统，使得林业产业系统输入的原始资源与能量最小，向外排放的废弃物也达到最小，从而减少对林业生态系统的破坏。现有的研究表明，林业生态与林业产业化之间存在着密切的关系，因此研究林业生态不可避免地要厘清林业生态与林业产业化之间的联系与相互作用关系（Grainger and Malayang，2006）。

为了实现林业生态与林业产业的协调发展，各国纷纷出台相应的政策体系。菲律宾林业政策的演化是从掠夺性采伐政策、模糊政策到目前的林业可持续经营政策，这种政策的演化是长期以来国民环保意识的增强和环保主义者的影响力逐渐加大而形成的（Grainger and Malayang，2006）。从林业可持续发展的目标出发，对各国林业政策进行了比较，其主要指标有河岸缓冲区的大小、皆伐面积的限制、林区道路管理、更新造林的要求、年度森林可采伐量五个主要因子；对每个因子的政策强度又进一步进行划分，从政策结构上可以分为森林管理者自主决策和非自主决策，从政策制定方法上可以分为实质性政策与指导性政策；在两种分类下的政策强度进行两两组合，形成四种不同强度的政策组合（McDermott and Cashore，2010）。在这样的分析框架下，对包括加拿大、美国、中国等在内的 38 个国家和地区的森林环境政策进行分类，按林业政策严厉程度进行了排名，研究结果表明，多数发展中国家虽然制定了非常严厉的政策，但是由于政治、经济、社会等多方面因素的制约，缺乏执行这些政策的能力，而森林的作用更多地体现在经济效益方面，无法兼顾生态效益（FAO，1984；Douglas et al.，1995；Thomas et al.，2000；周宏春和刘燕华，2005）。

王丹（2006）和边志新（2007）通过中俄林业合作来促进林业资源型城市的转型，从体制、结构、思想三个方面提出了国有林业资源型城市经济转型的对策。姜传军（2007）在对林业资源型城市经济转型的基本模式进行研究后，提出了政府主导、市场调节、政府主导和市场调节结合三种模式，从转型路径方面提出了产业延伸、产业替代、产业复合三种模式，并认为可行性与操作性最强的是以生态建设为首要目标，以政府主导与市场调节相结合为调控手段，以多元产业复合为突破口、全方位、宽领域的转型模式。

林剑平等（2007）对林业资源型城市现存问题及成因进行分析，并对转型的必要性、相关的概念模型、内容体系以及关键问题及政策措施进行了研究。关宏图等（2007）在分析伊春市林业资源型城市现状及矛盾的基础上，提出了伊春市林业资源型城市经济转型的策略。华景伟（2007）从资源、体制、社会、经济四个方面分析了伊春市国有林业资源型城市所面临的矛盾，认为存在接续替代产业支撑力度弱、创新企业少、育林基金严重不足等问题，提出了相应的对策，解放思想转变观念，实施林权制度改革，积极发展林下经济，调减林产量，发展替代产业，发展非国有经济，促进对俄贸易等。

金德刚（2008）提出促进黑龙江省林业资源型城市经济转型的扶持政策，即资源开发的补偿政策和衰退产业的扶持政策及具体实施办法。吴士兵和印有瑜（2009）对林业资源型城市转型的调控手段、转型路径等几种模式进行了分析论证。王兆君等（2009）对资源型城市可持续发展的制度约束和制度内涵进行了阐述，从政府行政制度、城市管理职能、产业制度、管理体制、产权制度和社会保障制度等方面构建了林业资源型城市可持续发展的制度体系。蔡炳等（2010）从转型要素、思路等提出了林业资源型城市如何转型。

1.3 研究范畴与研究内容

1.3.1 研究范畴

本书中黑龙江省国有林区是指黑龙江省省域范围内所包含的重点国有林区（不包括地方政府管辖的国有林区和集体林），而黑龙江省国有林区又主要包括两部分：龙江森工集团和大兴安岭林业集团公司。黑龙江省国有林区地域辽阔，经营面积为 1007 万 hm^2，占黑龙江省国土面积的比重约为 22%，主要分布在小兴安岭、老爷岭、张广才岭以及完达山等山系，是中国纬度最高、面积最大且生态地位最为显著的森林生态功能区，据测算其森林生态系统服务功能价值高达58 186.97 亿元，对中国东北、华北地区的生态安全建设具有重要的战略地位。除此之外，黑龙江省国有林区作为中国重要的木材战略储备基地，截至 2012 年累计生产木材达 5.2 亿 m^3，占我国木材生产总量的比重高达 20%。

龙江森工集团包括 4 个林业管理局和 1 个直属林业局，其中，牡丹江林业管理局下辖大海林、柴河、东京城、穆棱、绥阳、海林、林口、八面通 8 个林业局，合江林业管理局下辖桦南、双鸭山、鹤立、鹤北、东方红、迎春、清河 7 个林业局，伊春林业管理局下辖双丰、铁力、桃山、朗乡、南岔、金山屯、美溪、乌马河、翠峦、友好、上甘岭、五营、红星、新青、汤旺河、乌伊岭 16 个林业局，松花江林业管理局下辖山河屯、苇河、亚布力、方正、兴隆、绥棱、通北、沾河 8 个林业局，龙江森工集团直属林业局为带岭实验局，总共 40 个林业局。

大兴安岭林业集团公司所处的大兴安岭地区为国家林业局直属国有林区，包括 1 个林业管理局和 1 个营林局行政公署，其中，大兴安岭林业管理局下辖松岭、新林、塔河、呼中、阿木尔、图强、西林吉、十八站、韩家园 9 个林业局，大兴安岭地区行政公署营林局为加格达奇。大兴安岭地区与伊春市、黑河市等的国有林区又是大小兴安岭森林生态功能区的重要组成部分。

大小兴安岭森林生态功能区是我国最北方的国家重点生态功能区，它位于内蒙古自治区东北部和黑龙江省中西部，其中，黑龙江省大小兴安岭森林生态功能区包括黑龙江省大兴安岭地区、黑河市和伊春市行政辖区及通河县、巴彦县、绥棱县、汤原县、萝北县山区部分（包含区域范围内林区、垦区），区域总面积为 18.8 万 km^2。在实际分析中主要考虑黑龙江省大兴安岭地区、黑河市和伊春市行政辖区 3 部分。

在林业经济发展与林业产业建设方面，龙江森工集团和大兴安岭林业集团公司均发挥着重要的作用。本研究针对国有林区林业经济发展和生态产业建设的具体内容，主要从两个角度探讨黑龙江省国有林业经济发展与生态产业建设情况，即龙江森工集团和黑龙江省大小兴安岭森林生态功能区。

1.3.2 研究内容

本书主要分上、中、下三篇对黑龙江省国有林区林业经济发展与生态产业建设进行研究，主要研究内容如下。

1. 上篇：总论

第 1 章，绪论。明确问题提出的研究背景、目的与意义，梳理国内外研究成果，规范研究范畴与研究内容，形成合理的研究路线，为后续研究做框架式铺垫。

第 2 章，相关概念界定与理论基础。从产业结构理论、生态经济学理论、循环经济理论、可持续发展理论等角度梳理本书所涉及的相关概念和理论基础，为后续的研究提供可靠的理论依据。

第 3 章，黑龙江省国有林区林业产业发展现状分析。从龙江森工集团和黑龙江省大小兴安岭森林生态功能区两个方面对林业三次产业及其内部次级产业发展现状进行分析，对黑龙江省国有林区林业经济发展和林业产业建设情况有一个较为全面的认识。

第 4 章，黑龙江省国有林区林业经济发展与生态产业建设的战略构想。首先，对黑龙江省国有林区林业经济发展的影响因素和制约因素进行分析，进一步明确林业经济发展的目标与原则，充分把握黑龙江省国有林区林业经济发展的基本特征与趋势；其次，从优势、劣势、机会、挑战四个方面对黑龙江省大小兴安岭森林生态功能区生态产业建设情况进行 AHP-SWOT 分析。

2. 中篇：龙江森工集团林业产业识别与非木质林业产业建设

第 5 章，龙江森工集团林业产业类型识别分析。运用灰色 GM（1，1）模型对龙江森工集团林业产业进行灰色发展决策分析，从灰色发展系数和预期林业产业比重两个角度将龙江森工集团林业产业类型划分为基础产业、一般产业、支柱产业、优势产业、潜在产业、辅助产业等。

第 6 章，龙江森工集团林业产业结构转换分析。运用马尔可夫转移概率矩阵对龙江森工集团林业三次产业及内部产业结构之间的转换关系进行分析，通过转移概率矩阵获取林业产业结构调整的潜在趋势，并通过预测结构探讨林业产业结构的优化方向。

第 7 章，龙江森工集团非木质林业产业与产业结构的关联分析。运用灰色关联系数计算龙江森工集团非木质林业产业与产业结构之间的关联关系，对非木质林业产业与产业结构的关联性进行排序比较，探讨非木质林业产业对林业产业结构优化的影响效果。

第 8 章，龙江森工集团非木质林业产业发展潜力分析。通过对各非木质林业产业与产业总体建立 VAR 模型，并通过脉冲响应函数（impulse response function，IRF）和方差分解（variance decomposition，VD）等方法度量各非木质林业产业对产业总体的带动效果，从而明确各非木质林业产业的发展潜力。

第 9 章，龙江森工集团林业经济发展与非木质林业产业建设对策。在第 5～8 章的分析结果基础上，结合龙江森工集团实际林业资源禀赋优势，从建设特色林业优势产业、发展多元林下经济产业、培养新型林产品加工业、推广林业科技管理服务、完善林业产业链产业群等方面提出推动龙江森工集团林业经济发展与非木质林业产业建设的对策建议。

3. 下篇：黑龙江省大小兴安岭森林生态功能区林业产业识别与生态产业建设

第 10 章，黑龙江省大小兴安岭森林生态功能区林业产业识别。再次对黑龙江省大小兴安岭森林生态功能区林业产业进行灰色发展决策分析，识别各林业产业类型特征。

第 11 章，黑龙江省大小兴安岭森林生态功能区林业生态产业模式建设。在林业产业识别的基础上对主要林业产业间的内在关联进行度量，并进一步对生态主导型林业经济模式的内涵与目标设置进行阐述，构建"一根两翼"式生态主导型经济发展模式，即生态型森林资源培育业、木质资源接续产业和非木质资源替代产业，对生态型森林资源培育业、木质资源接续产业和非木质资源替代产业的综合发展系数进行测算，探讨了三类综合产业的发展趋势和林业生态产业建设方向。

第 12 章，黑龙江省大小兴安岭森林生态功能区林业生态主导产业建设。从生态循环型森林培育业的建设、木质资源生态产业体系的建设、多环节加工增值的林木深加工产业、生物质能源产业和碳汇造林业、非木质资源生态产业体系的建设、绿色生态食品种植业与加工业、多元化的生态文化旅游业等方面探讨黑龙江省大小兴安岭森林生态功能区林业生态主导产业的建设框架。

第 13 章，黑龙江省大小兴安岭森林生态功能区生态主导型经济发展模式的政策环境与支撑体系。从宏观政策与制度支撑、体制与法律支撑、科技与资金支撑、宣传与管理支撑、企业培育与生态产业竞争力支撑等角度探讨如何形成黑龙江省大小兴安岭森林生态功能区生态主导型经济发展模式的政策环境和支撑体系，推动黑龙江省大小兴安岭森林生态功能区林业生态经济发展和林业生态主导型产业建设。

1.4　研究方法与研究路线

1.4.1　研究方法

本书主要使用的研究方法如下：

1）文献研究法。通过历史文献分析法对各种研究观点进行梳理与分析，引出黑龙江省国有林区林业经济发展与林业生态产业建设研究的切入点，并以实证分析和规范法分析相结合的方法探讨黑龙江省国有林区林业产业结构优化与林业生态主导产业建设的可行性。

2）专家调研法。研究过程中多次展开专家调研，以广泛获取该领域专家意见，专家调研主要采用深度访谈和专家研讨会两种方式，并通过 AHP 与德尔菲法相结合的方法对黑龙江省大小兴安岭森林生态功能区生态产业发展环境进行 SWOT 分析。

3）灰色发展决策分析。从林业产业发展潜力和林业产业构成特征两个角度出发，运用灰色 GM（1，1）模型与灰色发展决策分析方法对龙江森工集团和黑龙江省大小兴安岭森林生态功能区林业三次产业及其内部次级产业的类型进行识别，并进一步分析出不同林业产业的优势劣势、发展潜力、外部影响力，从而为林业产业结构优化与林业生态主导产业建设提供可靠的依据。

4）马尔可夫转移概率矩阵。运用马尔可夫转移概率矩阵对龙江森工集团林业产业结构之间的动态转换关系进行分析，不再将每个林业产业割裂开来，从而明确了林业产业结构优化的方向，在综合考虑林业系统内部多个产业间的相互转换关系基础上，进一步预测了未来林业产业结构的转换趋势。

5）灰色关联分析。灰色关联分析是根据各因素变化曲线几何形状的相似程度，来判断因素之间关联程度的方法，利用灰色关联分析法度量龙江森工集团非木质林产品产业与林业产业结构之间的关联效应。

6）VAR 模型。VAR 模型是基于数据统计性质，从内生变量和外生变量两个角度建立的一种非结构化方法，从非木质林产品产业系统内生增长的角度出发，基于龙江森工集团非木质林产品产业的内部构成进行分析，建立 VAR 模型，并基于建模结果，利用脉冲响应函数与方差分解量化龙江森工集团非木质林产品各产业对产业总体的动态影响效果及贡献水平。

1.4.2　研究路线

本研究的技术路线图如图 1-1 所示。

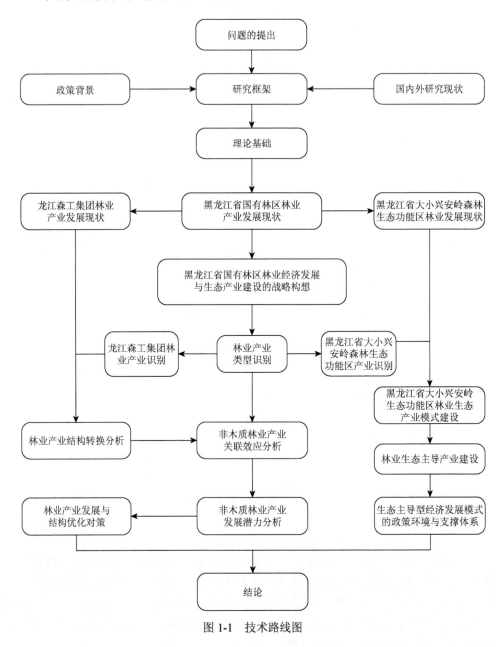

图 1-1　技术路线图

第 2 章　相关概念界定与理论基础

2.1　产业结构理论

2.1.1　产业结构概念及其分类

1. 产业的涵义

产业一般是指具有某种同类属性的企业经济活动的集合，它是由利益相互联系的、具有不同分工的、由各个相关行业所组成的业态总称，其是社会分工的产物，也是社会生产力不断发展的必然结果。简单地说，产业是指具有某类"共同特性"的企业集合，但是，它既不是指某一个企业的某些经济活动或所有活动，也不是指部分企业的某些或所有经济活动，而是具有同一属性的企业经济活动的总和。"共同特性"从需求角度来说，是指具有同类或相互密切竞争关系和替代关系的产品或服务；从供应角度来说，是指具有类似生产技术、生产过程、生产工艺等特征的物质生产活动或类似经济性质的服务活动。

2. 产业结构

产业结构是指国民经济各产业之间的相互关系（诚颖，1997）。产业结构是一个体系，它包括构成该体系的各子系（即产业部门）的构成形式及地位、各子系间的相互联系和相互作用。产业结构的划分有许多方法，其中最著名的是三次产业分类法。三次产业分类法由新西兰经济学家费歇尔首先创立，他认为人类经济活动的发展有三个阶段：①第一阶段又称初级生产阶段，人类的主要生产活动是农业和畜牧业；②第二阶段始于英国第一次工业革命，以机器大工业的迅速发展为标志；③第三阶段始于 20 世纪初，大量的资本和劳动力流入非物资部门。费歇尔将处于第一阶段的产业称为第一产业，处于第二阶段的产业称为第二产业，处于第三阶段的产业称为第三产业。三次产业分类虽然得到了广泛的应用和普及，但各国在实际应用上具体划分标准还不完全一致，与费歇尔原先的分类依据也有较大差异。

如今三次产业分类法更多地以经济活动与自然界的关系为标准将全部经济活动划分为三大类：①直接从自然获取产品的物质生产部门为第一产业；②经加工获取自然界产品的物质生产部门为第二产业；③从第一、第二产业物质生产活动中衍生出来的非物质部门为第三产业。根据这种划分标准，第一产业指广义上的农业，包括种植业、畜牧业、渔业、狩猎业和林业；第二产业指广义上的工业，包括制造业、采掘业和矿业、建筑业、煤气、电力、供水等；第三产业指广义上的服务业，包括运输业、通信业、科学、教育、文化、卫生等。

2.1.2　产业结构演进理论

产业结构演进是指产业结构系统依据经济发展基础和产业结构现状，遵循产业结构演进的客观规律，不断从低级产业结构向高级产业结构转换与推进的过程。从产业结构演进与经济增长之间的内在关系来看，产业结构的合理演进能促进经济总量的增长，经济总量的增长也会促进产业结构的深层次演进。产业结构的高变换率会导致经济总量的高增长率，而经济总量的高增长率也会导致产业结构的高变换率（苏东水，2010）。

从产业结构演进的一般趋势来看，产业结构演进整体上是从低级到高级、从简单到复杂、从单一到复合的顺序进行变化，具体包括 3 类不同的规律：工业化发展过程、主导产业转换过程、三次产业的演进。其中，工业化发展过程主要包括前工业化时期、工业化初期、工业化中期、工业化后期和后工业化时期 5 个阶段；主导产业转换过程主要包括以农业为主导、以轻纺工业为主导、以原料和燃料为基础的重化工业为主导、以低度加工工业为主导、以高度加工工业为主导、以第三产业为主导和以信息产业为主导等阶段，其从低向高的转换；三次产业的演进一方面包括三次产业间的演进规律，另一方面包括三次产业内部的演进规律，其中，三次产业间的演进规律主要是从第一产业为主导向第二产业为主导再到第三产业为主导的发展顺序演进。第一产业内部产业结构的演进主要是从粗放型的农业向集约型农业再向生态农业、绿色农业和信息化农业发展；第二产业内部产业结构的演进主要是从轻纺工业向基础重化工业再向高度加工工业发展，并且要素结构从劳动密集型向资本密集型再向知识密集型进行转换；第三产业内部产业结构的演进主要是从传统服务业向多元化、现代化和信息化服务业演进。

从推动产业结构演进的影响因素来看，产业结构演进的影响因素主要分为内在因素和外在因素两类，其中，内在因素又可以进一步从需求因素和供给因素两个方面进行分析，需求因素主要包括消费需求、投资需求、出口需求以及需求结构，供给因素主要包括自然资源禀赋、劳动力供给、资本供给、技术供给以及供给结构；外在因素主要包括经济体制类型、经济发展模式、国家产业政策、国民收入分配政策、财政税收政策、国家贸易与投资等。

从产业结构演进规律的主要研究理论来看，产业结构演进规律的理论主要包括李斯特产业结构阶段理论、配第-克拉克定理、罗斯托主导产业扩散效应理论、霍夫曼工业化阶段理论等。

1. 李斯特产业结构阶段理论

德国经济学家李斯特在 1841 年出版的《政治经济学的国民体系》一书中提出了产业结构演进的 5 个基本阶段，即原始未开化阶段、畜牧阶段、农业阶段、农工业阶段和农工商阶段，他认为国家经济会经历这 5 个阶段。此外，在该书中李斯特还阐述了产业结构转换的相关问题，他认为一国的政治制度、民族精神、人员素质、科技水平都是促进生产力发展和工商业繁荣的重要条件，而为了推动产业结构的演进可以采取国家干预经济、扶植幼小产业、发展基础产业、实施关税保护、引进技术、发展教育等方式。李斯特产业结构阶段理论和国家干预思想很大程度上影响了后来的产业经济学，并被很多国家和地区所采用。

2. 配第-克拉克定理

1691 年，英国政治算术学派的创始人威廉·配第在其代表作《政治算术》中通过比较农民和海员收入的差异指出：制造业比农业能得到更多的收入，而商业比制造业能得到更多的收入。威廉·配第认为欧洲各国国民收入水平差异和经济发展阶段不同的关键在于各国产业结构的不同。威廉·配第对产业间收入差异规律的描述被后人称为配第定理。

1940 年，英国经济学家科林·克拉克通过研究不同国家、不同时期劳动力在三次产业间转移的统计资料，发现随着国民经济的发展和人均收入水平的提高，劳动力首先从第一产业向第二产业转移，当人均收入水平进一步提高时，劳动力又从第二产业进一步向第三产业转移。克拉克认为劳动力在产业间的转移根源在于各个产业间收入的相对差异，这就揭示了人口就业分布与人均收入结构变动之间的隐含规律。克拉克认为他的研究印证了威廉·配第在 1691 年提出的观点，从而这一结论被人称为配第-克拉克定理。

3. 罗斯托主导产业扩散效应理论

罗斯托通过对主导产业的长期研究认为在一个成熟并且继续成长的经济系统中，经济之所以能够持续性增长是由于为数不多的主导部门迅速扩张的结果，而这种扩张行为又对其他产业产生了重要的影响，即主导产业扩散效应。这种主导产业扩散效应主要包括回顾效应、旁侧效应和前向效应。他的这一理论最终被称为罗斯托主导产业扩散效应理论。

4. 霍夫曼工业化阶段理论

1931 年，德国经济学家霍夫曼在其《工业化的阶段和类型》一书中，提出了霍夫曼定理（或称作霍夫曼工业化经验法则）。霍夫曼通过对各国工业发展资料进行研究，认为衡量经济发展的标准不是产值或人均产值的绝对水平，也不是资本存量的增长，而是制造业中若干产业经济增长的比率关系，从而提出了霍夫曼系数。其公式为

霍夫曼系数=消费品工业的净产值/资本品工业的净产值

霍夫曼通过论证霍夫曼系数在工业化过程中存在不断下降的趋势（霍夫曼定量），将工业化过程划分为四个阶段。其中，第一阶段消费品工业的生产在制造业中的比重较大，而在资本品工业中的比重较小，此时霍夫曼系数为 5±1；第二阶段资本品工业的生产规模逐步扩大，此时霍夫曼系数为 2.5±1；第三阶段资本品的生产在制造业中的比重较大，而在消费品工业中的比重较小，此时霍夫曼系数为 1±0.5；第四阶段资本品的生产在制造业中占据主导地位，这一阶段也被认为是已经实现了工业化，此时霍夫曼系数一般在 1 以下。实际上，在具体的应用中霍夫曼系数往往采用轻工业品净产值和重工业品净产值比率表示，并且霍夫曼工业化阶段理论仅能较好地揭示工业化初期的工业结构演变规律，并不适用于其他阶段，但是霍夫曼的研究成果对后续产业结构演进研究产生了很大的影响。

除此之外，比较重要的产业结构演进理论还有库兹涅茨的人均收入影响理论、赤松要的雁行形态发展理论、钱纳里的产业结构演变理论、筱原的动态比较费用理论、佐贯利雄的战略产业领先增长理论等。

2.1.3　产业布局理论

产业布局又称产业配置或产业分布，是指产业在一个国家或地区范围内的组合分布，这种组合分布主要体现在各个产业或部门在地理位置、隶属关系、衔接次序等方面的内在联系。从产业布局的实践角度来看，合理的产业布局能充分发挥区域资源优势，在有效促进产业发展的同时更好地带动区域经济、社会和生态环境的协调发展，从而创造更多的收益（李孟刚，2010）。

从产业布局理论的分类和发展情况来看，产业布局理论主要分为区域分工协作理论和区位理论两大类，其中区域分工协作理论主要包括两个阶段，第一个阶段主要包括亚当·斯密（Adam Smith）的绝对成本理论和大卫·李嘉图的比较成本理论，第二个阶段主要包括赫克歇尔-俄林的生产要素禀赋理论、波斯纳的技术差距理论、弗农和威尔士的产品生命周期理论、普雷维什的"中心-外围"理论、小岛清的协议性区域分工理论等；区位理论则主要包括三个发展阶段，古典区位理论发展阶段主要包括龙哈德的成本区位论、杜能的农业区位理论和韦伯的工业区位理论；近代区位理论发展阶段主要包括费特的贸易区边界区位理论、克里斯

泰勒的中心地理论和奥古斯特·勒施的市场区位理论；现代区位理论发展阶段主要包括以胡佛、埃萨德为代表的成本-市场学派理论、以普莱德为代表的行为学派理论、社会学派理论、历史学派理论、计量学派理论、发展极和增长极理论、点轴理论等。

从产业布局的影响因素来看，主要包括地理因素、自然因素、社会因素、政治经济因素、科学技术因素等。其中，社会因素包括人口因素和历史因素两个方面，政治经济因素包括政府宏观调控因素、市场条件因素、政治条件因素、价格与税收因素等方面。

此外，从产业布局的一般规律来看，主要体现在五个方面，即生产力和生产关系发展水平决定了产业布局的发展层次，劳动力分工程度很大程度上影响了产业布局内容，产业以集中和分散的螺旋交替演化的方式促进了产业布局的发展，区域资源禀赋的差异形成产业布局的不均衡发展，区域产业布局的多样化与专业化共同发展。

2.1.4　产业结构优化理论

产业结构优化主要是指通过产业调整在促进各产业协调发展的同时不断提升产业整体发展水平的过程。其中，各产业间从不协调到协调的过程称为产业结构合理化，而产业结构从低层次到高层次的过程称为产业结构的高度化。因此，产业结构优化可以视为产业结构合理化和产业结构高度化的发展过程（徐传谌和谢地，2007）。

1. 产业结构合理化

产业结构合理化主要是指通过提高产业间的关联水平和加强产业间的协调能力从而促进产业结构的动态平衡和提高产业发展的整体水平。

从产业结构合理化的具体内容来看，主要包括实现产业之间产业素质的协调、实现产业之间联系方式的协调、实现产业之间相对地位的协调，判定产业间是否协调主要通过对比供给结构和需求结构之间是否存在恰当的对应关系，即供给结构的变化和需求结构的变化之间是否能够实现相互满足。当供给结构变化不能满足需求结构变化时具体表现形式有 3 种，即需求结构变化，供给结构不变，从而造成供给不足；需求结构变化，供给结构变化滞后，从而造成供给滞后；需求结构变化，供给结构变化过度，从而造成供给过度。当需求结构变化不能满足供给结构变化时同样有 3 种表现形式，即供给结构变化，需求结构不变，从而造成需求不足；供给结构变化，需求结构变化滞后，从而造成需求滞后；供给结构变化，需求结构变化过度，从而造成需求过度。

从产业结构合理化的基准来看，主要包括国际基准、需求结构基准、产业间比重均衡基准 3 种。从产业结构合理化的比较和评价方法来看，主要包括国际比较法、需求判定法、需求适应性判定法、影子价格分析法和结构效果法。

此外，从实现产业结构合理化的具体途径来看，主要包括两个，一个是基于产业收益差异视角的产业、行业间旧平衡被打破的过程和新平衡重新建立的过程，其中，旧平衡被打破主要有两方面原因，需求和需求结构变化、技术进步，新平衡的建立则主要是通过各种调节方式实现产业间收益分配的相对公平；另一个是基于产业发展动力视角的产业结构调节机制变化过程，而这种产业结构调节的动力机制主要有 3 类，即市场调节机制、计划调节机制、市场和计划共存的混合调节机制。

2. 产业结构高度化

产业结构高度化主要是指产业结构从低级状态水平向高级状态水平的动态转换过程，根据产业结构演进的一般规律，产业结构高度化主要包括两方面内容，一是产业结构比重的高度化；二是产业结构水平的高度化。其中，产业结构比重的高度化具体包括四种类型，要素禀赋结构高度化、三次产业结构高度化、产品结构高度化和产业组织结构高度化；产业结构水平的高度化主要包括三个阶段，重工业化阶段、高加工化阶段和知识技术集约化阶段。

从要素禀赋结构高度化来看，产业结构高度化具体表现为要素投入结构从劳动力密集型向资本密集型、技术密集型方向顺序演进；从三次产业结构高度化来看，产业结构高度化具体表现为产业规模和比重从第一产业向第二、第三产业演进；从产品结构高度化来看，产业结构高度化具体表现为产品类型由低加工度、低附加值向高加工度、高附加值演进，并且整个制造业规模也从初级产品制造为主向高级产品制造为主演进；从产业组织结构高度化来看，产业结构高度化具体表现为产业由分散的、小规模、弱竞争力的组织状态向产业聚集、大规模、强竞争力的组织状态演进。

从重工业化阶段的表现形式来看，重化工业已经替代轻纺工业作为工业中的优势产业，并且经济增长的主要动力开始依赖重化工业；从高加工化阶段的表现形式来看，工业发展的重心已经不再是原材料和燃料的获取和利用，而是以加工组装工业为发展重心，此时加工组装工业的发展速度要明显快于原材料工业的发展速度；从知识技术集约化阶段的表现形式来看，产业结构已经基本完成了从劳动力密集型产业向资本密集型产业的转换，并在此基础上，进一步从资本密集型产业向知识技术密集型产业进行演进。

显然，无论是产业结构比重的高度化还是产业结构水平的高度化，最终都体现为优势产业的交替演化。从某种形式上来看，产业结构的高度化就是识别经济系统中的产业类型，并分析现有主导产业的退化倾向和潜在主导产业的发展能力以及新旧主导产业间的演变规律。值得注意的是，根据不同的划分视角和判定依据，经济系统的各个产业可能被识别为不同的产业类型，一般来说，产业类型的识别结果主要分为主导产业、优势产业、支柱产业、基础产业、衰退产业、潜在产业、特色产业、辅助产业、普通产业（或一般产业）、特殊产业等。

2.1.5　产业结构变动与经济增长的关系

现代经济增长方式本质上是以产业结构变动为核心的经济成长模式（曹新，1998）。从现代市场经济的宏观结构来看，产业结构变动与经济增长相互之间的依赖关系主要体现在以下三个方面。

1. 产业结构状态在一定程度上决定经济增长

经济增长取决于人力、资本、土地、技术等资源和要素的有效配置，而资源配置效果的产生还需要良好的产业结构的支撑。资源配置合理，如资源配置均衡，适合国内外的需求状况，与技术发展水平相适应，就能促进和保证经济增长。反之，经济增长必然缓慢或者不能持续稳定。因此，可以说产业结构状态在一定程度上决定经济增长。

2. 经济增长导致产业结构变动

经济增长对产业结构变动的推动作用主要体现在经济增长对产业更新换代的要求上。随着经济增长，先行产业在经历高速发展后会进入成熟期和滞后期，这就需要新兴产业的替代，或者技术革新对旧产业的改造。技术进步通过对现有产业的改造、创造并扩大市场需求、降低成本，引致新兴产业发展，从而实现产业结构的转移，带动经济增长。

3. 产业结构变换率取决于经济增长速度

现代经济增长的一个重要特征是高增长率，经济的高增长率会带来国民收入的高增长，从而带来消费需求结构的变化，同时社会投资也将进一步增加，技术变革的速度将会大大加快，新产业的成长将会加快和扩大，这就必然导致产业结构的高转换率。

2.1.6　林业产业结构及其演进

1. 林业产业结构

林业产业结构是指林业产业中第一、第二、第三产业的构成及其比重，是衡量林业产业合理性发展的重要方面。依照三次产业划分方法（曹世恩，1992），林业产业可划分为：第一产业，包括育苗、森林培育、经营、护林防火、病虫害防治等；第二产业，包括森林采伐、运输，木材加工、综合利用（包括"三板"），纸浆、造纸，林产化工，林业机械制造，其他工业等；第三产业，为第一、第二产业提供服务的产业，包括林区建筑业、物质运输业、商业、餐饮、金融保险、森林旅游、森林勘测、规划设计等。

　　2. 影响产业结构演进的因素

　　一切影响经济发展的因素都将引起产业的变化，从而引起产业结构的变化；反之，产业结构又促进或抑制经济发展。影响产业结构演进的因素有以下几点：内因主要有国民经济发展水平、资源条件、技术水平；外因主要有市场需求、经济政策与产业政策、投资结构、劳动力流向、人口因素、国际贸易流（进出口因素）等（李京文等，1988）。森林资源、经济、社会的协调发展是实现林业可持续经营的基础，森林资源是林业产业发展的决定因素，投资是形成一定时期林业产业结构的直接原因，社会科技创新带来技术进步和新的市场需求，从而促进产业结构变化。

2.2　生态经济学理论

　　生态经济学是一门从经济学角度来研究由自然生态系统和社会经济系统复合而成的生态经济社会系统运动规律的科学（严茂超，2001），它将生态因素纳入经济学的分析框架，研究自然生态和人类社会经济活动的相互作用；从最广泛的视角看待生态系统和经济系统之间的关系，既从生态学的角度，又从经济学的角度研究生态系统和经济系统相结合的更高层次的复杂系统结构、功能和规律；重视自然生态和人类社会经济活动的相互作用，从中理解生态经济复合系统协调、可持续发展的规律性。

2.2.1　基本理论概念及主要观点

　　生态经济系统是生态系统和经济系统相互交织、相互作用、相互耦合而成的复合系统。它提供生命活动和生产活动所需物质和能量，并接受经济系统中物质循环和能量流动所产生的大量废弃物，实现物质和能量在生态经济系统中的循环，因而成为生态经济系统存在和发展的基础。

　　生态经济学认为，人和自然，即社会经济系统和自然生态系统之间的相互作用可以形成三种状态：一是自然生态与社会经济相互促进、协调和可持续发展状态；二是自然生态与社会经济相互矛盾、恶性循环状态；三是自然生态与社会经济长期对立、生态和经济平衡都被破坏的状态。生态经济学力求将生态因素纳入经济学的分析框架中来，研究生态因素与经济现象的相互关系，寻求经济活动与生态变化的良性平衡及经济的可持续发展。它将为创建人与自然的和谐统一，实现生态、经济、社会的可持续发展提供科学的理论基础。

2.2.2　生态经济学研究的内容和任务

生态经济学的内容包括三个重要组成部分，即基本理论研究、应用研究和方法论研究。姜学民等（1984）根据国内外生态经济学的研究对各部分的具体内容进行了较为全面的总结。

1. 基本理论研究

基本理论研究主要包括：生态系统、技术系统和经济系统三者间的关系及其在人类生产过程中的地位和作用；生态平衡与经济平衡、生态规律与经济规律、生态效益与经济效益的相互关系及其在经济发展中的地位和作用；社会经济制度与生态系统自组织机制的关系；生态经济系统的结构、功能、目标及生态经济模型的理论等。

2. 应用研究

应用研究主要包括：建立高效率、低能耗、无污染的良性循环系统；选择符合中国特点的技术体系、技术政策；对生态系统的结构、功能、目标进行生态效益、经济效益评价；建立既有利于经济发展，又有利于生态平衡的决策机构；制定符合生态经济原理的政策和法令等。

3. 方法论研究

方法论研究直接影响理论研究与应用研究的质量与可靠性，因而，是生态经济学发展完善的重要手段。生态经济学具有综合性、实用性和跨学科性的特点，因此，在总结常规方法局限和不足的同时，需要花大力气去探讨新的方法论体系，方法论研究主要包括：一般方法、特殊方法、哲学方法和系统论、控制论方法等。

从根本上讲，生态经济学研究的任务在于建立一个理想的可持续发展的生态经济系统，即通过生态经济学的研究，建立一个既有较高经济效益，又能进行良性生态循环的生态经济系统；既能保持持久繁荣，又有一个人类社会生存和发展的良好环境。在对研究任务的表达上，中国生态经济学界有着不同的看法，其中一种就是建立良性循环。郭慧光等（2000）指出，生态经济学的研究任务就是要协调生态和经济的最优化发展，同时建立两个良性循环：①稳步上升的良性经济循环，不仅要谋求近期最大的经济利益，更要谋求远期的经济利益；②资源和能源合理利用、更新、繁衍的良性物质循环，不仅要谋求近期最多的物质利益，更要谋求远期愈来愈多的物质利益。

2.2.3　生态经济系统耦合理论

1. 耦合及耦合度概念

耦合原本作为物理学概念，是指两个或两个以上系统或运动形式通过各种相互作用而彼此影响的现象。随着研究的深入，耦合概念被逐步引入社会学科中。耦合度是指描述系统或要素相互影响程度的指标，从协同学的角度看，耦合作用及其协调程度决定了系统由无序走向有序的趋势，系统由无序走向有序机理的关键在于系统内部序参量之间的协同作用，它左右系统变化的特征与规律，耦合度正是反映这种协同作用的变量。

2. 生态经济系统耦合

生态环境系统和社会经济系统共同组成生态经济系统，是生态环境系统和社会经济系统的耦合系统。从是否有技术和经济手段的参与上划分，生态经济系统的耦合机制可分为生态环境系统内的自然耦合机制和社会经济系统的能动耦合机制，并且这两种耦合机制同时贯穿在生态环境系统和社会经济系统的物质与能量交流之中。

生态环境系统内的自然耦合机制遵循生态规律和其他自然规律，如果没有人为干预，生态环境系统将按照自然生态规律持续不断地演替，形成空间上和时间上有序的、开放性的自组织稳态结构，取得系统本身固有的平衡。

社会经济系统的能动耦合机制遵循社会和经济规律。社会经济系统的能动耦合机制有3种，即适应式耦合机制、塑造式耦合机制和折中式耦合机制。适应式耦合机制是指人类使用的技术、经济手段，不足以对生态环境系统的平衡产生大的妨碍，属于人类较为原始地利用自然环境资源的情形。塑造式耦合机制是指人们在强大的人口压力和不断增长的社会需求下，运用当代科学技术手段，改造环境与生物，提高物质产品产量的过程，这种塑造性活动往往没有考虑自然生态系统自身的运行规律与要求，因而带来许多生态灾难和严重危及人类社会可持续发展的后果。折中式耦合机制是指通过控制生态环境突变几率，如采取各种经济政策和法律手段，并配合强有力的思想教育，迫使人们在社会生产实践中，促进生物之间和生物与环境之间更趋于适应，达到经济效益、社会效益与环境生态效益的有机统一，这就是我们所要追求的生态经济良性耦合机制。

2.3　循环经济理论

2.3.1　循环经济内涵

所谓循环经济，从本质上讲就是运用生态经济规律来指导经济活动，也可称是一种绿色经济，"点绿成金"的经济。它要求遵循生态规律和经济规律，合理利用自然资源与优化环境，在物质不断循环利用的基础上发展经济，使生态经济原则体现在不同层次的循环经济形式上；它要求把经济活动组成为"资源利用—绿色工业（产品）—资源再生—产品再生"的闭环式物质流动反馈式流程。循环经济以资源高效利用和循环利用为核心，以"5R"为原则；以低消耗、低排放、高效率为基本特征；以生态产业链为发展载体；以清洁生产为重要手段，达到实现资源有效利用和经济与生态的可持续发展（张坤，2003）。

循环经济推行的主要理念包括以下几方面。

第一，新的系统观。要求人类在考虑生产和消费时不能把自身置于这个大系统之外，而是将自己作为这个大系统的一部分来研究符合客观规律的经济原则。要从自然-经济大系统出发，对物质转化的全过程采取战略性、综合性、预防性措施，降低经济活动对资源环境的过度使用及对人类造成的负面影响，使人类经济社会的循环与自然循环更好地融合起来，实现区域物质流、能量流、资金流的系统优化配置。

第二，新的经济观。要在生态可承受范围内进行，只有在资源承载能力之内的良性循环，才能使生态系统平衡地发展。循环经济是用先进生产技术、替代技术、减量技术和共生链接技术以及废旧资源利用技术、"零排放"技术等支撑的经济，不是传统的低水平物质循环利用方式下的经济。要求在建立循环经济的支撑技术体系上下工夫。

第三，新的价值观。在考虑自然资源时，不仅视为可利用的资源，而且是需要维持良性循环的生态系统；在考虑科学技术时，不仅考虑其对自然的开发能力，而且要充分考虑其对生态系统的维系和修复能力，使之成为有益于环境的技术；在考虑人自身发展时，不仅考虑人对自然的改造能力，而且更重视人与自然和谐相处的能力，促进人的全面发展。

第四，新的生产观。充分考虑自然生态系统的承载能力，尽可能地节约自然资源，不断提高自然资源的利用效率，并且是从生产的源头和全过程充分利用资源，使每个企业在生产过程中少投入、少排放、高利用，达到废物最小化、资源化、无害化。上游企业的废物成为下游企业的原料，实现区域或企业群的资源最有效利用，并且用生态链条把工业与农业、生产与消费、城区与郊区、行业与行业有机结合起来，实现可持续生产和消费，逐步建成循环型社会。

第五，新的消费观。提倡绿色消费，也就是物质的适度消费、层次消费。是一种与自然生态相平衡的、节约型的低消耗物质资料、产品、劳务和注重保健、环保的消费模式，同时又是一种对环境不构成破坏或威胁的持续消费方式和消费习惯，在消费的同时还考虑废弃物的资源化，建立循环生产和消费的观念。

循环经济是以三维（生态、经济、社会）经济学视角来审视人类社会可持续发展经济系统的矛盾运动和发展规律，因此它的理论基础超越了以二维（生态、经济）经济学视角为理论研究基础的生态经济理论。它要求人类向自然生态系统学习，力图在社会经济系统中，像自然生态系统那样安排生产者、消费者、分解者，也就是按生态规律组织生产、消费和废弃物处理，把清洁生产和废弃物综合利用合为一体，将各产业以物质的循环利用相连接；理想的状态是前一生产环节的废弃物完全成为后一生产环节的原材料；其最终目的是提高环境资源的配置效率，保护日益稀缺的环境资源，实现污染低排放，甚至零排放。循环经济的核心在于要像生态系统中的一样，建立起经济系统中的循环组合，从根本上消解长期以来环境与发展之间的尖锐矛盾，形成生态与经济良性循环的重要链环，为生态建设提供理论模式。

2.3.2　良性循环内涵

生态经济建设的最终目的是实现生态与经济的良性循环。关于良性循环的理论内涵可以概括为以下几方面。

1）良性循环的本质是复合生态系统内部自然循环与社会经济循环有机结合，社会经济活动下的自然循环不被削弱，但社会经济循环规律不是简单地服从于自然循环规律，社会经济系统循环尊重自然循环规律，自然循环是系统循环的基础，社会经济发展与环境资源之间的良性循环起主导作用，达到能流、物流和资本流的高效、低耗、无环境污染和生态破坏的经济增长，使速度与效益质量和数量、近期与长远有机统一。

2）用生态经济学原理解释良性循环就是要使系统各要素在生产过程、消费过程形成生态链条，生产者、消费者、分解者、调控者发挥各自功能，构成生态共生关系，如生产过程上中下游企业原料形成链条关系，上游企业的废弃物为下游企业的原料。

3）用系统工程方法中的耗散结构理论分析就是要使生态系统达到一种顶极

或亚顶极状态，系统中资源配置、物质循环、能量流动、信息传递达到最佳状态，系统的每一级运作，物质消耗变小、能量传递的损耗变小，并最终使每个系统的物质、能量沿着食物网、生产链、产品网、信息网和生活网等定向转移时损耗最小，系统中熵值最小，有序程度最大。

4）运用循环经济模式分析就是要实现经济社会活动主要由靠消耗生态环境资源的发展模式转变为经济社会与资源环境循环再生模式，即由过去的"资源—产品—消费—废物"的物质单向流动转变为"资源—产品—消费—废物资源化—循环再利用"的物质闭路循环过程。

5）从循环的角度看，良性循环是一个内在机制、自我调节、自我增长的概念，主要通过系统内在动力保持其功能持续。同时又是一个再组织机制，调控优化的概念，通过系统的有序组织促进系统要素的循环利用。

2.4　可持续发展理论

2.4.1　可持续发展的概念

可持续发展观作为全人类共同的选择，包含丰富的内容。这个观念从 20 世纪 80 年代中期被提出来以后，许多学者从不同的角度对可持续发展进行了阐述，给出各自的定义。

目前国际上对可持续发展概念的定义最流行并较具有权威的是 1987 年世界环境与发展委员会（World Commission on Environment and Development，WCED）制定的文件《我们共同的未来》中所表达的，即既满足当代人的需要，又不对后代人满足需求的能力构成危害的发展。对于可持续发展概念的界定是从两个角度展开的：①满足需求方面，可持续发展战略的实施不能限制或者严重影响当代人对资源的需求或者经济发展的需要；②限制资源的过度利用方面，技术状况和社会组织对环境满足眼前和将来需要的能力施加限制。这个定义既考虑了当代人和后代人之间需要和利益兼顾的问题；又考虑了当代发达国家、发达地区、富人的需要及其利益与发展中国家、后进地区、贫困人民的基本需要及其利益的兼顾问题，并将后者"放在特别优先的地位来考虑"。这就使可持续发展概念在需求和社会利益兼顾方面的内涵更具有科学性。同时，可通过附加"限制"的内涵同前面的内容一起考虑，来规定可持续发展的资源配置模式，就是既要兼顾上述各方面人们的需要和利益关系，又要将资源与环境的利用程度控制在技术状况和社会组织对环境满足眼前和将来需要的能力施加限制的范围内，从而使发展的资源配置模式更具有可持续性。

2.4.2 可持续发展的基本目标

1. 发展的目标

可持续发展的一个重要目标就是既要满足当代社会经济的生产和生活对于资源的需求，又要满足未来很长一段时期内社会经济生产活动的顺利开展，也就是说，对于当代人和后代人的发展，既从物质或能量等硬件方面予以不断地提供，也从信息、文化等软件方面予以不断地满足。

2. 公平的目标

资源对于当代社会经济和未来社会经济来说是共有的，不能因为当代社会经济可以优先使用资源就无限地行使这种权利，而不顾及未来社会经济发展的需要，需要从公平的角度来对待资源和环境，每代人也要以公正为原则担负起各自的责任。当代社会经济的发展不能以牺牲后代社会经济的发展为代价。

3. 协调的目标

要处理好经济发展与生态环境保护的关系、不同产业之间的关系、经济发展和社会发展之间的关系等，营造"自然-社会-经济"支持系统的外部适宜条件，使得人类生活在一种更严密、更有序、更健康、更愉悦的内外环境中，最终实现人口、经济、社会、资源、环境的协调发展。

2.4.3 可持续发展理论的基本思想和原则

可持续发展的思想和战略的实施，需要遵循以下基本原则。

1. 发展性原则

在很长一段时期内，经济学是把经济增长与发展作为同义词来使用的。但在第二次世界大战之后，人们观察到一些国家存在有增长、无发展的现象，"增长"的概念便与"发展"的概念有了分歧。现在人们一般认为，经济增长是指一个国家或地区在一定时期内，由于就业人数的增加、外延扩大再生产规模的形成、劳动强度加大等，经济规模单纯在数量上的扩大（或者说，经济增长只是指一个国家或地区在一定时期内产出量的增加）。与这样的经济增长比起来，经济发展的含义则要广泛得多，它包括一般经济条件（如生产的数量、质量及分配等）、科技进步、社会福利、卫生教育、意识形态等情况的变化。在这里，经济发展的一个重要标志是由科技进步所带来的经济结构的变化，因而经济发展过程便表现为人类经济生活乃至社会生活深刻的结构变革和技术创新过程。

进入 20 世纪中期以后，世界经济出现了高速增长，形成"三高型"（高消耗、高排放、高污染）发展模式。这种以牺牲环境为代价的发展模式让人们对盲目追求经济增长的传统发展观进行了深刻反思，先后出现了许多有价值的新思想。可持续发展理论吸收了以往理论研究中的合理内核，摒弃了包括"零增长"理论在内的悲观主义论调，肯定了发展的必要性和必然性。大量事实证明，公众对环境政策的支持程度，与他们人均收入的提高相关联，由此可见可持续发展理论充分重视人的发展权利。

2. 协调性原则

可持续发展纠正了传统发展模式中不计算环境成本、片面追求经济增长、片面追求经济效益最大化的偏向，主张经济、社会发展应该同资源、环境保护相协调，摒弃了"无限增长论"，既顾及发展，又顾及环境，使两者辩证统一起来。

3. 公平性原则

从可持续发展理论的角度来看，公平是指社会经济长期发展的重要保证。从经济学的角度来看，公平是指机会选择方面的平等性，可持续发展所追求的公平性原则需要从以下几个方面进行理解：一是当代社会经济系统各个组成部分、各个要素之间的横向公平，可持续发展要满足全体人民的基本需求，给全体人民均等的机会，以满足他们要求较高生活的愿望，要把消除贫困作为可持续发展进程中特别优先的问题来考虑；二是当代社会经济发展和未来社会经济发展的公平，人类赖以生存的自然资源是有限的，当代社会经济发展不能因为自身发展与需求而损害未来社会经济发展需求的条件，要给未来社会经济发展以公平利用自然资源、环境的权利；三是公平地分配和使用有限的资源。

4. 一致性原则

可持续发展理论认为，地球是一个整体，保持经济、社会发展同资源和环境保护的协调一致是人类共同的任务。

5. 系统性原则

可持续发展理论把人类及其赖以生存的生态环境看成一个以人为中心、以生态环境为基础的巨大系统，在系统内，自然、经济、社会和政治的因素是相互联系、相互影响的。这个社会经济系统的可持续发展有赖于人口的控制能力、资源的承载能力、环境的自净能力、经济的增长能力、社会的供给能力、管理的调控能力以及各种能力建设的相互协调（曲格平，2001；刘振，2004）。

2.4.4　可持续发展的框架

可持续发展包括可持续经济、可持续生态和可持续社会三个方面的协调统一。可持续发展概念的核心思想是健康的经济发展应建立在生态可持续能力、社会公正和人民积极参与自身发展决策的基础上。可持续发展所追求的目标是既要人类的各种需要得到满足、个人得到充分发展，又要保护资源和生态环境不对后代人的生存和发展构成威胁。衡量可持续发展主要有经济、环境和社会三个方面的指标，缺一不可（吴易明，2002）。

可持续发展追求经济持续增长，而不以保护环境为由降低经济增长；可持续发展要求发展与有限的自然承载能力相协调，强调对生态及其可持续性的保护；可持续发展强调社会公平和社会稳定。在人类可持续发展系统中，经济可持续是基础，生态可持续是条件，社会可持续是目的。可持续发展道路的本质是生态文明的发展。社会可持续发展的实现建立在节约资源、增强环境支撑能力及生态环境良性循环的基础上。

可持续发展理论为我们研究林业资源型城市产业生态化问题提供了基本的思路、方法和指导原则。目前，我国大多数林业型资源型城市都面临着林业资源趋于枯竭、城市发展难以为继的困境。保护环境和资源，还是保持城市的发展？这两者之间是不是"熊掌和鱼的关系"？可持续发展对此给出的是否定的答案。可持续发展首先是一个发展的概念，只是不把经济发展等同于经济增长，强调城市发展以不逾越环境和资源的承载力为前提，以提高人类生活质量为目标。可持续发展的目的是经济发展的可持续性，不仅惠及当代也要惠及子孙。基于循环经济的林业资源型城市产业生态化，正是达到这一目的的途径。

与煤炭、石油等资源型城市不同，林业资源型城市不仅发展是一个动态的过程，环境和资源的保护也是一个动态的过程。森林资源的枯竭是由采伐量长时间超过生长量造成的。产业生态化既保持了林业资源型城市的发展，同时又大大减少了林业资源的消耗，逐步使森林的生长量达到与采伐量持平以至于超过采伐量，实现"青山常在、永续利用"。这样，产业生态化作为协调的手段就发挥了更积极的作用，从空间维度和时间维度上保证了人类对森林享用的公平性原则（赵旭，1999）。

2.5　其他相关理论

2.5.1　经济增长理论

经济增长是经济学中重点关注和研究的热点问题之一，从现有的经济增长理论来看，主要包括古典经济增长理论、哈罗德-多马模型、新古典经济增长理论以及新经济增长理论（龚曙明，2010）。

1. 古典经济增长理论

亚当·斯密认为促进经济增长有增加生产性劳动数量和提高劳动效率两种途径，他认为生产性劳动创造财富，而非生产性劳动只能消耗财富，因而在劳动投入量中增加生产性劳动投入的比重将会促进经济增长。同时他认为分工和资本积累对提高劳动效率和增长经济有着重要的意义，自然资源对增长具有特殊性。

从具体的表现形式来看，古典经济增长理论认为经济增长是劳动、资本和资源禀赋的函数。

$$经济增长（G）=F［劳动（L）+资本（K）+资源禀赋（R）］$$

式中，F 为要素投入产出函数。

2. 哈罗德-多马模型

哈罗德-多马认为在技术进步既定的条件下，经济增长越来越需要高度的积累（投资），必须把积累（投资）及其效果作为经济增长的重要因素。哈罗德经济均衡增长模型的基本公式为

$$G_w = \frac{\Delta Y}{Y} = \frac{S/Y}{K/Y} = \frac{I/Y}{K/Y} = \frac{s}{I/\Delta Y} = \frac{s}{v}$$

式中，Y 为国民收入；S 为储蓄额；K 为资本存量；I 为投资量。假定不存在折旧，则 $\Delta K = I = S$；S 为储蓄率；v 为资本产出率。

该模型的基本含义是有保证增长率 G_w 等于储蓄率/资本产出率。要实现均衡的经济增长，实际增长率 G 应等于有保证增长率 G_w，也就是说在投资能够吸收全部储蓄额（$I = S$）时，经济活动才能够达到均衡状态。对此，哈罗德用实际增长率、有保证增长率和自然增长率来说明经济长期稳定增长的条件。

实际增长率 G：是指经济实际达到的增长率，即事后的增长率 $G = \Delta Y/Y$。

有保证增长率 G_w：是指储蓄率占资本产出率的比率，公式为

$$G_w = s/v = 投资率/(I/\Delta Y)$$

自然增长率 G_n：是指在人口和技术都发生变动情况下，通过提高劳动投入、资本积累和技术进步，国民收入可能达到的最大增长率。设劳动人口增长率为 G_{n1}，劳动生产率增长率为 G_{n2}，则自然增长率为

$$G_n = G_{n1} + G_{n2} + G_{n1} \times G_{n2} = (G_{n1}+1)(G_{n2}+1)-1$$

此时，经济稳定增长的条件是 $G=G_w=G_n$。

哈罗德认为实现经济的稳定增长要求 $G=G_w$，但在现实经济中储蓄额不一定全部转化为投资，或总需求与总供给不一定相等，实际增长率 G 和有保证增长率 G_w 往往不一致，且有两种结果：

1）$G>G_w$，实际增长率大于有保证增长率，这意味着预计投资大于实际投资，总需求大于总供给。为了弥补供给不足，厂商会扩大投资，使收入和需求进一步增加；反过来又刺激投资再度扩大，使经济处于扩张状态之中。

2）$G<G_w$，实际增长率小于有保证增长率，这意味着实际投资大于预计投资，总供给大于总需求，存货增加，生产能力出现过剩，经济处于收缩状态之中。

哈罗德认为实现经济的长期稳定增长还要求满足 $G_w=G_n$，此时，经济中就不会出现失业和通货膨胀。在自然增长率 G_n 和有保证增长率 G_w 不相等时，也有两种结果：

1）$G_n<G_w$，自然增长率小于有保证增长率，这意味着投资决定的增长率大于劳动人口增长和技术进步所允许的程度，劳动力就业较充分，生产能力过剩，经济的扩张必然受到限制。

2）$G_n>G_w$，自然增长率大于有保证增长率，这意味着投资决定的增长率小于劳动人口增长和技术进步所允许的程度，劳动力剩余，就业不充分，技术没有得到充分利用。

哈罗德还认为要实现充分就业的稳定增长，不仅要求社会总供求平衡，即 $G=G_w=s/v$ 保持均衡，而且也要求 $G=G_n$ 以避免失业的存在。因此，实现充分就业的稳定增长的条件是实际增长率应等于自然增长率 $G=G_n$，若 $G>G_n$，则就业充分；若 $G<G_n$，则就业不充分。但由于 G_n、s 和 v 由各不相同的因素决定，充分就业的稳定增长难以自动实现，需要靠政府通过各种政策和措施来保证劳动力的充分就业，从而实现经济稳定增长。

3. 新古典经济增长理论

新古典经济增长理论产生于 19 世纪后半叶，著名的理论贡献者是罗伯特·索洛。新古典经济增长理论是以柯布-道格拉斯生产函数为基本模型建立起来的。在没有技术进步的条件下，如果用 GY 表示收入增长率，用 GL 表示劳动力增长率，用 GK 表示资本增长率，则新古典经济增长模型的基本公式为

$$GY=aGL+(1-a)GK$$

在这个模型中，收入增长是由劳动力增长和资本增长两种因素决定的。式中，a 为在收入增量中有多大份额是由劳动力增长带来的；$(1-a)$ 为在收入增量中有多大份额是由资本增长带来的。因此，适当调整后该模型可以写为

$$GY-GL=(1-a)(GK-GL)$$

式中，GY–GL 为平均每人的收入增长率；GK–GL 为平均每个工人所使用资本的增长率。

新古典经济增长理论的主要结论如下：

1）稳态中的产量增长率是外生的，它独立于储蓄率。尽管储蓄率增加不影响稳态增长率，但通过资本–产量比率，储蓄率的增加提高了收入的稳态水平。

2）人均收入增长率取决于技术进步率，总产量的稳态增长率是技术进步率和人口增长率之和，人口增长率是经济增长率之外的因素决定的。

3）技术变革率影响经济增长率，但经济增长率不影响技术变革率。

4）持续不断的技术进步会导致资本需求增加，实际利率提高，并引起增加资本存量的储蓄增加。如果实际利率高于目标利率，资本供给将增加。只要有技术进步，这个过程就会重复，并创造持续的长期经济增长。增长率波动是技术进步率发生波动引起的。

5）如果两个国家有相同的人口增长率、相同的储蓄率和相同的生产函数，那么，它们最终会达到相同的人均收入水平。

4. 新经济增长理论

新经济增长理论又称内生经济增长理论或内生技术变革理论，它是分析研究长期经济增长动力机制的理论，主要产生在 20 世纪 80 年代末和 90 年代，早期的理论贡献者是罗伯特·卢卡斯和保罗·罗默。该理论认为人均实际 GDP 增长是指人们在追求利润中所做出的选择，而且增长可以无限持续下去。新经济增长理论是基于新古典经济增长模型发展起来的，其主要结论如下：

1）经济可持续增长，并且是内生因素的作用。内生技术进步是经济增长的决定因素，技术进步是追求利润最大化厂商进行意愿投资的结果。

2）技术、人力资本有溢出效应，这是经济持续增长必不可少的条件。新技术的发现会随着发现利益的扩散而可以被每个人利用，从而得到免费的资源。

3）生产活动可以重复。若一个企业增加资本和产量，企业收益将递减，但经济可通过增加另一相同企业来增加其资本和产量，而且经济收益不会递减。

4）随着资本积累，实际利润率不受影响。实际利润率自然可以无限高于目标利润率。只要人们进行实际利润率高于目标利润率的研究与开发，人均实际 GDP 就可无限增长，经济增长率取决于创新能力的高低和实际利润率的变动。

5）国际知识和贸易的自由流动，对一国的经济增长具有重要的影响。

6）如果不存在政府干预，经济均衡增长通常表现为社会次优，增长率低于社会最优增长率。宏观经济政策和财政政策影响经济的长期增长率。

7）人均资本积累如果包含人力资本积累，则产出就与人均资本积累成正比关系，按此关系，只要将产出用于保持人均资本积累和人均消费的合适比重，宏观经济就能实现长期稳定增长。

8）政府和企业都应重视生产经验与知识对长期经济增长的作用，注重加强研发、不断创新，获得社会整体技术进步的外溢效应，提高社会生产的知识和经验。发展中国家在引进资本的同时，要特别注重引进相关技术和消化吸收相关技术。

2.5.2　森林可持续经营理论

森林可持续经营以森林可持续发展为根本标准，森林可持续发展是指森林生态系统的特性不随时间的推移而下降的状态，其中以森林生物多样性与林业的生产能力为主要内容。森林可持续经营主要是指为实现一个或多个明确的特定目标的持续性经营的过程，该经营以不对未来社会环境以及自然条件产生过度负面影响、不过度减少森林未来的自然生产力以及内在价值为前提，确保满足社会需求的林产品或服务能够持续性产出。森林可持续经营即为一种不对森林未来的产品或服务功能造成负面影响的一种持续性的经营方式。

从森林可持续经营的基本要素来看，第一要素是要有一定数量与质量的森林资源，森林资源是森林可持续经营的基本保障，要在明确掌握森林现状的基础上对未来时期的林业需求做出评估，以满足国家长远利益的需求。保障森林数量、提升森林质量是森林可持续经营的基本要素，直接决定一个国家或地区森林在未来为社会发展提供产品与服务的潜力与能力。第二要素是基于森林可持续经营的国家水平与地区水平之间的关系，在充分考虑社会与环境发展和把握林产品与服务的现实需求基础上，制定国家战略，推动森林可持续经营的全面实施。第三要素是必须为社会提供产品，决定了社会对森林可持续经营的可接受性，森林要保留自身适应变化的能力，适应社会需求的动态变化，避免造成不可恢复的后果。第四要素是完善的制度环境，制度保障与政策稳定是决定经营森林的能力，是实现真正意义上的可持续发展与可持续经营的基本要素。

森林可持续经营理论以可持续发展理论与生态经济理论为基础，经过各界学者的不断完善和深化，已经形成较为规范的理论系统。其包含两个层次的问题，首先是经营层次，是森林可持续经营的基本理论核心，其包括经营权、经营目标、经营制度等内容，关键在于是否能做到自主经营。经营是以管理为基本手段，要将经营权制度与产权制度共同运用到经营管理中，以此来推动生产关系，进而解放生产力。其次是技术层次，该层次的本质内容是如何实现传统的经营技术向可持续经营的技术转化，传统经营技术以加速培育木材为主要目标，对热带森林生态系统的经营负面影响显著，其技术与理念本身需要向可持续性的方向转变。新的理论应将最大限度地保护森林生物多样性与林产品生产（其中以非木质林产品为研究方向）结合起来，最大限度地保护森林生态系统的多样性与可持续发展。

森林可持续经营作为林业可持续发展的核心，其原则主要包括：①可持续发展原则，即保持森林生态多样性与完整性，实现持续发展的生态系统；②分类经营原则，使森林能够适应现代经济社会的总量需求与结构性需求，协同不同经营目标之间的矛盾，维持森林生态效益，确保生态系统具有一定弹性；③服务性原则，森林可持续经营需以国家总体可持续发展为目标，不断满足国民经济发展和人民生活水平提高对其产品与生态服务的需求；④协调原则，寻求不同地区、不同世代、不同利益团体之间的平衡，不仅能够满足当代人的需求，更能为后代人的发展提供保障。森林可持续经营理论进行森林资源经营的首要理论与基本原则，均应将可持续经营作为其指导思想。

2.5.3　产业生态学理论

1995 年电气与电子工程师学会（Institute of Electrical and Electronics Engineers，IEEE）的《持续发展与产业生态学白皮书》对产业生态学的定义为：产业生态学是一门研究可持续发展能力的科学，探讨经济系统、产业系统以及它们同自然系统相互关系的多学科研究。其研究内容涉及经济学、法律学、管理科学、能源利用、新技术、基础科学、社会科学等多学科领域理论。其主要思想是将产业系统视为一类特定的生态系统，通过模仿自然生态系统的运行机制与运行规则来实现人类社会的可持续发展。

产业生态理论是吸收人类生态学理论、循环经济学理论、景观生态学理论以及符合生态系统理论的综合理论成果。其理论体系主要包括：①生态位原理，即任何企业、部门或者地区的发展必须善于通过开拓资源生态位和调整需求生态位来实现适应社会环境。②竞争共生原理，即差异造成竞争，竞争促进发展，系统之间的竞争与共生能够提高资源利用效率、提升系统自组织能力进而实现可持续发展。③反馈原理，即复合生态系统是受正反馈与负反馈两种机制控制，通过使正负两种反馈机制达到相互均衡维持产业系统的可持续发展。④补偿原理，即系统内部会通过自动补偿或替代原有功能来使整体功能趋于稳定。⑤循环再生原理，即信息反馈系统与物质间的循环再生是推进产业系统可持续发展的根本因素。

从产业系统与自然系统之间的关系来看，产业生态系统将产业体系看作生态系统内部的一个特殊子系统，自工业革命以来不断发展的工业系统，属于一级生态系统范畴，需要通过理论与方法的不断深化实现与生态系统间的协调和谐发展，避免产业系统发展对环境造成巨大压力，需要从地区、局地一级以及全球三个层次上监测和分析自然生态系统的环境容量，尽可能获取最为真实的环境状况，以此来利用环境系统的环境容量信息来平衡产业系统的输入与输出流。

2.5.4　产业发展趋势理论

21 世纪以来，产业理论得到进一步发展，不同的理论和方法被产业理论所吸收融合，从而产生一系列新的产业发展理论，其中从产业发展的趋势来看，主要包括三大产业发展趋势：产业集群化、产业融合化和产业生态化。

产业集群化是迈克尔·波特的《国家竞争优势》一书面世后而日益被重视的理论。产业集群化是指在一个适当的区域范围内生产同类产品的企业及相关上下游企业高密度的聚集在一起，从而形成的产业区域集聚发展态势。显然，产业集群化发展是产业在发展中不断适应经济全球化和市场竞争化的新探索，它通过建立适宜的产业集群形成产业发展的规模效益，从而在降低生产成本的同时提升产业群体的整体市场竞争力。

产业融合化认为产业之所以能够融合关键在于产业边界的模糊化，日本学者植草益从产生原因和融合结果两个方面论述了产业融合的具体内涵，他认为产业融合化是通过技术革新和减少行业约束来降低产业间壁垒，从而达到扩大产业间交流合作范围和深度的目的。从产业融合化的定义来看，产业融合化是不同产业间或同一产业内部不同行业间相互交叉、相互渗透从而形成新产业的动态发展过程。从产业融合化的具体分类来看，产业融合主要包括三类：高新技术的渗透融合、产业间的延伸融合、产业内部的重组融合。

产业生态化是为了缓解经济发展与生态保护之间的矛盾而提出的一种促进产业发展与自然环境和谐相处的产业发展模式，产业生态化的目标是在保障生态环境能够实现可持续发展的前提下，通过合理开发和利用生态系统中相关资源，从而实现在获取较高经济效益的同时生态经济的协调发展。

2.5.5　系统科学理论

系统科学（system science）是除自然科学、数学科学、社会科学三大基础外，形成的一个新学科，由以系统为研究对象的基础理论和应用开发的学科组成。

1. 系统的涵义及原理

系统一般是指由相互作用和相互依赖的若干要素构成的具有特定功能的整体，而且这个系统本身又是它所从属的一个更大系统的组成部分。系统具有输出某种产物的目的，输出必有输入，经过处理才能得到。输出是处理的结果，代表系统的目的；处理是使输入变为输出的一种活动，一般由人与设备分别或联合担任。输入、处理、输出是组成系统的三个基本要素，加上反馈就构成一个完备的系统。

系统的基本原理如下：

1）整体性原理。整体性是系统的最基本属性，系统的整体不等于单元之和，单元一旦被有机地组织起来，就不再作为单个单元存在。若单元之间协同一致、结构良好、环境协调，总体就大于单元之和，系统功能效果突出；反之，总体小于单元之和，系统功能效果降低。

2）相关性原理。相关性是系统、要素、环境之间的相互影响、相互作用、相互依存、相互制约的特征，即联系。从本质上看，联系是相互之间的物质、能量和信息的交换。此外，相关性还体现在系统整体性发生改变，系统要素也必然发生变化。

3）结构性原理。系统结构是系统保持整体性以及具有一定功能的内在依存，其基本形式有空间结构，即系统要素在空间上的排列组合方式；时间结构，即系统随时间变化而呈现的流动性、变动性结构。系统结构是空间性与时间性的统一。

4）动态性原理。现实系统都是开放系统，都有物质流、能量流、信息流在不断运动。系统本身都有生命周期，处于不同历史时期的系统，或在同一系统的不同阶段，其结构和表现出来的功能是不同的。

5）目的性原理。系统自我趋向稳定有序的特性就是系统的目的性。而这种目的性是受系统行为结果信息控制的，通过系统反馈机制来不断调整系统行为而达到。

6）适应性原理。系统内部各要素之间相互作用自发形成有序结构以协调与环境的关系，同时，系统具有能够自动调节自身组织、活动以适应环境的特性。系统与环境存在相互依存、相互竞争、相互破坏的关系。

7）优化性原理。通过系统的自我组织、自我调节活动，使系统在不定期环境下达到最佳的结构，发挥最好的功能。

总之，系统论按照事物本身系统性，把对象放在系统方式中加以考察，它从全局出发，综合、精确地考察因素。在定性指导下，定量处理它们之间的关系，以达到优化处理的目的。系统论最显著的特点是整合性、综合性和最优化。国有林区是由生态、经济和社会组成的复合巨系统，良性循环发展本身也是一个庞大的系统工程，因此应将系统理论应用到国有林区良性循环发展中，做到统筹兼顾各层次、各方面的因素，促进层次间、要素间相互协调与配合，以期发挥最大的效力，达到系统整体优化的目的。

2. 生态经济系统

生态经济系统是由生态环境系统与社会经济系统耦合而成的复合系统，其实质是指系统诸构成要素和子系统在时空范围内的排列、秩序、量的比重关系和耦合方式等（Bradbury，1988）。经济系统中经济增长对自然资源等物质与能量的需求是无限增长的，而生态系统所能提供的生物产量有一个生态阈值。同时，生态环境系统负反馈机制与社会经济系统正反馈机制之间矛盾的不断激化，导致生态环境系统的退化，表现为土地沙漠化、盐碱化、草地退化、水资源减少、绿洲萎缩等，从而使生态环境系统提供物质和能量的阈值降低，阻碍了社会经济系统的发展。社会经济的发展对生态环境的需求没有超出其阈值，在生态环境承载范围之内，但是在经济子系统和社会子系统中出现了问题，如经济落后、分配不公、贫富悬殊过大、科教水平、创新能力和管理决策能力不高等，导致可持续发展没有后劲，不具备发展基础，可持续发展战略陷入无法实施的境地。因此，应用可持续发展理论结合实践战略，在评价某个生态经济系统可持续发展水平时，可以在研究生态经济系统的生态环境、资源、经济和社会四个子系统的构成要素和内部关系的基础上，以系统的发展水平、协调性和持续性为参数衡量系统的可持续发展程度。

3. 复合生态经济系统

从系统与外界的关系来看，凡是和外界有物质、能量和信息交换的系统称为开放系统，反之称为封闭系统；从系统和人的关系来看，凡是能被人改变状态的系统称为可控系统，反之称为不可控系统。因此，复合生态经济系统是开放的、可控的系统。

森林所提供的产品不仅仅是木材，作为一个多功能的系统，它为全社会提供了多样的服务，其发展变化已不仅仅取决于自身的自然发展规律，还要受到许多社会因素的影响和制约。因此，为了人类的生存和繁衍，在物质生产活动过程中，以社会化人类为主体的经济系统对复合生态经济系统的需求与复合生态经济系统对以社会化人类为主体的经济系统的供给之间发生了紧密的联系，形成了一个复合生态经济系统。在这个整体中，只有当经济系统对复合生态经济系统的需求和通过合理的经营使复合生态经济系统对经济系统的供给之间相互协调，处于动态平衡时，才能在复合生态经济系统的优化过程中取得越来越大的效益，以满足国民经济建设和人民生活日益增长的多样需要。如果抛开社会、抛开人，只以森林生态系统到森林生态系统的经营是不可能、不现实同时也是经营不好的。只有将生态系统与经济系统之间的矛盾共同解决，达到复合生态经济系统的良性循环，才有利于人类社会的不断发展。

2.5.6　要素禀赋理论

影响林业产业区域产业竞争力的基础理论是要素禀赋理论（林毅夫，1999）。英国早期经济学家亚当·斯密在 1776 年提出的绝对优势理论认为，竞争力来自生产成本和效率的差异。大卫·李嘉图在 1817 年阐述比较优势理论时认为，一国在不具备绝对优势时可以通过一国与其他国家产业的相对比较优势参与国际竞争，从而体现这个国家的竞争力。在此基础上，1919 年赫克歇尔在继续分析国家竞争力时提出要素禀赋理论，并由其学生瑞典经济学家俄林在 1933 年加以完善，故而又把要素禀赋理论称为赫克歇尔-俄林模型。要素禀赋理论认为各国资源禀赋（如劳动和资本）的不同构成是国际贸易的基础，各国应该生产并出口密集使用供给相对充裕、价格较为低廉的商品，而进口密集使用供给相对不足、价格较为昂贵的商品，以获得比较利益和更有效地利用本国的生产要素。

要素禀赋理论基于以下几点简化的假设：①各个国家拥有相同的口味和偏好（需求条件）；②它们投入的要素是同质的；③它们的技术水平相同。显然，最后一条假设明确排除了国与国之间的技术差异作为贸易基础的可能，而倾向于认为，之所以发生贸易，完全是由于劳动与资本供给上的差异。

根据要素禀赋理论，不同国家间的相对价格有所差异：一是国家之间要素投入禀赋存在差异；二是不同的商品在其生产中对投入要素的使用密度不同。由于这些原因，一国就会出口那些使用大量相对丰富（便宜）的要素投入的产品，而进口那些需要大量使用相对稀缺（昂贵）的要素投入的产品。这就是为何土地丰富的国家（如澳大利亚）一般出口肉类等土地密集型商品，而劳动力丰富的国家（如韩国）则出口劳动力密集型商品，如纺织品。

林业产业的发展、变化受自然资源禀赋的影响，对林业产业区域竞争力水平产生影响。其原因在于自然资源和再生产要素禀赋上存在的差异将导致要素价格产生差异，这进一步引起生产成本和产品价格的差异，这些差异最终又将体现在产业区域竞争力水平上。尽管自然资源和再生产要素禀赋对提升产业区域竞争力水平具有绝对的影响，但是，提升林业产业区域竞争力还可以通过对自然资源的合理开发利用、林业生产布局调整、林业科学技术进步等途径实现，各地区还可以扬长避短、趋利避害，充分利用不同的自然资源禀赋，通过林业科技的进步、林业企业管理水平的提高以及产业结构的调整来提高林产品的产量、品质，并降低生产成本，形成林产品的专业化生产与区域化布局。通过自然资源和再生产要素禀赋的优化匹配，可以使自然资源和再生产要素禀赋的潜力得到充分发挥，进而使资源配置与优化在提高林业劳动生产效率和产品质量、降低林产品生产成本中的效能等方面得到更大发挥，进而使林业产业在区域市场竞争中取得优势。

2.6 本章小结

本章主要梳理与林业经济发展、林业产业结构优化、林业生态产业建设等内容相关的理论基础,主要包括产业结构理论、生态经济学理论、循环经济理论、可持续发展理论、经济增长理论、森林可持续经营理论、产业生态学理论、产业发展趋势理论、系统科学理论、要素禀赋理论等内容,为后续的研究提供较为清晰与合理的理论基础框架。

第3章　黑龙江省国有林区林业产业发展现状分析

第 2 章对相关理论基础的研究为后续的实证分析做了很好的理论铺垫，从第 3 章开始，本书将研究重点回归黑龙江省国有林区林业经济发展和林业产业结构调整等内容的分析上来。其中，第 3 章主要运用描述性统计的方法对黑龙江省国有林区林业产业的发展现状进行分析，具体则主要从两方面内容进行展开：龙江森工集团林业产业发展现状、黑龙江省大小兴安岭森林生态功能区林业产业发展现状。对龙江森工集团林业产业发展现状进行分析时还侧重对非木质林业产业发展情况进行着重探讨，这里的非木质林产品产业主要包括经济林产品的种植和采集、花卉的种植、动物繁育和利用、林产化学产品制造、非木质林产品加工制造业、林业生产服务、林业旅游与休闲服务、林业生态服务、林业专业技术服务以及林业公共管理服务及其他服务。

3.1　龙江森工集团林业产业发展现状

3.1.1　龙江森工集团林业三次产业发展现状

随着经济社会的进一步发展，龙江森工集团林业事业也得到了较快的发展。从整个龙江森工集团林业系统总产值来看，2003～2015 年林业系统总产值的增长趋势较为明显（图 3-1），其中，2003 年龙江森工集团林业系统总产值为 1 373 765 万元，2015 年则达到 5 013 894 万元，年平均增长率为 11.39%；从林业系统三次产业内部构成来看，2003 年林业系统第一、第二、第三产业产值分别为 546 926 万元、551 294 万元、275 545 万元（产业结构为 0.3981：0.4013：0.2006），2015 年则分别增长为 1 948 797 万元、1 498 675 万元、1 566 422 万元（产业结构调整为 0.3887：0.2989：0.3124），2003～2015 年国有林区林业系统第一、第二、第三产业产值年平均增长率分别为 11.17%、8.69%、15.58%。

然而，随着国家林业局 2014 年发布的《关于切实做好全面停止商业性采伐试点工作的通知》，全面禁止商业性采伐政策将龙江森工集团林业经济转型带入了机遇与挑战并存的新环境，2014 年，林业总产值下降为 1 789 277 万元，以木材利用为主要特征的传统实体型经济受到明显冲击，发展趋势逐步下降，木质林产品产业（林业产业中除非木质林产品产业之外的以木材资源为经营主体的剩余林业

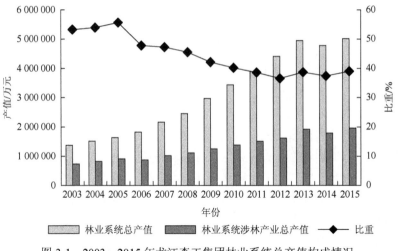

图 3-1 2003～2015 年龙江森工集团林业系统总产值构成情况

产业)产值持续下降至 2015 年的 551 546 万元,占林业总产值的比重仅为 28.17%,其中, 林业第一产业产业中的木材采运产业在 2015 年产值仅为 2261 万元,林业第二产业中的以木质林产品加工为主的各类产业在 2014～2015 年产值呈持续性负增长。

相比之下, 随着龙江森工集团在弱化以木材资源利用为主的传统林业产业发展的同时, 逐步增加国有林区的林业生态产出, 增强对非木质资源利用产业的重视, 非木质林产品产业得到快速发展, 产业产值由 2003 年的 115 918 万元逐步上升至 2015 年的 140 629 万元, 尤其是在 2011～2015 年, 产业产值的年均增速高达 21.06%, 显著高于同阶段林业总产值的年均增速(6.79%)以及木质林产品产业的年均增速(−10.27%), 逐步形成了"非木涉林产业为主导、非木非林产业为支撑、传统木业产业转型替代"的基本产业发展格局, 说明龙江森工集团在林业转型发展过程中取得一定的成果, 虽然非木质林产品产业的发展势头明显高于传统的林业产业, 但是, 非木质林产品产业内部结构依然存在发展劣势, 还需得到进一步优化。

显然, 龙江森工集团林业系统整体发展较为良好, 林业系统三次产业结构中第一产业比重相对稳定, 第二产业比重相对下降, 第三产业比重逐步上升。从定性分析的角度来看, 龙江森工集团林业系统产业结构整体上呈现从"一、二、三"向"一、三、二"产业结构布局进行转化, 但是仍将有一段较长时间的调整期。

尽管龙江森工集团林业系统整体上发展较好, 但是从林业系统的构成情况来看却不容乐观。从图 3-1 可以看出, 2003～2015 年龙江森工集团林业系统涉林产业总产值占整个林业系统总产值比重整体上呈现出下降的趋势, 并且从 2003 年的53.23%下降为 2015 年的 39.05%, 下降趋势明显。此外, 林业系统涉林产业总产值的增长也相对整个林业系统缓慢，2003～2015 年林业系统涉林产业总产值年平均增长率仅为 8.55%，显著低于林业系统非林产业年平均增长率（13.88%）。不难发现，龙江森工集团林业系统中非林产业实际上占据了较大的比重（非林产业主要包括第一产业中的农业、畜牧业，第二产业中的采矿业、建筑业、水电气供应业，第三产业中的邮电通信、餐饮住宿、批发零售、交通运输等），尽管这些非林产业在国有林区林业系统中发挥了较大的作用，并且部分内容实际上难以严格与林业系统涉林产业相分离，这些林业系统非林产业仍是涉林产业的附属产业，林业经济增长和林业产业结构优化的核心仍然是林业系统涉林部分。因此，本节也将进一步针对龙江森工集团林业系统涉林部分进行更为深入的分析与探讨，为了简化，后续分析中龙江森工集团林业产业均默认为林业系统涉林产业。

从龙江森工集团林业系统涉林产业的发展来看，2003 年龙江森工集团林业系统涉林产业总产值为 731 316 万元，2015 年则增长为 1 957 836 万元，其中，2003 年林业系统涉林第一、第二、第三产业的产值分别为 252 710 万元、445 542 万元、33 064 万元，2015 年则分别增长为 914 735 万元、445 401 万元、597 700 万元，林业系统涉林第一、第二、第三产业年平均增长率分别为 11.32%、0.00%（−0.000026%）、27.28%，可见龙江森工集团林业第三产业发展较为迅速，林业第一产业次之，林业第二产业则表现为先增长、后减少的态势。

此外，从 2003～2015 年龙江森工集团林业三次产业构成情况（涉林部分）来看（图 3-2），2003～2015 年龙江森工集团林业第一产业比重整体上保持稳定（40%左右），并且在小幅度波动中存在上升的趋势；林业第二产业比重则整体上呈现显著的下降趋势，从 2003 年的 60.92%下降为 2015 年的 22.75%；林业第三产业比重则呈现较为明显的上升趋势，2015 年达到了 30.53%，并且仍有保持增长的趋势。

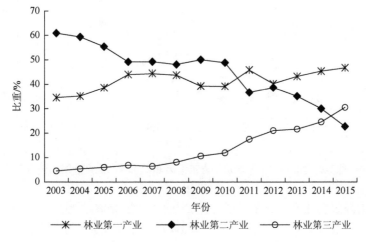

图 3-2　2003～2015 年龙江森工集团林业三次产业构成情况（涉林部分）

从龙江森工集团林业系统涉林产业结构的变化趋势来看，林业系统涉林产业结构的调整趋势整体上为"二、一、三"向"一、二、三"，再到"一、三、二"进行转换。但是，综合考虑国家林业政策、林业资源禀赋以及龙江森工集团林业经济发展的实际情况，本书认为 2015 年及其以后的很长一段时间，龙江森工集团林业产业结构仍将处于调整的态势，并且林业第二产业比重不能持续性的降低，林业第三产业比重也没有足够的能力保证持续性的增长。因此，未来龙江森工集团林业产业结构的调整与优化必然会在既定的林业政策下，根据黑龙江省国有林业资源禀赋的实际情况，自发选择最优（或者相对最优）的林业产业发展模式，形成适宜的林业经济结构和林业产业结构布局，并且在一定时期内趋于稳定。

从 2003~2015 年龙江森工集团非木质林产品产业产值情况来看（图 3-3），在林业经济转型及结构调整背景下，龙江森工集团非木质林产品产业取得一定的发展，从整个非木质林产品总产值来看，2003~2015 年非木质林产品总产值曲线在波动中呈显著的增长趋势，2003 年非木质林产品总产值为 115 918 万元，2015 年则增长为 1 406 290 万元，年平均增速为 23.12%。国有林区非木质林产品总产值占涉林产业总产值的比重亦表现出明显的上升趋势，2003 年所占比重为 20.96%，2015 年则增长至 72.16%，年平均增速为 10.85%。

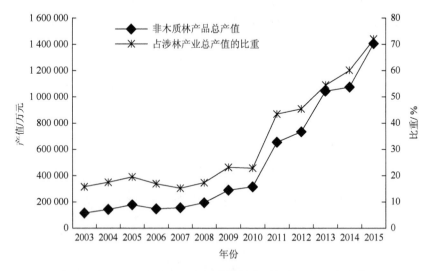

图 3-3　2003~2015 年龙江森工集团非木质林产品产业产值情况

从龙江森工集团非木质林产品三次产业的发展来看，2003 年第一、第二、第三产业的产值分别为 38 205 万元、44 649 万元、33 064 万元，2015 年则分别增长为 770 092 万元、38 498 万元、597 700 万元，可以看出，非木质林产品三次

产业发展均较为迅速，但相比之下，第一产业增长最为显著，产值年均增长率为
28.44%，第三产业次之，年均增速为 27.28%，第二产业发展趋势较缓慢，整体呈
现萎缩状态。

此外，从 2003～2015 年龙江森工集团非木质林产品三次产业构成情况来看
（图 3-4），非木质林产品第一、第三产业是带动非木质林产品产业发展的重要动力。
2003～2015 年非木质林产品第一产业比重在小幅度波动中呈上升趋势，由 2003 年的
32.96%上升为 2015 年的 54.76%，整体平均水平约为 48.86%；第二产业所占比重
则呈现较为明显的下降趋势，从 2003 年的 38.52%下降为 2015 年的 2.74%；第三
产业所占比重整体较为稳定，并且呈现小幅度上升趋势，由 2003 年的 28.52%增
长至 2015 年的 42.5%，仍有继续上升的态势。从宏观视角来看，龙江森工集团非
木质林产品产业规模呈整体扩张趋势，与整个林业经济发展与政策要求相一致。
为了更细致地了解龙江森工集团非木质林产品产业的发展情况，还需进一步从微
观视角对龙江森工集团非木质林产品三次产业内部各次级产业发展及构成情况进
行统计分析。

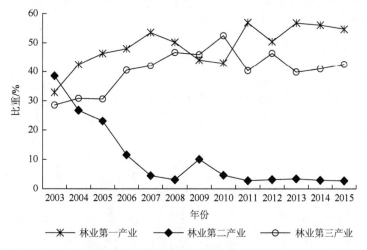

图 3-4　2003～2015 年龙江森工集团非木质林产品三次产业构成情况

从整体上看，龙江森工集团林业系统涉林产业的结构正处于动态调整过程中，
这种动态调整与整个林业经济发展相一致，都是宏观林业经济发展现状。当然，
为了更好地把握龙江森工集团林业经济发展和林业产业结构调整的脉络，还需要
进一步从中观视角甚至微观视角进行探讨。因此，有必要对龙江森工集团林业三
次产业内部各林业次级产业的发展与林业次级经济结构的调整进行更为细致的现
状分析。

3.1.2　龙江森工集团林业第一产业内部发展现状

龙江森工集团林业第一产业内部涉林部分主要包括林木的培养和种植、木材采运、经济林产品的种植和采集、花卉的种植、动物繁育和利用，其中花卉的种植、动物繁育和利用这两部分在林业第一产业中所占比重相对较小，为了简化分析将两者合并，并将其命名为花卉种植与动物利用。

从 2003～2015 年龙江森工集团林业第一产业内部次级产业产值情况来看（图 3-5），林木的培养和种植在 2003～2010 年产业发展规模整体较低，在 2011～2015 年产业规模则有较快的增长，其中，2003 年产值为 16 430 万元，2010 年产值为 35 607 万元，2011 年产值达到 94 142 万元，2015 年产值则进一步增长为 142 382 万元；木材采运的产业规模在 2003～2010 年整体上处于上升趋势，2011 年木材采运的产业规模急剧下降，并且在 2011～2014 年整体上处于下降的趋势，考虑到 2014 年 4 月 1 日黑龙江省开始实施商品林的全面禁伐，2015 年及其以后一段时期内龙江森工集团林木采运的产业规模将进一步萎缩，林业产值也将处于接近于 0 的状态。

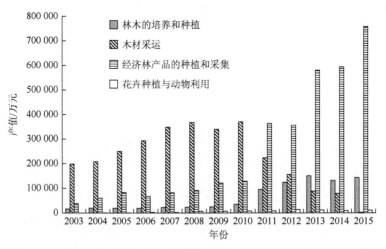

图 3-5　2003～2015 年龙江森工集团林业第一产业内部次级产业产值情况

此外，从经济林产品的种植和采集的发展来看，2003～2015 年该林业涉林产业整体上处于扩张态势，并且可以划分为 3 个阶段，第一阶段是 2003～2010 年，经济林产品的种植和采集处于缓慢发展阶段，其年平均林业产值为 83 630 万元，2011～2012 年为快速发展阶段，年平均林业产值为 360 069 万元，2013～2015 年为产业规模形成阶段，年平均林业产值为 643 964 万元，可以预见经济林产品的种植和采集作为林业第一产业中的新生力量将有效带动国有林区林业第一产业的发展。花卉种植与动物利用在林业第一产业中的规模相对较小，属于次要部分，暂时不予讨论。

图 3-5 是从林业第一产业内部次级产业的规模视角进行的直观展示，图 3-6 则是从林业第一产业内部次级产业的结构视角给予进一步的剖析。可以发现，2003～2010 年龙江森工集团林业第一产业内部的产业构成主要以木材采运为主，木材采运的产值占林业第一产业中涉林部分总产值的 68.39%～78.38%，与此同时，经济林产品的种植和采集所占比重最大为 24.49%（2009 年），其他林业产业所占比重相对较小；2011～2015 年林业第一产业内部次级产业结构则发生了较大的变化，其中木材采运所占比重下降明显，2011 年降为 32.30%，2015 年则由于天然林商业性禁伐的实施所占比重进一步降为 0.25%，与此同时，经济林产品的种植和采集所占比重则稳步上升，2011 年产业所占比重上升为 52.77%，2015 年产业所占比重则进一步提高到 82.90%，此外，林木的培养和种植所占比重整体上呈上升趋势，并且在 2011 年出现较快的增长，在 2013 年超过了木材采运所占比重，成为林业第一产业中第二大次级产业。

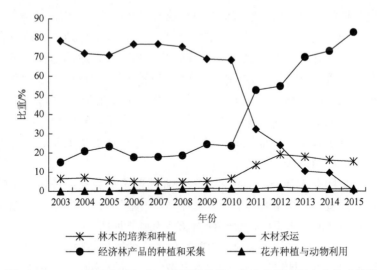

图 3-6　2003～2015 年龙江森工集团林业第一产业内部次级产业构成情况

显然，从图 3-6 可以发现，2003～2015 年龙江森工集团林业第一产业中木材采运、经济林产品的种植和采集两部分产业比重具有一定的互补特征。此外，由于林木的培养和种植、花卉种植与动物利用相对于木材采运、经济林产品的种植和采集在林业第一产业中所占比重太小，属于次要林业涉林产业。因此，出于后续分析的需要将部分林业涉林产业进行组合。其中：经济林经营和木材采运包括经济林产品的种植和采集、木材采运两部分，其他林业生产包括林木的培养和种植、花卉的种植与动物繁育和利用三部分，如图 3-7 所示。

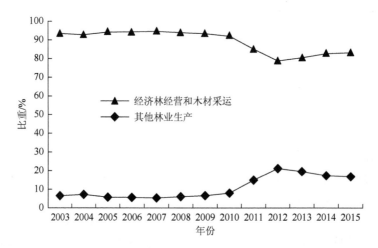

图 3-7 2003～2015 年龙江森工集团林业第一产业重新分类后的次级产业构成情况

根据现有林业产业结构的构成情况对林业第一产业内部次级产业重新组合，得到新的林业产业结构。可以发现，新的林业产业结构能更好地体现林业第一产业中林业产业结构演化的特征。其中，经济林经营和木材采运仍是林业第一产业中的主体部分，尽管在 2010～2012 年产业比重有所下降，但是 2012～2013 年仍表现出产业比重上升的态势，该部分的产业比重整体保持在 78.79%（2012 年）以上，并且产业比重最大值达到 94.66%（2007 年）。相比之下，林业第一产业中的其他林业生产则占据了较小的产业比重，其中，2011 年产业比重的显著上升主要源自于林木的培养和种植增长的带动。

龙江森工集团非木质林产品产业第一产业内部主要包括经济林产品的种植和采集、花卉的种植、动物繁育和利用，其中，《中国林业统计年鉴》自 2013 年起，将经济林产品的种植和采集所包含的种类调整为水果种植，坚果、含油果和香料作物种植，茶及其他饮料作物的种植，中药材种植，森林食品种植，林产品采集，为保证数据连续性以及统计口径一致性，本书按照之前的标准，将 2013～2015 年水果种植与坚果、含油果和香料作物种植归为水果及干果的种植与采集，将森林食品种植和林产品采集归为森林食品的种植与采集，经整理后的经济林产品的种植和采集包括水果及干果的种植与采集、茶及其他饮料作物的种植与采集、林产中药材的种植与采集、森林食品的种植与采集。

图 3-8 是 2003～2015 年龙江森工集团经济林产品的种植和采集内部产业构成情况，不难看出，经济林产品的种植和采集主要以森林食品的种植与采集为主体，

2003～2006 年森林食品的种植与采集所占比重整体存在下降趋势，由 2003 年的
97.69%降至 2006 年的 49.17%，其他产业所占比重呈现出不同程度的上升态势，其中
林产中药材的种植与采集在 2006 年所占比重为 19.83%，仅次于森林食品的种植与采
集，水果及干果的种植与采集和茶及其他饮料作物的种植与采集两者所占比重均仅
为 16%左右，整体均低于森林食品的种植与采集所占比重。但随着森林食品的种植
与采集的迅速发展和产业规模的不断扩大，其产值所占比重亦随之显著上升，其中
2007 年，森林食品的种植与采集所占比重为 55.63%，2015 年则达到 68.1%。

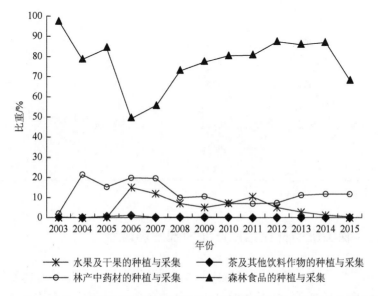

图 3-8　2003～2015 年龙江森工集团经济林产品的种植和采集内部产业构成情况

　　根据 2003～2015 年龙江森工集团非木质林产品第一产业内部次级产业产值
及比重来看（表 3-1），经济林产品的种植和采集的发展整体处于迅速扩张趋势，
且其产业规模显著高于花卉种植与动物利用，成为非木质林产品第一产业的主
力产业。根据经济林产品的种植和采集的产值增长态势，可以归纳为两个阶段，
第 1 个阶段是 2003～2010 年，产业发展处于缓慢期，增长趋势并不显著，产值
由 2003 年的 38 205 万元上升至 2010 年的 127 990 万元，年平均产值为 83 630 万
元。第 2 个阶段是 2011～2015 年，产业在动态调整过程中快速发展，2011 年经
济林产品的种植和采集产值为 363 624 万元，之后经过 2012 年与 2014 年的调整，
2015 年经济林产品的种植与采集产值达到 758 346 万元，年平均产值为 530 406 万
元。从产业发展角度来看，花卉种植与动物利用产值保持较为稳定的上升趋势，
2015 年产值高达 11 746 万元，但是，该产业在非木质林产品第一产业中的规模相
对较小，今后还需得到进一步发展。

表 3-1　2003～2015 年龙江森工集团非木质林产品第一产业内部次级产业产值及比重

年份	经济林产品的种植和采集产值/万元	所占比重/%	花卉种植与动物利用产值/万元	所占比重/%
2003	38 205	100.00	—	—
2004	60 062	99.04	582	0.96
2005	82 005	99.53	391	0.47
2006	68 029	96.31	2 608	3.69
2007	81 221	97.38	2 181	2.62
2008	91 130	93.48	6 360	6.52
2009	120 399	94.25	7 351	5.75
2010	127 990	94.37	7 633	5.63
2011	363 624	97.65	8 752	2.35
2012	356 514	96.33	13 599	3.67
2013	579 954	97.93	12 253	2.07
2014	593 592	98.46	9 294	1.54
2015	758 346	98.47	11 746	1.53

3.1.3　龙江森工集团林业第二产业内部发展现状

龙江森工集团林业第二产业内部涉林部分主要包括木材加工及竹藤棕苇制品制造、木竹藤家具制造、木竹苇浆造纸、林产化学产品制造、木质工艺品和木质文教体育用品制造、非木质林产品加工制造业以及其他,共七部分。

从 2003～2015 年龙江森工集团林业第二产业内部涉林次级产业产值情况来看(图 3-9),2003～2010 年木材加工及竹藤棕苇制品制造产值由 2003 年的 285 792 万元增长为 2010 年的 522 091 万元,年平均增长率为 8.99%,2011～2015 年木材加工及竹藤棕苇制品制造的发展则存在不明显的变化态势。同时,从木材加工及竹藤棕苇制品制造在林业第二产业内部涉林部分的比重来看(图 3-10),2003～2015 年木材加工及竹藤棕苇制品制造比重最低为 58.71%(2015 年),最高为 81.83%(2007 年),为林业第二产业中的主体部分。显然,作为林业第一产业中木材采运的下游产业,这样的发展态势显然与木材采运的发展存在一定的对应关系,即木材加工及竹藤棕苇制品制造的发展是基于木材采运的规模,在木材采运规模日益萎缩的发展态势下,木材加工及竹藤棕苇制品制造的发展只能依赖于木材原料的进口,但是现阶段黑龙江省主要从俄罗斯进口木材原料,俄罗斯对木材的出口约束日益增强,如果不能找到新的原料来源(如新的进口国家、再生材料等),那么该产业规模也将势必萎缩，从而逐步丧失其自身规模优势，并直接导致木质林产品加工行业的衰退。

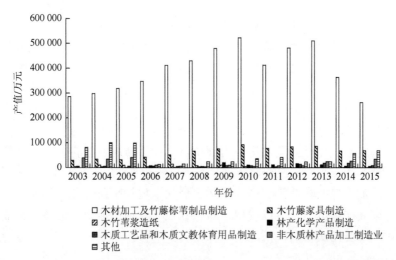

图 3-9　2003～2015 年龙江森工集团林业第二产业内部涉林次级产业产值情况

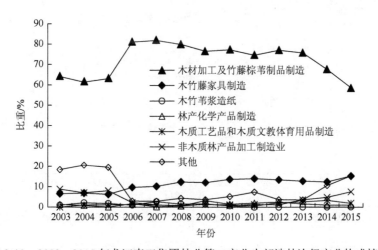

图 3-10　2003～2015 年龙江森工集团林业第二产业内部涉林次级产业构成情况

从国有林区林业第二产业中其他涉林产业的发展来看，木竹藤家具制造是仅次于木材加工及竹藤棕苇制品制造的林业涉林产业，2003～2015 年木竹藤家具制造在林业第二产业中的平均比重为 11.19%，其中林业产值最高为 91 988 万元（2010 年），最低为 29 291 万元（2003 年），并且木竹藤家具制造产业发展规模整体上存在扩张的发展态势。值得注意的是林业第二产业中的非木质林产品加工制造业作为林业第一产业中非林木产品生产（包括经济林产品的种植和采集的大部分）的下游产业，其产业发展规模整体上较小，2015年为33 778万元，仅占林业第二产业涉林部分的7.58%，这与经济林产品的种植和采集的产业发展规模形成巨大的差异，即表现为龙江森工集团非林木产品的生产与加工存在不对等关系，最直接的结果表现为龙江森工集团非木质产品直接作为初级林产品被销售出去，从而丧失了更多的潜在经济价值。此外，从图3-9和图3-10中可以发现其他林业的产业发展规模和产业比重都相对较小，属于次要部分，不再一一赘述。

从上述的分析可以发现，木材加工及竹藤棕苇制品制造是林业第二产业中的主体部分，并且这一部分主要由锯材木片加工、人造板制造、木质品制造、竹藤棕苇制品制造四部分构成，属于典型的初级林木产品加工产业。根据现有林业产业结构的构成情况将林业第二产业内部次级产业重新进行组合，得到新的林业产业结构（图3-11）。其中，初级林木产品加工仅包括木材加工及竹藤棕苇制品制造，其他林产品加工包括林业第二产业涉林部分除木材加工及竹藤棕苇制品制造外的其他所有林业次级产业。可以发现，新的林业产业结构能更好地体现林业第二产业中林业产业结构演化的特征。

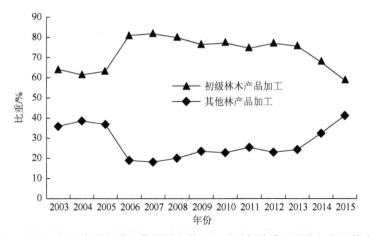

图3-11　2003～2015年龙江森工集团林业第二产业重新分类后的次级产业构成情况

显然，在新的林业产业结构的基础上，初级林木产品加工仍是林业第二产业中的主体部分，但是，不难发现由于上游木材采运产业的萎缩，初级林木产品加工的比重在2006～2015年整体上存在下降的趋势。与此同时，经过次级产业合并，其他林产品加工作为一个整体在林业第二产业中的地位更为凸显，2015年其他林产品加工占林业第二产业涉林部分的比重达到41.29%，尽管从单个产业来看，这些次级产业规模的增长趋势不太显著，但是通过产业合并，林产品深加工在制造业中的潜在优势也逐渐清晰，随着林业产业结构的不断调整转变，林业第二产业内部的产业结构也将得到进一步的优化。

从 2003~2015 年龙江森工集团第二产业内部非木质林产品次级产业产值情况来看（表 3-2），龙江森工集团第二产业非木质林产品内部主要包括林产化学产品制造和非木质林产品加工制造业，2003~2009 年林产化学产品制造产业发展规模整体呈波动性上升趋势，产值由 2003 年的 5572 万元增长为 2009 年的 20 000 万元，年均增长率为 23.74%。2010~2015 年林产化学产品制造产业发展规模呈先上升再下降的趋势，2010 年林产化学产品制造产值迅速回落至 9800 万元，在 2012 年产值最大为15 687 万元，到 2015 年产值仅为 4720 万元。非木质林产品加工制造业的产业发展规模趋势波动性较大，2003~2005 年，其年平均产值高达 37 978 万元，2006 年产值迅速降至 9590 万元，之后在波动中呈上升趋势，到 2015 年产值达到 33 778 万元。

表 3-2 2003~2015 年龙江森工集团第二产业内部非木质林产品次级产业产值情况

单位：万元

年份	林产化学产品制造产值	非木质林产品加工制造业产值
2003	5 572	39 077
2004	4 007	34 293
2005	517	40 565
2006	7 450	9 590
2007	1 200	5 798
2008	2 983	3 028
2009	20 000	9 271
2010	9 800	4 877
2011	11 040	7 344
2012	15 687	7 529
2013	11 280	24 316
2014	5 600	26 094
2015	4 720	33 778

作为非木质林产品第一产业中以经济林产品的种植和采集为主的下游产业，非木质林产品加工制造业的发展态势应该与经济林产品的种植和采集的发展存在一定的对应关系，然而其整体发展规模较小，且与经济林产品的种植和采集的发展规模存在不对称情况，最直接的原因是龙江森工集团的非木质林产品多被以初级林产品的形式推广到市场，使其更多潜在的经济价值未被开发出来。

从 2003~2015 年龙江森工集团第二产业内部非木质林产品次级产业构成情况来看（图 3-12），根据林产化学产品制造与非木质林产品加工制造业的发展态势，可以将其划分为 3 个阶段：第 1 阶段是 2003~2008 年，非木质林产品加工制造业占非木质林产品第二产业的比重整体高于林产化学产品制造所占比重，林产化学产品制造所占比重在波动中呈上升趋势，非木质林产品加工制造业所占比重则呈急剧下降趋势，两者在 2008 年的发展达到均衡状态；第 2 阶段是 2009～2012 年，林产化学产品制造继续稳步上升，该阶段其平均所占比重为 65.68%，超过非木质林产品加工制造业所占比重（平均所占比重为 34.32%）；第 3 阶段是 2013～2015 年，非木质林产品加工制造业经过一段时间的调整后发展迅速，在 2013 年超过林产化学产品制造所占比重，成为当前非木质林产品第二产业中的主力产业，且保持继续增长的态势，至 2015 年，非木质林产品加工制造业所占比重为 87.74%，林产化学产品制造所占比重为 12.26%。

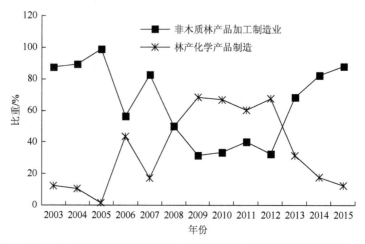

图 3-12　2003～2015 年龙江森工集团第二产业内部非木质林产品次级产业构成情况

　　整体来看，目前龙江森工集团非木质林产品第二产业中的主体产业是非木质林产品加工制造业，且继续保持较为稳定的增长态势，但其发展规模与非木质林产品第一产业中的上游产业发展规模存在不对等情况，说明更多非木质林产品的潜在经济价值尚未被挖掘出来，造成这种现象的重要原因是龙江森工集团的制造业长期以木质林产品加工为主，在当前的禁伐转型过程中短时间内不能实现有效转型，非木质林产品加工制造业尚需在当前的林业政策导向下得到进一步发展，进而为林业经济的发展创造更多价值。

3.1.4　龙江森工集团林业第三产业内部发展现状

　　龙江森工集团林业第三产业内部涉林部分主要包括林业旅游与休闲服务、林业生态服务、林业生产服务、林业专业技术服务、林业公共管理及其他组织服务五部分，这些涉林产业均为非木质林业产业。

　　从 2003～2015 年龙江森工集团林业第三产业内部涉林次级产业产值情况来看（图 3-13），林业旅游与休闲服务的发展较为迅速，其产值从 2003 年的 20 747 万元增长为 2015 年的 480 882 万元，年平均增长率为 29.94%，并且其产业规模仍存在扩张的发展趋势。此外，从林业旅游与休闲服务在林业第三产业中的比重来看（图 3-14），2003～2005 年其产业规模较小，林业旅游与休闲服务在林业第三产业中比重为 55.91%～62.75%，但是随着林业旅游与休闲服务的迅速发展和产业规模的不断扩大，其所占比重也随之上升，其中 2006 年林业旅游与休闲服务所占比重为 77.95%，2015 年则达到 80.46%。显然，林业旅游与休闲服务在林业第三产业中占据了绝对的比重优势，并且这种优势将继续保持下去。

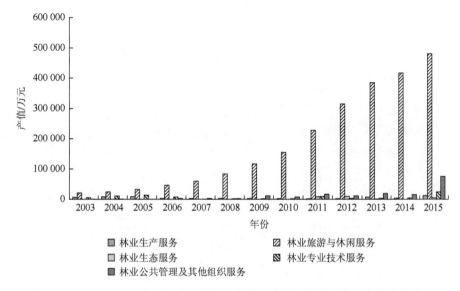

图 3-13　2003～2015 年龙江森工集团林业第三产业内部涉林次级产业产值情况

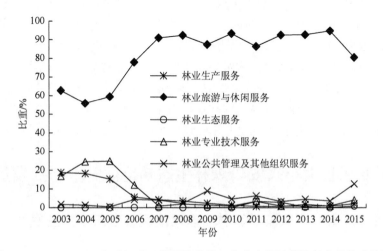

图 3-14　2003～2015 年龙江森工集团林业第三产业内部涉林次级产业构成情况

　　此外，从龙江森工集团林业第三产业内部其他涉林产业的发展来看，其他四个涉林产业的产值规模都相对较小，并且增长态势也不明显，属于次要部分，不再赘述。

　　同理，根据龙江森工集团林业第三产业内部现有林业产业结构的构成情况，并结合林业产业的具体特征，将林业第三产业内部次级产业重新进行组合，得到新的林业产业结构（图 3-15）。其中，林业居民服务包括林业旅游与休闲服务、林业生态服务两个方面，林业经营服务包括林业生产服务、林业专业技术服务、林业公共管理及其他组织服务三个方面。可以发现，新的林业产业结构能更好地体现林业第三产业中林业产业结构演化的特征。

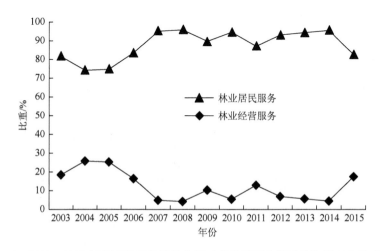

图 3-15　2003～2015 年龙江森工集团林业第三产业重新分类后的次级产业构成情况

　　显然，在新的林业产业结构的基础上，林业居民服务仍是林业第三产业中的主体部分。2003～2006 年产业结构的巨大变动主要源于林业旅游与休闲服务规模的逐步扩大，即 2006 年之前龙江森工集团林业第三产业内部产业结构处于典型的调整阶段，而 2007 年之后产业结构逐步稳定，2007～2015 年林业居民服务平均占林业第三产业比重为 91.97%，尽管有些波动变化，林业居民服务仍是林业第三产业的主体。值得注意的是，随着林业产业发展对林业科技与生产经营服务需求的日益增加，林业经营服务领域也将不断扩大规模，并将形成较为清晰合理的产业构成布局。

3.2　黑龙江省大小兴安岭森林生态功能区林业产业发展现状

3.2.1　黑龙江省大小兴安岭森林生态功能区林业三次产业发展现状

　　从 2003～2015 年黑龙江省大小兴安岭森林生态功能区林业系统总产值构成

情况来看（图 3-16），林业系统总产值的增长趋势较为明显，其中 2003 年黑龙江省大小兴安岭森林生态功能区林业系统总产值为 963 028 万元，2015 年则达到 2 979 100 万元，年平均增长率为 9.87%；从林业系统三次产业内部构成来看，2003 年林业系统第一、第二、第三产业产值分别为 371 146 万元、448 141 万元、143 742 万元（产业结构为 0.3854∶0.4653∶0.1493），2015 年则分别增长为 1 447 869 万元、676 028 万元、855 203 万元（产业结构调整为 0.4860∶0.2296∶0.2871），2003～2015 年国有林区林业系统第一、第二、第三产业产值年平均增长率分别为 12.08%、3.49%、15.90%。

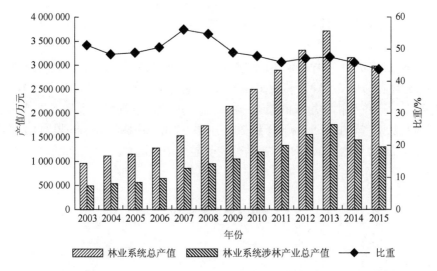

图 3-16　2003～2015 年黑龙江省大小兴安岭森林生态功能区林业系统总产值构成情况

尽管黑龙江省大小兴安岭森林生态功能区林业系统整体发展较好，但是从林业系统的构成情况来看却不容乐观。从图 3-16 可以看出，2003～2015 年黑龙江省大小兴安岭森林生态功能区林业系统涉林产业总产值占整个林业系统总产值的比重整体上呈现出下降的趋势，并且从 2007 年的 56.12%下降为 2015 年的 43.69%，下降趋势明显。此外，林业系统涉林产业总产值相对整个林业系统增长缓慢，2003～2015 年林业系统涉林产业总产值年平均增长率仅为 9.67%，显著低于林业系统非林产业年平均增长率（14.09%）。可以得出，黑龙江省大小兴安岭森林生态功能区林业系统中非林产业实际占据的比重相对较大（非林产业主要包括第一产业中的农业、畜牧业，第二产业中的采矿业、建筑业、水电气供应业，第三产业中邮电通信、餐饮住宿、批发零售、交通运输等），尽管这些非林产业在国有林区林业系统中发挥的作用比较大，并且还有部分内容实际上难以严格与林业系统涉林产业相分离，这些涉林产业的附属产业仍是林业系统非林产业，林业系统涉林部分的核心仍然是林业经济增长和林业产业结构优化。因此，本节将进一步针对黑龙江省大小兴安岭森林生态功能区林业系统涉林部分进行更为深入的分析与探讨，为了简化，后续分析中的林业产业均默认为林业系统涉林产业。

从黑龙江省大小兴安岭森林生态功能区林业系统涉林产业的发展来看，2003 年黑龙江省大小兴安岭森林生态功能区林业系统涉林产业总产值为 493 640 万元，2015 年则增长为 1 301 611 万元，其中，2003 年林业系统涉林第一、第二、第三产业的产值分别为 194 488 万、279 010 万元、20 142 万元，2015 年则分别增长为 588 719 万元、225 511 万元、487 381 万元，林业系统涉林第一、第二、第三产业年平均增长率分别为 9.67%、-1.76%、30.41%，可见黑龙江省大小兴安岭森林生态功能区林业第三产业迅速发展，林业第一产业次之，林业第二产业则出现萎缩。

此外，从 2003～2015 年黑龙江省大小兴安岭森林生态功能区林业三次产业构成情况来看（图 3-17），林业第一产业比重趋于平稳状态（40%左右），并在 2010 年之后存在小幅度增长的趋势；林业第二产业比重则整体上呈现显著的下降趋势，从 2003 年的 56.52%下降到 2015 年的 17.32%；林业第三产业比重上升趋势较为明显，2015 年达到 37.44%，并且有较明显的增长趋势。

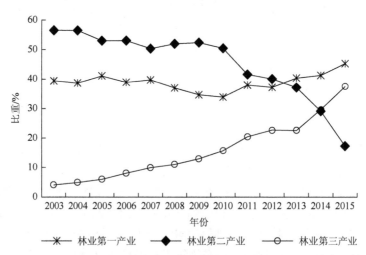

图 3-17　2003～2015 年黑龙江省大小兴安岭森林生态功能区林业三次产业构成情况

从黑龙江省大小兴安岭森林生态功能区林业系统涉林产业结构的变化趋势来看，林业系统涉林产业结构的调整趋势整体上为"二、一、三"向"一、二、三"，再到"一、三、二"进行转换。但是，对国家林业政策、林业资源禀赋以及黑龙江省大小兴安岭森林生态功能区林业经济发展的实际情况进行分析。黑龙江省大小兴安岭森林生态功能区林业产业结构仍将处于调整阶段，并且林业第二产业比重不能持续性的降低，而林业第三产业比重要想持续性的增长并没有动力。因此，在未来黑龙江省大小兴安岭森林生态功能区林业产业结构的调整与优化必然会在既定的林业政策下，根据黑龙江省国有林业资源禀赋的实际情况，自主选择最优（或者相对最优）的林业产业发展模式，形成适宜的林业经济结构和林业产业结构布局，并且在一定时期内趋于稳定。

从整体上看，黑龙江省大小兴安岭森林生态功能区林业系统涉林产业的结构正处于动态调整过程中，这种动态调整与整个林业经济发展具有一致性，都是宏观林业经济发展现状。当然，为了更好地理解与把握黑龙江省大小兴安岭森林生态功能区林业经济发展和林业产业结构调整的脉络，还需要进一步从中观视角甚至微观视角进行探讨。因此，需要对黑龙江省大小兴安岭森林生态功能区林业三次产业内部各林业次级产业的发展与林业次级经济结构的调整进行更为细致的现状分析。

3.2.2　黑龙江省大小兴安岭森林生态功能区林业第一产业内部发展现状

黑龙江省大小兴安岭森林生态功能区林业第一产业内部涉林部分主要包括林木的培养和种植、木材采运、经济林产品的种植和采集、花卉的种植、动物繁育和利用，由于花卉的种植、动物繁育和利用这两部分在林业第一产业中所占比重相对较小，为了简化分析将两者合并，并将其命名为花卉种植与动物利用。

从 2003～2015 年黑龙江省大小兴安岭森林生态功能区林业第一产业内部次级产业产值情况来看（图 3-18），林木的培养和种植在 2003～2010 年产业发展

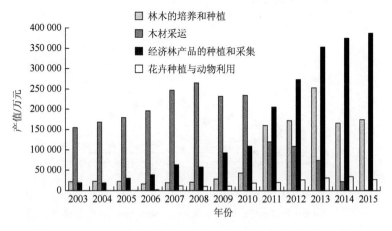

图 3-18　2003～2015 年黑龙江省大小兴安岭森林生态功能区林业
第一产业内部次级产业产值情况

整体处于较低水平，在 2011～2015 年产业规模则有较快的增长，其中，2003 年产值为 21 365 万元，2010 年产值为 42 963 万元，2011 年产值达到 160 120 万元，2015 年产值则进一步增长为 174 406 万元；木材采运的产业规模在 2003～2008 年整体上处于上升趋势，在 2009～2010 年则处于相对平稳状态，2011 年木材采运的产业规模急剧下降，并且在 2011～2014 年整体上处于下降的趋势，考虑到 2014 年 4 月 1 日黑龙江省国有林区开始实施商品林的全面禁伐，得出在 2015 年之后黑龙江省大小兴安岭森林生态功能区木材采运产业规模会进一步缩小。

此外，从经济林产品的种植和采集的发展来看，2003～2015 年该林业涉林产业整体呈上升状态，并且可以划分为三个阶段，第一阶段是 2003～2010 年，经济林产品的种植和采集产业处于缓慢发展阶段，年平均林业产值为 53 552 万元；第二阶段是 2011～2012 年，为快速发展阶段，年平均林业产值为 239 253 万元；第三阶段是 2013～2015 年，为产业规模形成阶段，年平均林业产值为 371 564 万元。由此可以预见经济林产品的种植和采集作为林业第一产业中的新生力量将有效带动林业第一产业的发展。最后，花卉种植与动物利用在林业第一产业中的规模相对较小，属于次要部分，暂时不予讨论。

图 3-18 是从林业第一产业内部次级产业的规模视角进行的分析，图 3-19 是从第一产业内部次级产业的结构视角进行的分析。可以发现，2003～2010 年黑龙江省大小兴安岭森林生态功能区林业第一产业内部次级产业主要以木材采运为主，木材采运的产值占林业第一产业中涉林部分总产值的 79.31%～57.94%，与此同时，经济林产品的种植和采集所占比重最大，为 65.73%（2015 年），其他林业

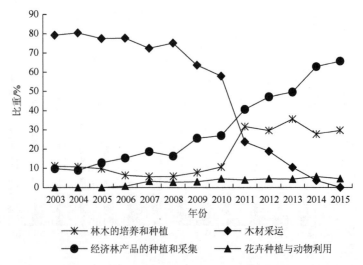

图 3-19　2003～2015 年黑龙江省大小兴安岭森林生态功能区林业
第一产业内部次级产业构成情况

产业所占比重相对较小；2011～2015 年，林业第一产业内部次级产业结构则发生了较大的变化，其中木材采运所占比重有明显下降的趋势，2011 年降为 23.72%，2015 年则进一步降为 0.08%，而经济林产品的种植和采集所占比重则稳步上升，2011 年所占比重上升为 40.61%，2015 年则进一步上升到 65.73%，因此，林木的培养和种植所占比重整体上呈上升趋势，并且在 2011 年出现较快的增长，甚至在 2013 年超过了木材采运所占比重。

　　显然，从图 3-19 可以发现，2003～2015 年黑龙江省大小兴安岭森林生态功能区林业第一产业中木材采运、经济林产品的种植和采集两部分产业比重具有一定的互补特征，其中木材采运所占比重由 2003 年的 79.31% 下降到 2015 年的 0.08%，而经济林产品的种植和采集所占比重由 2003 年的 9.7% 增长到 2015 年的 65.73%。此外，由于林木的培养和种植、花卉种植与动物利用相对于木材采运、经济林产品的种植和采集在林业第一产业中所占比重太小，属于次要林业涉林产业。因此，出于后续分析的需要将部分林业涉林产业进行组合。其中：经济林经营和木材采运包括经济林产品的种植和采集、木材采运两部分，其他林业生产包括林木的培养和种植、花卉的种植与动物繁育和利用三部分，如图 3-20 所示。

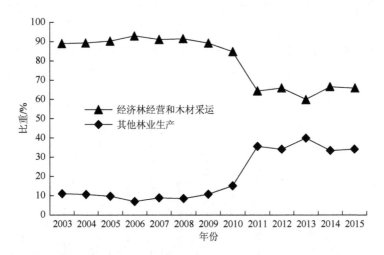

图 3-20　2003～2015 年黑龙江省大小兴安岭森林生态功能区林业
第一产业重新分类后的次级产业构成情况

　　根据现有林业产业结构的构成情况对林业第一产业内部次级产业重新进行组合，得到新的林业产业结构。不难看出，新的林业产业结构能更好地体现林业第一产业中林业产业结构演化的特征（图 3-20）。其中，经济林经营和木材采运仍是林业第一产业中的主体部分，尽管在 2010～2011 年产业比重有所下降，但是 2013～2014 年仍表现出产业比重上升的态势,该部分的产业比重整体上保持在 60.04%（2013 年）以上,并且产业比重最大值达到了 92.99%（2006 年）。相比之下,林业第一产业中的其他林业生产则占的产业比重较少,其中,2011 年产业比重的显著上升主要源自林木的培养和种植增长的带动。

3.2.3　黑龙江省大小兴安岭森林生态功能区林业第二产业内部发展现状

黑龙江省大小兴安岭森林生态功能区林业第二产业内部涉林部分主要包括木材加工及竹藤棕苇制品制造、木竹藤家具制造、木竹苇浆造纸、林产化学产品制造、木质工艺品和木质文教体育用品制造、非木质林产品加工制造业以及其他,共七部分。

从 2003～2015 年黑龙江省大小兴安岭森林生态功能区林业第二产业内部涉林次级产业产值情况来看（图 3-21）,木材加工及竹藤棕苇制品制造产值由 2003 年的 233 661 万元增长为 2010 年的 453 168 万元,年平均增长率为 9.92%,2011～2013 年木材加工及竹藤棕苇制品制造的发展变化态势并不明显,其中 2014～2015 年存在下降的趋势。同时,从木材加工及竹藤棕苇制品制造在林业第二产业内部涉林部分的比重来看（图 3-22）,2003～2015 年木材加工及竹藤棕苇制品制造所占比重最低为 34.36%（2015 年）,最高为 84.62%（2006 年）,可得其是林业第二产业中的主体部分。显然,作为林业第一产业中木材采运的下游产业,木材加工及竹藤棕苇制品制造与木材采运有着必要的联系,即木材加工及竹藤棕苇

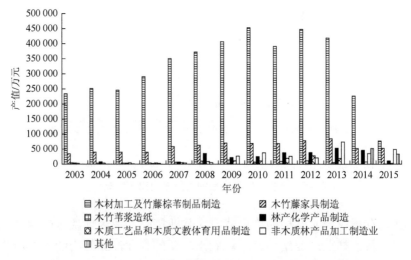

图 3-21　2003～2015 年黑龙江省大小兴安岭森林生态功能区林业
第二产业内部涉林次级产业产值情况

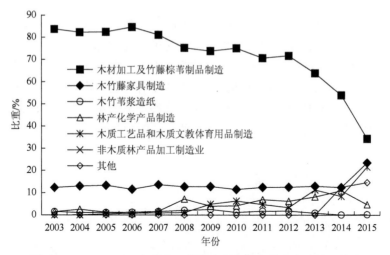

图 3-22　2003～2015 年黑龙江省大小兴安岭森林生态功能区林业
第二产业内部涉林次级产业构成情况

制品制造的发展是基于木材采运规模，在木材采运规模逐渐缩小的发展态势下，木材加工及竹藤棕苇制品制造的发展若不能找到新的原料来源（如进口、再生材料），那么产业规模也将逐渐减小，从而逐步丧失其自身规模优势。

从 2003～2015 年黑龙江省大小兴安岭森林生态功能区林业第二产业内部其他涉林产业产值情况来看，木竹藤家具制造是仅次于木材加工及竹藤棕苇制品制造的林业涉林产业，2003～2015 年木竹藤家具制造在林业第二产业中的平均比重为 7.08%，其中林业产值最高为 84 701 万元（2013 年），最低为 34 375 万元（2003 年），并且木竹藤家具制造产业规模整体上存在扩大的发展趋势。值得注意的是林业第二产业中的非木质林产品加工制造业作为林业第一产业中非林木产品生产（包括经济林产品的种植和采集的大部分）的下游产业，其发展规模整体上较小，2015 年为 48 589 万元，仅占林业第二产业涉林部分的 21.55%，这与经济林产品的种植和采集的发展规模形成巨大的差异，即表现为黑龙江省大小兴安岭森林生态功能区非林木产品的生产与加工存在的关系是不对等的，最直接的结果即表现为把黑龙江省大小兴安岭森林生态功能区非林木产品直接作为初级林产品销售，使其丧失了更多的潜在经济价值。此外，从图 3-21 和图 3-22 中可以发现其他林业产业的产值规模和产业比重都相对较小，属于次要部分，不再赘述。

从上述的分析可以发现，木材加工及竹藤棕苇制品制造是林业第二产业中的主体部分，并且这一部分主要由锯材木片加工、人造板制造、木质品制造、竹藤棕苇制品制造四部分构成，属于典型的初级林木产品加工产业。根据现有林业产业结构的构成情况将林业第二产业内部次级产业重新进行组合，得到新的林业产

业结构（图 3-23）。其中，可发现初级林木产品加工所占比重由 2013 年的 82.30%
下降到 2015 年的 34.36%，而其他林产品加工所占比重却由 2013 年的 15.38%上
升到 2015 年的 65.64%，二者有互补的特质。并且初级林木产品加工仅包括木材
加工及竹藤棕苇制品制造，其他林产品加工包括林业第二产业涉林部分除木材加
工及竹藤棕苇制品制造以外的其他所有林业次级产业。可以发现，新的林业产业
结构能更好地体现林业第二产业中林业产业结构演化的特征。

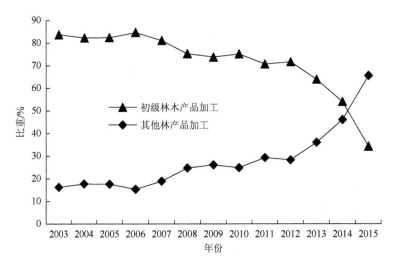

图 3-23　2003～2015 年黑龙江省大小兴安岭森林生态功能区林业
第二产业重新分类后的次级产业构成情况

　　显然，在新的林业产业结构的基础上，初级林木产品加工仍是林业第二产业
中的主体部分，但是，可以发现由于上游木材采运的减少，初级林木产品加工的
比重在 2006～2015 年整体上存在下降的趋势，然而在 2015 年初级林业产品加工
占重新分组后次级产业的比重为 34.34%，而其他林产品加工所占比重则为
65.64%，可见，其他林产品加工受初级林木产品加工的影响。与此同时，由于次
级产业所占比重少，将其产业合并，其他林产品加工作为一个整体在林业第二产
业中处于一个较为明显的位置。经过产业合并使得原先单个产业增长趋势不明显
的林产品深加工在制造业中的潜在优势也逐渐清晰，随着林业产业结构的逐步升
级，林业第二产业内部的产业结构也将迈向一个新的台阶。

3.2.4　黑龙江省大小兴安岭森林生态功能区林业第三产业内部发展现状

　　黑龙江省大小兴安岭森林生态功能区林业第三产业内部涉林部分主要包括林

业旅游与休闲服务、林业生态服务、林业生产服务业、林业专业技术服务、林业
公共管理及其他组织服务五部分。

从 2003～2015 年黑龙江省大小兴安岭森林生态功能区林业第三产业内部涉
林次级产业产值情况来看（图 3-24），林业旅游与休闲服务的发展较为迅速，其林
业产值从 2003 年的 18 578 万元增长为 2015 年的 359 050 万元，年平均增长率为
27.99%，其产业规模随着逐年增长呈趋于平稳的状态发展。此外，从林业旅游与
休闲服务在林业第三产业中的比重来看（图 3-25），2003～2005 年其产业规模

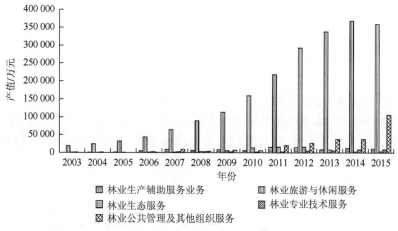

图 3-24　2003～2015 年黑龙江省大小兴安岭森林生态功能区林业
第三产业内部涉林次级产业产值情况

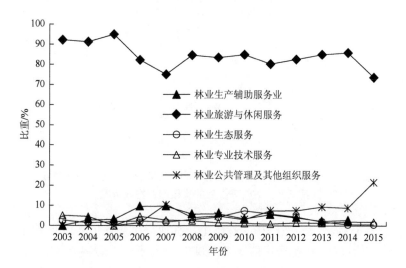

图 3-25　2003～2015 年黑龙江省大小兴安岭森林生态功能区林业
第三产业内部次级产业构成情况

较小，林业旅游与休闲服务在林业第三产业中的比重为 73.67%～92.23%，但是随着林业旅游与休闲服务的迅速发展和产业规模的不断扩大，其产业比重有上升的趋势，其中 2007 年林业旅游与休闲服务所占比重为 75.12%，2014 年则达到 85.94%。显然，林业旅游与休闲服务在林业第三产业中占据了绝对的比重优势，并以这种优势继续发展下去。

此外，从黑龙江省大小兴安岭森林生态功能区林业第三产业内部其他涉林产业的发展来看，其他四个涉林产业的产值规模都相对较小，其中林业生态服务与林业专业技术服务增长态势不明显，而林业公共管理及其他组织服务有明显的上升趋势，产值从 2006 年的 738 万元增长到 2015 年的 105 762 万元。

同理，根据黑龙江省大小兴安岭森林生态功能区林业第三产业内部现有林业产业结构的构成情况，并结合林业产业的具体特征，这里将林业第三产业内部次级产业重新进行组合，得到新的林业产业结构（图 3-26）。其中，林业居民服务包括林业旅游与休闲服务、林业生态服务两个方面，林业经营服务包括林业生产服务业、林业专业技术服务、林业公共管理及其他组织服务三个方面。可以发现，新的林业产业结构能更好地体现林业第三产业中林业产业结构演化的特征。

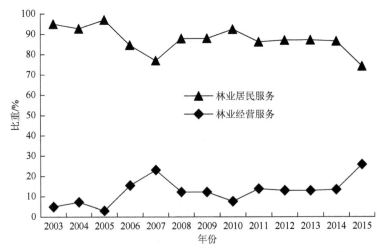

图 3-26　2003～2015 年黑龙江省大小兴安岭森林生态功能区林业
第三产业重新分类后的次级产业构成情况

显然，在新的林业产业结构的基础上，林业居民服务仍是林业第三产业中的主体部分。可看出，林业居民服务在 2005 年处于一个较高水平，所占比重为 96.96%，但在 2007 年所占比重降至 76.95%，可见黑龙江省大小兴安岭森林生态功能区林业第三产业内部产业结构处于典型的调整阶段，而又在 2010 年上升至

92.39%，导致这种变化的主要原因是林业旅游与休闲服务规模的逐步扩大，在
2008～2015 年整体处于平稳状态，并形成了较为清晰的产业构成布局。

3.3　本章小结

本章主要对黑龙江国有林区林业产业发展情况进行了描述性统计，主要从龙
江森工集团和黑龙江省大小兴安岭森林生态功能区林业产业发展现状进行简要的
描述性统计分析，并以林业系统涉林产业为分析重点，从林业涉林三次产业及其
内部次级产业的发展规模、产业结构和发展趋势三个方面进行了综合论述。通过
上述的现状分析，既可以较为全面地了解黑龙江国有林区林业经济和林业产业的
发展现状，同时也为后续黑龙江国有林区林业产业识别以及林业产业建设研究做
了铺垫。

第4章 黑龙江省国有林区林业经济发展与生态产业建设的战略构想

4.1 黑龙江省国有林区林业经济发展的影响因素分析

第3章黑龙江省国有林区林业经济发展现状分析从龙江森工集团和黑龙江省大小兴安岭森林生态功能区两个角度对林业经济发展现状进行简要分析。第4章则进一步针对黑龙江省国有林区林业经济发展过程中的影响因素、发展目标和发展原则、基本特征和发展趋势等内容进行定性分析，并针对黑龙江省大小兴安岭森林生态功能区生态产业建设进行 AHP-SWOT 分析，从多角度对黑龙江省林业经济发展和产业建设进行战略构想。

4.1.1 宏观环境因素分析

宏观环境是指国有林区林业经济发展过程的政治、经济、社会、资源、文化等背景，包括政治环境因素、经济环境因素、生态法律环境因素、社会文化环境因素等内容，这些宏观因素是黑龙江省国有林区林业经济发展的重要基础，也是推动国有林区林业经济发展的重要力量。

1. 政治环境因素

政治环境是影响黑龙江省国有林区战略决策的首要外部条件。随着改革开放的不断深入，我国经济的自主增长能力不断增强，虽受到全球金融危机的影响，但从总趋势来看，我国平稳较快增长的趋势并没有发生改变，加之中央提出振兴东北老工业基地战略，2009 年中央一号文件强调提出现代林业建设，2010 年中央一号文件明确延长天然林保护工程期限，这使得黑龙江省国有林区现代林业建设具有良好的政治宏观大背景。

2. 经济环境因素

从世界范围来看，金融危机对世界经济的影响仍在深化。调查显示，全球金融危机对实体经济的影响已经传导到林业产业，直接表现为产出下降、就业减少、出口受阻、库存增加和利润下降；从企业类型来看，受影响较大的是人造板、家具等木材加工企业和外向型企业，对营造林企业的影响尚不明显。

3. 生态法律环境因素

为保护、合理利用、培育森林资源，国家曾先后颁布多部林业政策法律法规，建立了以《中华人民共和国宪法》为指导，以《中华人民共和国森林法》《中华人民共和国野生动物保护法》为主干，以实施条例、规章制度为补充的完善的林业生态法律法规体系，以此规范调整森林资源严重缺乏与社会需求之间的尖锐矛盾。据不完全统计，我国现行的由国家颁布的常用的有关林业的法律法规、条例、办法等多达 23 项，若加上地方性林业法律法规、各种有关林业法律法规的通知、意见、决定、复函、解释、标准等至少有 200 项。

这些政策、法律、法规、规章的制定和贯彻实施，使黑龙江省国有林区现代林业建设，特别是森林资源保护管理的主要方向基本上做到了有法可依、有章可循，为促进黑龙江省国有林区林业的发展提供了有效的法律保障。但是，这些看似定义完好的林业政策、法律、法规等在实施中仍然存在现实的挑战和不足。这些挑战和不足包括有经验的工作人员财政、政治意愿的缺乏，制度缺陷和执行机构不足等，都是政策有效实施的障碍。而且，在现实中我们也清楚地看到，林业发展滞后于其他行业的发展，现行林业政策、法律、法规不仅数量少，规范本身又大多是一些原则性的规定，不具体、不明确、可操作性不强，很多领域缺乏相应的规定；很多条文明显带有计划经济的色彩，不能调动社会各因素发展林业的积极性，已不适应黑龙江省国有林区现代林业建设的新要求。

4. 社会文化环境因素

这里所指的社会文化并非指知识、文化程度方面的狭义的文化，而是指社会的风貌，包括观念、理想、情感、生活态度、生活方式、习俗爱好、价值标准等多种因素，即广义的社会文化。每个人都生活在一定的社会文化环境中，每个区域都在一定的社会文化环境中发展，黑龙江省国有林区也不例外。黑龙江省国有林区从其开发至今经过长期的发展和积淀，形成了相对独立和封闭的区域，也逐渐形成了具有自身特点的风俗习惯、伦理道德、行为准则和价值观念——社会文化。它的特点集中体现为勤劳、朴实、豪爽，但观念保守落后。勤劳、朴实、豪爽是其优秀的一面，但这一面已随着经济社会的贫困而逐渐减弱，更多地表现出文化思想观念的落后，缺乏积极进取精神，生态文明的思想意识和可持续发展的伦理道德缺失，这些都会对黑龙江省国有林区现代林业建设产生很大的掣肘作用。

4.1.2　微观环境因素分析

微观环境是指对国有林区现代林业建设的能力构成直接影响的各种力量和因

素，包括资源开发利用因素、行业竞争因素、产品技术变化因素和企业因素等，这些因素都会影响黑龙江省国有林区现代林业建设目标实现的能力。

1. 资源开发利用因素

黑龙江省国有林区在森林资源开发利用问题较多，突出表现为效率低下、浪费惊人。森林工业部门历来只着眼于原木产量，忽视综合利用，木材利用率不到原积材的一半。城市自采自用和职工烧柴中的好材为数可观，约相当于计划采伐量的 1/4，城市居民烧柴每人平均消耗森林资源为 0.75m³。同时，由于保护工作跟不上，大量林木毁于林火，这也极大地提高了资源开发利用的成本。1987 年大兴安岭发生特大森林火灾，范围达 767hm²，烧毁林木苗木蓄积达 3960 万 m³。

2. 行业竞争因素

从竞争力来分析，黑龙江省国有林区在国内林业行业中居落后位置。若与世界发达国家相比，差距就更大。仅以我国的木材加工企业的现状与国外做个比较，在规模上，目前世界木材加工企业的平均规模是，胶合板大于 1 万 m³/a；刨花板大于 10 万 m³/a；中密度纤维板为 10 万 m³/a；定向结构刨花板为 10 万 m³/a。而我国的木材加工企业的平均规模则是，胶合板为 0.3 万 m³/a；刨花板为 0.65 万 m³/a；中密度纤维板为 3.5 万 m³/a；定向结构刨花板为 1.5 万 m³/a。通过比较可以看出我国的木材加工企业与世界水平差距之大。

3. 产品技术变化因素

改革开放以来，黑龙江省国有林区林产工业虽然得到一定发展，但从整体的角度来看还是落后的，从全面林产工业的角度来看也是如此。首先是代表现代技术水平和装备的人造板大型成套设备，我们还不能设计生产，目前国内主要人造板生产设备和采用的技术，赶不上世界先进水平。多年来，我们的产品没有改进，不是抄袭前人就是照抄西方，没有我们自己设计的新产品。同时，林产工业在生产中应用现代电子技术比其他行业程度要低一个层次，与国际相比，差距就更大了。有专家估计，主要设备属于国际水平的占 1.29%，属于国内先进水平的占 13%，而属于国内落后水平的占 27.34%。

4. 企业因素

涉及黑龙江省国有林区企业方面的因素有：生产规模偏小，技术、设备落后。例如，虽然防腐木材生产、经营企业已经发展很多家，但企业注册资金大都在 50 万元左右，200 多家企业加起来也没有美国一家企业的规模大。又如，据介绍，最近几年，我国木材保护行业发展较快，但无论是生产规模、技术水平还是产品质量、行业管理存在的问题都比较突出。我国木材防腐的比重目前还不到商品木材产量的 2%，而国外一般在 15% 以上，甚至能达到 40%～50%。同时，基础研究投入不足，专业研究机构的作用有待加强；基础数据的积累严重不足，长线的基础研究出现滑坡；专业队伍几乎出现断层。出现这样问题的原因主要包括以下几方面，科技投入不够，从业人员专业水平不高，后劲不足；从事基础研究的队伍相对较弱，人才培养尚未引起足够重视；由于担心毕业后的工作问题，很多高校木材保护类专业已经多年没有招生；现有的专家队伍大都年龄偏大，专业队伍几乎出现断层的现象；涉及企业及生产经营管理的法规、标准还不完善等。

4.2　黑龙江省国有林区林业经济发展的制约因素分析

虽然经过多年的改革、调整和改造，城市有了一定的发展，但由于历史积累的问题过多，改革、调整和改造的力度有限，制约黑龙江省国有林区现代林业建设的资源性、结构性、体制性矛盾仍然突出，已成为黑龙江省国有林区现代林业建设的主要制约因素，具体表现包括以下几方面。

1. 理念转变和制度建设步履艰难，体制机制改革进展缓慢

在理念转变方面，虽然，黑龙江省国有林区已经出现用现代理念思考林业发展问题的态势，但还未成为人们自觉的行动，而且，由于受经济发展滞后等因素的制约，这种转变步履艰难。制度是理念的延伸和理念实施的保障，理念转变的艰难也使得黑龙江省国有林区制度建设严重滞后。

在体制机制方面，表现为体制不新，机制不活，国有经济比重过高，社会保障能力不足，企业缺乏发展活力。黑龙江省国有林区一般是在 20 世纪 70 年代以前由国家投资开发建设，城市内企业全部是国有企业，同时还承担企业办社会的职能。近 10 年来在全国经济体制变革中，由于思想不解放、观念陈旧、对外开放程度低，企业发展和产业调整还过多依赖于国家投入和银行贷款，融资渠道过窄，投资主体单一。虽然其内部在多种经营上尤其是民营、个体经济发展较快，但其经济份额所占比重过小，对国有林区整体经济发展的推动力有限。目前，城市内企业面向市场、自主经营、自负盈亏，投资主体多元化的现代企业制度还尚未建立，企业普遍缺乏市场经济条件下的竞争机制、激励机制和法人治理结构。企业管理的科学化和规范化程度不高，生产经营方式单一，生产管理以承包方式为主，以包代管，没有建立起科学的经营体制，严重制约了林业经济的发展。同时，基本养老保险等社会保障资金缺口大，大部分集体所有制职工尚未参加养老保险，林区社会保障能力非常弱，就业和再就业矛盾突出，严重制约了国有林区企业改革的进一步深化。

2. 资源性矛盾突出

森林资源是林业三大体系建设的物质基础。没有充足的高质量的森林资源，就难以提升林业三大功能，更谈不上现代林业建设。黑龙江省国有林区资源性矛盾主要表现为：森林资源结构性危机加剧，森林资源总量减少、质量下降。一是森林资源总量减少。城市现有的森林资源与开发初期相比已发生了质的变化，天然林成过熟林面积和森林总蓄积锐减。二是可采资源数量剧减。黑龙江省龙江森工集团用材林龄组结构发生较大变化。资料表明，截至 2015 年，幼龄林面积由 1996 年的 29.1% 减少到 2015 年的 19.29%，幼龄林蓄积由 1996 年的 10.82% 减少到 2015 年的 10.21%。中龄林面积由 1996 年的 51.4% 增加到 2015 年的 52.55%，蓄积由 1996 年的 51.73% 减少到 2015 年的 50.90%。成过熟林面积由 1996 年的 6.33% 增加到 2015 年的 6.98%，蓄积由 1996 年的 13.88% 减少到 2015 年的 11.35%。到 2005 年末，黑龙江省森工用材林林种面积中，以幼、中龄林为主体，占 73.72%，成过熟林仅 25.93%。三是森林覆盖率虽然增加，但森林生态功能质量下降。所谓森林功能下降，即森林自我调节能力和建设、改善生态环境，防御自然灾害的能力下降。因森林采伐、自然灾害等因素而减少的林木蓄积消减量 2015 年比 2010 年减少 751.89 亿 m^3，造成了森林生态功能下降，很难达到原始森林所具有的生态效能。这种森林资源状况，对经济的承载力也相当脆弱，在可采的森林资源中，珍贵树种越来越少，木材径级、等级逐年下降，木材平均售价下滑，严重影响了木材生产企业的经济效益，也制约了以木材为主要原料的森林工业的发展。

3. "大体系" 建设不协调

一是在生态体系建设上，主要表现为黑龙江省国有林区森林质量提升缓慢，破坏森林、湿地、植被和野生动植物资源的案件屡有发生。二是在产业体系建设上，主要表现为林业企业规模小，生产集中度不高。黑龙江省国有林区森林工业是依托木材采伐发展起来的，各森林工业局长期以来产业结构都是以原木采伐为主，林产品加工业发展缓慢，市场竞争和扩张能力弱。森林工业企业普遍布局分散、企业规模小，平均固定资产只有 300 多万元，最小的企业仅有几万元。林区所辖木材加工企业中，按照企业规模划分标准，99% 以上属于中小型企业，年均产值仅为 260 万元。这种低水平的重复建设，导致企业之间争资源、抢市场，产品结构趋同。三是在文化体系建设上，主要表现为文化投资渠道单一，文化生活单一，文化设施落后，林区职工的生产、生活条件还未得到根本改善。

4. 技术水平低，设备落后，产品科技含量低

黑龙江省国有林区改革步伐缓慢，林业产业体系建设资金渠道越来越窄，甚至出

现了阻塞。在木材产量大幅度调减的情况下，投入严重不足，一方面对现有企业的调整和改造没有及时跟上，导致设备老化，技术落后，木材加工产业链短，生产的林产品科技含量和附加值低，无法适应激烈的市场竞争；另一方面没有真正建立起来能够带动产业发展的新兴产业和龙头企业，使黑龙江省国有林区林业产业发展滞后。

5. 林区人才流失严重，劳动力供给出现不足

近年来，黑龙江省人口整体呈现下降趋势，黑龙江省国有林区林业职工数量也逐年减少，一方面，林业科技进步与林业产业转型降低了劳动力的依赖，另一方面，黑龙江省国有林区大多地处边缘，生活条件艰苦，生活水平低，加之机制不灵活等因素，林区企业不但吸引不来新的人才，而且还存在大量人才外流的现象。实际上，现阶段黑龙江省国有林区企业不仅缺乏管理人才、技术人才，也缺乏高素质的技术工人，这在建设大的林产工业项目和林业新兴产业时就显得尤为突出。

4.3　黑龙江省国有林区林业经济发展的目标与原则

4.3.1　黑龙江省国有林区林业经济发展的目标

1. 实现可持续发展

通过思想观念的创新，把片面追求资源利用观念更新为资源再生、保护的观念；把保证单一经济需求的观念更新为生态需求、经济需求的观念，用可持续发展的眼光引导黑龙江省国有林区的发展。通过构筑一系列在经济、社会、文化、环境生态和基础设施等诸多领域的创新工程，把黑龙江省国有林区建设成为具有一定规模经济、辐射力较强，社会功能比较齐全、生活方便、环境优美的现代化林区，最终实现林业经济的可持续发展。

2. 打造持久竞争力

通过产业结构创新、产业组织创新和产业政策创新等途径，逐步改变以林业资源型产业为主导产业的产业结构，培育和发展接续产业和新兴产业，努力提高产业的内在素质，选择科技含量高、附加值高的新兴产业加以培育；积极探索产业发展的优势和特色，努力培育新兴产业，依靠科技进步，将经济增长由粗放型向集约型转化；对产业内部组织形式进行探索改革，完善产业链，促进产业集聚，增强产业发展过程中的抗风险能力；通过建立具有一定规模和创新实力的高新技术企业集团，从而带动和促进相关产业的发展，形成新的产业链和产业群，打造产业的持久竞争优势。

3. 形成合理的经济结构

通过产业发展模式的创新以实现黑龙江省国有林区由粗放型增长方式向集约型增长方式转变、资源导向型思维向市场导向型思维转变、单一主导型结构向多元主导型结构转变，建立和完善社会主义市场经济体制，以新的思路、新的体制、新的机制、新的制度、新的方式，走出新的路子，从而实现黑龙江省国有林区合理的经济结构。

4. 保持良好的生态环境

通过技术创新，对落后开采方式进行技术改造，提高采掘机械化水平，减少资源开采过程中对环境和生态造成的污染。同时通过生产方式的创新，将原有资源开采和初级加工的产业链条进行绿色延伸，把生产环节纳入变废为宝的循环流程，引导资源耗费型生产模式向资源循环利用型生产模式转变，这样一方面可以减少资源的浪费，提高资源的使用效率，另一方面可以降低废弃资源对环境的压力，从而保持良好的生态环境。

5. 促进社会的和谐稳定

通过制度创新，改进现有制度安排或引入新制度使各项制度符合黑龙江省国有林区可持续发展的要求，如针对就业问题，借助国家补偿性政策，借助国家在职业介绍、职业培训、社会保险补贴、小额担保贷款等方面的就业再就业扶持政策，可以使更多劳动者成为创业者；针对社会保障问题，及时掌握国家在社会保险、社会救助、社会福利、基本养老、基本医疗、最低生活保障制度等方面的新政策、新信息，可以健全社会保障制度；针对环境问题，制定有关资源开发过程、生产加工过程中环境保护方面的政策，可以切实预防环境污染和生态破坏。通过这些制度创新协调黑龙江省国有林区发展过程中突出的社会矛盾，从而促进社会的和谐稳定。

4.3.2　黑龙江省国有林区林业经济发展的原则

1. 坚持可持续发展原则

可持续发展是建立在社会、经济、人口、资源、环境相互协调和共同发展的基础上的一种发展，其宗旨是既能满足当代人的需求，又不能对后代人的发展构成危害。一是坚持深化改革，扩大开放。建立健全资源开发补偿机制和衰退产业援助机制，积极引进外部资金、技术和人才，拓展黑龙江省国有林区发展空间。二是坚持以人为本，统筹规划。努力解决关系人民群众切身利益的实际问题，实现资源产业与非资源产业、城区与矿（林）区、农村与城市、经济与社会、人与自然的协调发展。三是坚持远近结合，标本兼治。着眼于解决黑龙江省国有林区存在的共性问题和深层次矛盾，抓紧构建长效发展机制，同时加快资源枯竭区域经济转型，解决好民生问题。四是坚持政府调控，市场导向。充分发挥市场配置资源的基础性作用，激发各类市场主体的内在活力；政府要制定并完善政策，积极进行引导和支持。因此，黑龙江省国有林区产业发展模式的创新必须以资源的持续供给、合理利用、有效保护和降低环境代价为前提，充分满足国民经济建设对资源的需求，全面提高资源经济效益、环境效益和社会效益。

2. 坚持集约化原则

集约化发展是通过对生产要素进行优化组合，靠科学技术、科学管理和劳动生产率及生产资料利用效率的提高来实现经济增长，它是实现黑龙江省国有林区可持续发展的根本保证。在实行集约化发展的初期应合理地利用本地区现有的资源优势，发展下游加工业，建立起资源深度加工和利用的产业链。对于资源开发即将步入衰退期的区域，要实现资源要素向替代产业流动，摆脱对原有资源的依赖，避免资源开发进入衰退期后再行动所付出的高昂代价。黑龙江省国有林区产业发展模式的创新必须坚持集约化原则，加强对资源合理的开发利用及提升资源开发利用的层次，以实现黑龙江省国有林区的可持续发展。

3. 坚持环保原则

环保原则是指林业资源型企业发展需要树立"绿色观念"，不要盲目追求经济的增长，不能走"先污染再治理"的老路，而应该确立"污染预防"的环境意识。同时也应加强环保宣传、普及环境教育，在宣传和教育中全面提高人们的环境意识，企业和消费者共同努力建设绿色国有林区。

一是发展绿色经济，将环保技术、清洁生产技术等有助于环境保护的技术转化为生产力，并通过有益于环境或与环境无对抗的经济行为，实现经济的可持续增长。二是推进绿色城市化，将黑龙江省国有林区建设为更适宜人居、更适合发展、更适于创业的绿色生态区域。三是构建绿色产业体系。绿色产业体系是以绿色资源开发和生态环境保护为基础，运用绿色技术从事绿色产品生产、经营并提供绿色服务活动，获取较高经济与社会效益的综合性产业体系。它可以为人类提供更加健康的产品和服务，而且在整个生产过程中追求经济效益和生态效益共赢，有利于黑龙江省国有林区的可持续发展。

因此，黑龙江省国有林区产业发展模式的创新必须坚持环保原则，以生态资源的合理开发和利用为前提，以循环经济为主要技术手段，以追求环境友好、资源节约、生态安全和社会和谐。

4. 坚持效益原则

效益原则是指在黑龙江省国有林区可持续发展的大系统中，应以生态可持续性为基础，以经济可持续性为主导，以社会可持续性为动力，表现为追求自然生态环境承载能力所允许的经济可持续增长，从而达到生态综合效益最大化，最终实现生态效益、经济效益和社会效益的和谐统一。传统发展模式向新型发展模式的转变从某种意义上来说，就是由人与自然相背离以及生态、经济、社会相割离的发展形态，向人与自然和谐共生以及生态、经济、社会协调发展形态的转变。立足于当前经济社会发展情况和资源环境承受能力，通过改变企业运营模式、产业构成方式、政府监管手段，实现企业绿色运营、产业绿色发展和政府绿色监管，形成经济发展、社会和谐、环境友好的科学发展模式。

5. 自然生态规律原则

自然生态规律原则是构建生态主导型经济模式的基本原则，只有遵循自然法则，才能使产业形态真正具有生态化性质，与生态系统产生友好关系。这一基本原则主要包括：①产业结构的仿生化原则。仿照自然生态系统的结构特征及种群之间的协同耦合共生关系，从生产、流通、消费与物质还原等重要环节，构筑生态化、循环型的产业链群，突出物质、能量和信息在各产业链群之间的"仿生"传递，不断提高产业发展的自我维持水平。②运行方式的生态化原则。强化对经济运行方式的生态管理，以森林资源节约利用、林业企业清洁生产等为载体，将循环经济的"3R"原则渗透到林业产业的培育、采伐、加工、生产、流通、消费、管理和文化等各个层面，加强大小兴安岭森林生态功能区生态资源（主要是森林生态资源）的培育，强化森林资源的基础作用，建立完善的生态主导型产业模式。

6. 社会经济可行性原则

社会经济可行性原则是生态主导型产业模式构建的后盾和支柱，在一定尺度上既有促进作用，又有制约作用，将产业规模和结构限制在合理的范围内，不对生态造成影响。主要包括以下具体原则：①经济布局的协调化原则。将循环经济理念和产业生态学原理引入黑龙江省国有林区和大小兴安岭林区产业构建与发展中，要强调经济的空间布局与生态特征的高度融合性，要充分利用国有林区自然生态系统的供给和还原能力，实现经济系统摄取和排泄途径的最佳配置。②产业规模的适度化原则。黑龙江省国有林区产业规模应建立在资源和生态承载力的基础上，避免经济规模的机械增长，强调发展内涵和提高经济效益，有效降低区域发展的外部不经济性和资源环境损失。③推进机制的市场化原则。林业产业必须突出市场经济特色，建立在市场经济规律支配下的从政府、社会、企业等多层面的推进机制，拥有符合黑龙江省国有林区现实情况与生态产业发展相适应的经济政策、法律支撑、技术保障和社会环境等。

因此，黑龙江省国有林区林业经济发展与林业产业建设的创新应坚持效益原则，即以生态文明建设为主导，以循环经济为基础、以绿色管理为保障，实现生态效益、经济效益和社会效益的整体效益最大化。

4.4　黑龙江省国有林区林业经济发展的基本特征与趋势分析

4.4.1　黑龙江省国有林区林业经济发展的基本特征

1. 强调集约化发展，改变传统的粗放式发展

在传统粗放型发展模式下，国有林区资源枯竭，开采成本提高，资源型主导产业竞争优势逐渐减弱，导致国有林区经济衰退。而国有林区接替产业优化与建设不仅仅是要避免"林竭城衰"的问题，更是要追求一种可持续的产业发展模式，强调经济效益与社会效益的统一。

2. 强调资源减量循环高效利用，摆脱资源依赖

对于资源濒临枯竭的国有林区，传统的产业发展模式强调以资源主导产业为核心的产业经济结构。而国有林区接替产业优化与建设强调绿色产业，即接续产业不仅要摆脱对资源的依赖，而且在生产的同时还要建立循环经济技术支撑体系，保护生态环境。对于资源尚未枯竭的国有林区，应充分利用现有不可再生资源，深度挖掘现有资源潜力，继续发挥其对经济发展的拉动作用。当然，这种资源潜力的挖掘和拉动作用的发挥必须建立在资源减量循环、高效利用的基础上，通过绿色生产技术建立资源开发补偿机制，将传统的资源耗费型发展模式转化为绿色发展模式。

3. 强调环境问题防患于未然，而非先污染后治理

国有林区传统的产业发展模式，走的是"先污染后治理"的路子，虽然也有治理措施，但多数措施治标不治本，没有从根本上建立生态环境的绿色保护机制。而国有林区接替产业优化与建设则转变了"先污染后治理"的观念，真正做到了标本兼治，既对已往破坏的生态环境进行修复治理，又对生态环境可支撑人口、经济规模和容纳污染物承载力进行定性定量分析，从全方位构筑生态环境的绿色保护机制，对经济运行中可能造成的环境污染防患于未然，使生产系统本身具备了环境保护能力，实现了生态环境保护成本向生产系统的内化，形成了一种经济发展与环境保护同步开展的新型生产模式。

4. 提升人力资本向生产系统的内化，而非产业间的转移安置

一些资源面临枯竭的国有林区，有大量工人需要转移到其他产业，这给国有林区社会稳定带来巨大压力。传统的产业发展模式强调的是将从业人员原有的资源型知识结构与劳动技能，更新为能够满足非资源型产业就业要求的知识结构与劳动技能，以实现劳动力的产业间转移。而国有林区接替产业优化与建设则强调劳动力专业素质的深度培养和人力资本潜力的深度开发，以适应先进的绿色生产模式，实现人力资本提升成本向生产系统的内化，为推动绿色产业结构的进一步升级做好人才储备。

5. 强调产业链网发展，改变产业结构的单一性

国有林区接替产业优化与建设对资源型产业进行绿色革新，通过循环经济技术的应用和资源综合利用率的提高，延长资源型产业生产链，最大限度地延长资源型产业生命周期。当国有林区发展到一定阶段要进行产业转型，着手培育新的主导产业，但值得一提的是，培育新兴产业的最终目的并不是取代资源型产业，而是通过自身的绿色升级实现与资源型产业的配合，形成产业链网，共同支撑经济发展，最终完成绿色产业体系的构建。

4.4.2　黑龙江省国有林区林业经济发展的趋势分析

从资源、社会和林业产业目前的发展现状来看，黑龙江省国有林区接替产业发展的趋势是，建立并完善以生态旅游、特色种植养殖、绿色食品加工、北药开发、清洁能源、林木和其他林下资源开发及精深加工等为主的接续和替代产业，加快发展循环经济，形成较大规模且以生态主导型产业为主要代表的基本产业格局。木材采运业、锯材木片加工业和木质品业仍将是主导产业。而随着国家林业战略思想的转变以及黑龙江省国有林区旅游发展的趋势，旅游业将逐步成为黑龙江省国有林区建设的主导产业。

另外，黑龙江省大小兴安岭森林生态功能区林业经济发展则是建立以生态主导型经济为核心的生态林业产业体系，生态林业产业体系主要包括生态资源培育型产业、木质资源生态型产业、非木质资源生态型产业以及特殊功能型资源产业等，构建生态型产业模式是生态主导型经济系统实现良性循环的必经之路。生态主导型经济模式是按照生态经济理论、产业经济理论、循环经济理论、可持续发展理论和系统工程方法，运用现代科学技术，在生态系统承载范围内，挖掘一切可利用的资源潜力，发展经济发达、生态高效的产业。其本质就是把经济发展建立在生态可承载能力的基础上，在保证自然再生产的前提下扩大经济的再生产，形成产业结构优化、经济布局合理、废物循环利用、资源更新和环境承载能力不

断提高、经济实力不断增强,集约、高效、持续、健康的社会经济。生态主导型经济模式实现的前提是进行生态建设,核心是经济发展,目标是实现生态、经济共赢。具体来说,生态主导型经济发展模式就是建立一定适合生态功能区的生态型产业模式与产业体系。构建的经济模式要以实现生态功能区内自然平衡为前提,以和谐共生为基础,以持续发展为目的,以综合效益为内容的生态产业,实现生态功能区可持续发展。生态主导型经济发展模式是要在大小兴安岭区域内形成企业间的工业代谢和共生关系,使不同企业之间形成共享资源和互换副产品的产业共生组合,上游生产过程产生的废弃物成为下游生产过程的原材料,实现废弃物综合利用,达到产业之间资源最优化配置,区域物质和能源在经济循环中得到永续利用,实现产品清洁生产和资源可持续利用的环境和谐型经济模式。

4.5　黑龙江省大小兴安岭森林生态功能区生态产业建设的 AHP-SWOT 分析

由于黑龙江省大小兴安岭森林生态功能区的生态特殊性,这里进一步运用 SWOT 分析方法对黑龙江省大小兴安岭森林生态功能区生态产业发展的内部因素与外部因素,即优势(strength)劣势(weakness)机会(opportunity)和威胁(threat)四个方面进行分析。SWOT 分析方法是由美国旧金山大学的管理学教授海因茨·韦里克于 20 世纪 80 年代初提出,最早用于企业战略管理,通过分析企业内部因素(优势和劣势)以及外部因素(机会和威胁)为企业的战略规划提供依据。多年以来的实践证明,SWOT 分析方法是战略管理中使用最广泛、最持久的分析工具,其应用范围已从单个企业的战略管理延伸到产业群体、区域经济、城市管理等领域。SWOT 分析方法以定性分析为主,容易带有主观性和盲目性,而一些定量方法的引入,如德尔菲法、矢量、梯度、极坐标等数学工具以及 AHP,可以提高分析结果的可靠性。

本节用定性分析与定量分析相结合的方法对黑龙江省大小兴安岭森林生态功能区生态产业发展进行 SWOT 分析,其基本思路是:收集资料,分析现状,对黑龙江省大小兴安岭森林生态功能区生态产业发展进行 SWOT 定性分析,建立 SWOT 矩阵,运用德尔菲法进行专家打分,确立各影响因素强度,运用 AHP 构造判断矩阵来分析优势、劣势、机会及威胁中各要素的权重,根据各因素强度及权重确立总优势度、总劣势度、总机会度和总威胁度,从而确立产业的战略地位及战略类型。

4.5.1　生态产业发展内外环境的 SWOT 定性分析

1. 优势分析

1)生态环境良好。生态产业一般都对环境条件有严格要求,如有机农业生产的关键是生产基地本身无污染，对土壤、水质、大气等也有严格控制标准，而且完全不使用人工合成的肥料、农药、生长调节剂等，生态旅游要求旅游景点必须是保护好、干扰小、山清水秀的自然风景区和自然保护区，使游客能够享受到大自然带来的身心愉悦。黑龙江省大小兴安岭森林生态功能区的生态环境得到很好保护，林木覆盖率高，空气、水质、土壤等污染程度低，为发展生态产业提供了必需的环境基础。

2）生态产业初具规模。随着区域内林业经济向生态功能区经济转型，林上林下综合立体开发，重点发展木材精深加工、绿色特色食品、北药、林特产业、矿产开发及加工业等接续和替代产业。逐渐形成以有机麦、有机大豆、马铃薯等作物为主的生态农业体系，以狐、貂、马鹿为优势的生态畜牧养殖业，以林产品精深加工为主的生态工业，以人参、五味子、食用菌、山野菜等林下资源为主的林特产业以及生态旅游业等生态产业。

3）人才和技术优势。生态产业是一种需要高技术手段和高水平管理作支撑的产业模式，需要清洁生产技术、无害化技术等先进技术作保障。黑龙江省的大专院校和科研院所较多，与生态产业研究有直接关系的就有东北林业大学、东北农业大学、黑龙江八一农垦大学、黑龙江省林业科学院、黑龙江省农业科学院等单位，在生态林业、绿色食品、生态农业、生态旅游等方面有着多年的丰富经验，可以为黑龙江省生态产业的发展提供较强的技术支撑。

2. 劣势分析

1）产品竞争力不足。黑龙江省大小兴安岭森林生态功能区对资源的开发利用尚不充分，加工能力十分薄弱，农林产品加工总量过小，加工深度不够，基本上是出售初级产品，产品升值少。例如，在生态旅游方面，功能区旅游资源丰富，景区景点众多，但旅游产品类型单一，特色不突出，规模偏小，缺乏拳头产品，品位不高，功能不完善。

2）企业竞争力不足。当前黑龙江省大小兴安岭森林生态功能区的生态产业缺乏龙头骨干企业，生产分散、技术落后，产品形象差产业优势不明显。目前，对黑龙江省大小兴安岭森林生态功能区的开发仍然是地区、企业各自为战，大小兴安岭品牌始终没有真正叫响，从而不能形成产业优势。在产品开发上，往往从各自利益出发，各唱各的曲，各打各的牌，同是一类大小兴安岭资源，产品也要比高低，既形不成产业规模优势，也形不成产品品牌优势，竞相排斥，恶性竞争。这在很大程度上制约了重点企业竞争力的提升。

3）认识不到位。目前，在黑龙江省大小兴安岭森林生态功能区还有一些基层干部和生产者对生态产业以及生态产业建设的认识不够，理解不深，重视程度不到位，破坏生态环境的现象时有发生。生态产业是推进生态功能区经济结构转型、发展接续产业的有效途径，但很多林业主管部门没有充分认识到发展生态产业的重要性，对其扶持力度明显不足。生产者（包括企业和林户）只注重经济效益，忽视生态社会效益。

4）市场体系不规范。黑龙江省大小兴安岭森林生态功能区生态产品经济储量大、市场前景广阔。但市场化体系不够规范，有待完善。主要表现在：缺乏市场营销，销售渠道、网络还不健全。生态产品不同于普通产品，有其特别之处，需要采取特有的营销方式。一些企业对自己产品如何打进市场参与竞争没有完整的思路和营销策略，使产品在市场上影响小，购买率低，企业难以达到预期效益的目的。

3. 机会分析

1）主体功能区新定位。《中华人民共和国国民经济和社会发展第十一个五年规划纲要》（简称"十一五规划"）明确将大小兴安岭森林生态功能区划为限制开发区，这为黑龙江省大小兴安岭森林生态功能区的建设提供了良好的契机。黑龙江省省委、省政府亦高度重视大小兴安岭森林生态功能区建设，将其确定为黑龙江省区域发展的"四大板块"之一。黑龙江省大小兴安岭森林生态功能区可抓住一系列国家及省颁布的优惠政策，发展生态产业经济战略，在保持生态平衡不受影响条件下以生态产业作为区域的主导产业。

2）老工业基地发展的机遇。黑龙江省正面临国家振兴东北老工业基地、国有生态功能区林权制度改革试点等重大历史发展机遇，为大小兴安岭森林生态功能区生态产业创造了千载难逢的发展机遇，也将为海内外投资者提供前所未有的机遇，有利于生态产业重点项目的落实。

3）广阔的市场前景。绿色消费、生态消费是有利于环境保护，有助于消费者健康的消费模式。随着人们生活水平的提高及环保意识的增强，绿色消费、生态消费观念正逐渐被人们所接受，绿色食品、生态旅游等越来越被消费者所青睐，生态产品具有很大的消费市场。

4. 威胁分析

1）体制约束性风险。生态农业的发展对黑龙江省大小兴安岭森林生态功能区生态产业发展至关重要。但是，目前该区域农村、农业管理制度和体制改革滞后，特别是集体土地流转制度、农村社会保障制度、城乡户籍制度、农业金融信贷政策、农产品流通体制、农村综合减灾体系和城乡协调发展等制度尚未完全建立，还不能完全适应生态农业发展的要求。

2）市场的多变性风险。市场经济的好处是能让企业和林户自由生产具有市场价值的产品，从而有效地增加生产效率和收入。但市场也有其无情的多变性，产品能否立足市场取决于生产者对市场的了解和产品在市场的竞争能力。黑龙江省大小兴安岭森林生态功能区生态产业应对市场的多变性仍存在诸多困难，首先对市场经济缺乏认识，市场观念不强，生产计划往往根据上一年情况而定，还不能充分掌握和利用供求关系；其次就生态产业本身而言，生态产业是一种可持续经营系统，它强调生产系统的良性循环，更强调系统及结构功能的稳定性和持续性，有时在功能设计上为考虑其生态功能，不得不设计生产一些市场价值低的产品，而市场需求是多样的和变化的，生态产业系统要想紧跟市场就不得不经常打破自身系统的稳定性，这就产生了矛盾。

3）标准不统一。由于没有统一的概念、标准、政策和管理，生态产业的健康发展受到严重制约。绿色产品与国外相关产品有明显的差别，生态产业缺乏基本的结构体系和科学规范，不仅面临着与国际相关产业接轨的困难，而且在国内也面临着如何处理与传统产业和常规产业关系的问题，如何进行传统产业和常规产业改造的问题。

4.5.2 生态产业发展内外环境的 AHP-SWOT 定量分析

1. 因素强度分析

采用德尔菲法对内外部各战略因素的强度进行评分。强度分为五级，分别取0、1、2、3、4，其中，有利于发展的机会和优势因素用正值表示，不利于发展的威胁和劣势因素用负值表示，绝对值越大表示强度越大。按照统计样本选取规律要求，共选取三个领域的受访专家共 16 人，分别是：大小兴安岭森林生态功能区生态产业的经营人员 6 人，他们是大小兴安岭森林生态功能区生态产业经营的实践者，与生态产业的联系最为紧密，也最了解产业发展实际情况；大小兴安岭森林生态功能区生态产业的各级相关管理者 5 人；高校以及科研院所的生态产业专业学者 5 人。问卷设计保证了理论高度和专业性，并且充分借鉴相关领域专家的建议。一共发放 16 份问卷，回收有效问卷 15 份，有效率为 93.8%。将各位专家得出的结果加权平均，得出大小兴安岭森林生态功能区生态产业发展环境各因素强度，见表 4-1。

表 4-1　生态产业内外部 SWOT 强度评分表

优势因素	强度	劣势因素	强度	机遇因素	强度	挑战因素	强度
S_1	4	W_1	-3	O_1	3	T_1	-1
S_2	4	W_2	-2	O_2	3	T_2	-1
S_3	3	W_3	-1	O_3	2	T_3	-1
		W_4	-1				

2. 因素权重计算

AHP 主要运用于战略目标体系的层次结构分析和决策研究，本节采用 AHP 与德尔菲法相结合的方法确定大小兴安岭森林生态功能区生态产业发展环境 SWOT 各因素权重（韩晓静，2006）。

（1）内部因素权重计算

大小兴安岭森林生态功能区生态产业发展环境内部因素 AHP 结构图及权重总排序表如图 4-1 和表 4-2 所示。图 4-1 列出了大小兴安岭森林生态功能区生态产业发展环境内部优劣各因素的层次结构。

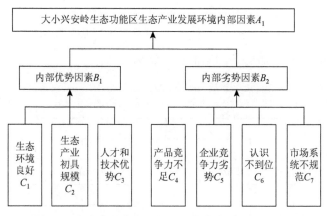

图 4-1　生态产业发展环境内部优劣各因素层次结构

表 4-2　大小兴安岭森林生态功能区生态产业发展环境内部因素 AHP 分析的总排序

层次总排序	权重
生态环境良好 C_1	0.1982
生态产业初具规模 C_2	0.1855
人才和技术优势 C_3	0.1163
产品竞争力不足 C_4	0.1946
企业竞争力劣势 C_5	0.1593
认识不到位 C_6	0.0874
市场体系不规范 C_7	0.0586

首先运用德尔菲法构造两两比较判断矩阵，并对判断矩阵进行一致性检验，结果通过，说明该 AHP 分析具有合理性。其次按照公式计算各内部因素的权重结果得出黑龙江省大小兴安岭森林生态功能区生态产业发展环境内部因素 AHP 分析的总排序，表 4-2（计算过程略）。

　　从表 4-2 中的结果可以看出大小兴安岭森林生态功能区生态产业发展环境内部因素影响处于第一位的是生态环境良好这一内部优势，生态产业对生态环境的要求较高，良好的环境是发展生态产业的必备条件。因此充分和合理利用良好的生态环境和资源是加快大小兴安岭生态功能区生态产业发展的首要因素；处于第二位的是产品竞争力不足这一内部劣势，大小兴安岭森林生态功能区的生态产品还比较单一，处于初级加工的阶段，产品的升值空间小，因此，应促进生态产品的开发和深加工。处于第三位的是生态产业初具规模这一内部优势，把握好发展方向，使生态产业良性发展至关重要。处于第四位的是企业竞争力不足这一内部劣势，应加大对龙头企业的扶植力度。

（2）外部因素权重计算

　　大小兴安岭森林生态功能区生态产业发展环境外部因素 AHP 结构图及权重总排序表如图 4-2 和表 4-3 所示。图 4-2 列出了大小兴安岭森林生态功能区生态产业发展环境外部机会与威胁各因素的层次结构。

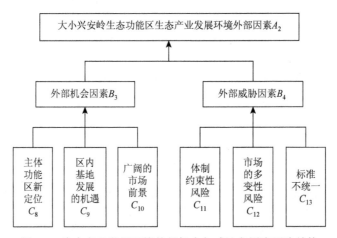

图 4-2　生态产业发展环境外部机会与威胁各因素层次结构

　　首先运用德尔菲法构造两两比较判断矩阵，并对判断矩阵进行一致性检验，结果通过，说明该 AHP 分析具有合理性。其次按照公式计算各外部因素的权重结果得出黑龙江省大小兴安岭森林生态功能区生态产业发展环境外部因素 AHP 分析的总排序表，结果见表 4-3（计算过程略）。

表 4-3　大小兴安岭森林生态功能区生态产业发展环境外部因素 AHP 分析的总排序

层次总排序	权重
主体功能区新定位 C_8	0.2205
老工业基地发展的机遇 C_9	0.1805

续表

层次总排序	权重
广阔的市场前景 C_{10}	0.0991
体制约束性风险 C_{11}	0.1347
市场的多变性风险 C_{12}	0.1645
标准不统一 C_{13}	0.2009

从表 4-3 中的结果可以看出大小兴安岭森林生态功能区生态产业发展环境外部因素影响处于第一位的是主体功能区新定位这一机会，国家层面的政策支持是促进生态产业发展的最有利的外部条件，因此，大小兴安岭森林生态功能区应该抓住这一千载难逢的机遇，加快生态产业的发展；处于第二位的是标准不统一这一威胁，因此应采用新机制、统一标准。

3. 生态产业发展战略的明确

运用 AHP 确定了大小兴安岭森林生态功能区生态产业 SWOT 各影响因素对于战略选择的层次总排序（即权值），运用德尔菲法对各影响因素的强度进行了判断。根据各因素的强度及权重，求出 SWOT 模型中总优势度、总劣势度、总机会度、总威胁度的总体力度向量，即 $S = \sum_{1}^{3} S = 1.8837$、$W = \sum_{4}^{7} W = -1.0484$、$O = \sum_{8}^{10} O = 1.4012$、$T = \sum_{11}^{13} T = -0.5001$，以总优势度 S、总劣势度 W、总机会度 O 以及总威胁度 T 四个变量各为半轴，构成四维坐标系。分别计算出变量值在坐标系的相应半轴上描点 S'、W'、O'、T' 并用线段依次连接四点得到战略四边形（图 4-3）。

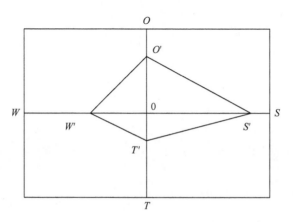

图 4-3　大小兴安岭森林生态功能区生态产业 SWOT 战略四边形

从图 4-3 中分析可知,大小兴安岭森林生态功能区生态产业发展战略应选择机会开拓战略。说明大小兴安岭森林生态功能区生态产业目前和今后主要任务是抓住生态产业发展机遇,将生态产业作为生态功能区建设的支柱产业,在加强生态建设的战略指导下,在我国主体功能区规划以及广阔的市场前景所带来的发展机遇的大背景下,充分发挥自身资源优势,挖掘出其更多的发展机遇和更大的发展空间。

4.6　本章小结

本章对黑龙江省国有林区林业经济发展与生态产业建设进行战略构想的设计,主要包括黑龙江省国有林区林业经济发展的宏观和微观环境因素分析、制约因素分析、林业经济发展的目标与原则、基本特征与趋势分析,同时着重对黑龙江省大小兴安岭森林生态功能区林业生态产业建设的内涵、目标、原则、指导思想、影响因素等内容进行分析,并进行黑龙江省大小兴安岭森林生态功能区生态产业建设的 AHP-SWOT 分析以从定性与定量角度充分挖掘生态产业发展的优势、劣势、机会、威胁特征,以期为黑龙江省国有林区林业经济发展与林业生态产业建设明确具体的战略方向。

中 篇

龙江森工集团林业产业识别与非木质林业产业建设

第5章 龙江森工集团林业产业类型识别分析

根据产业经济学的理论基础，产业可以划分为多种类型，其中一种类型是将其划分为主导产业、辅助产业和一般产业。主导产业是指在区域范围内对经济发展起主导作用的产业，一般来说主导产业在区域经济总产值中往往具有绝对优势，或者对其他产业的发展存在较大的影响；辅助产业是指在区域范围内为主导产业和一般产业提供基础服务的产业；一般产业是指在区域范围内除主导产业和辅助产业外的其他产业。此外，根据产业在整个经济社会所发挥的作用及其自身特征还可以将产业类型划分为基础产业、支柱产业、优势产业、潜在产业等。

在研究林业产业类型的同时可以运用产业经济学的上述观点与理论基础，对林业产业类型进行识别和划分，以期为促进区域林业经济发展找出新的路径。实际上，林业产业类型识别和划分的基础是现阶段林业产业的具体特征，因此可以通过林业产业类型识别的方式侧面反映龙江森工集团林业产业的相对状态和变化趋势。

5.1 林业产业类型识别方法

5.1.1 灰色 GM（1，1）模型

灰色 GM（1，1）模型是灰色 GM 预测模型的核心，而灰色系统理论认为事物的发展具有灰色的发展规律，因此运用灰色数据处理进行信息挖掘，并运用灰色 GM（1，1）等方法找出事物发展的内在规律从而实现准确预测（谢乃明和刘思峰，2005）。其主要计算过程如下：

设 $\boldsymbol{X}^{(0)}$ 为研究对象的非负时间序列向量，记为

$$\boldsymbol{X}^{(0)} = [x^{(0)}(1), x^{(0)}(2), \cdots, x^{(0)}(n)]$$

式中，$x^{(0)}(k) \geqslant 0 \ (k = 1, 2, \cdots, n)$。

$\boldsymbol{X}^{(1)}$ 为 $\boldsymbol{X}^{(0)}$ 的一阶累加序列向量［1–AGO（1-order accumulated generating operator，1-AGO）算子］，其中 $x^{(1)}(i) = \sum_{k=1}^{i} x^{(0)}(k)$，则可记为

$$\boldsymbol{X}^{(1)} = [x^{(1)}(1), x^{(1)}(2), \cdots, x^{(1)}(n)]$$

$Z^{(1)}$ 为 $X^{(1)}$ 的紧邻均值生成序列向量，其中 $z^{(1)}(k) = \frac{1}{2}[x^{(1)}(k) + x^{(1)}(k-1)]$（$k = 2$, $3, \cdots, n$），则可记为

$$Z^{(1)} = [z^{(1)}(1), z^{(1)}(2), \cdots, z^{(1)}(n)]$$

由于灰色 GM（1，1）模型的原始形式为 $X^{(0)}(k) + aZ^{(1)}(k) = b$，则可以运用最小二乘法求解其参数，即有

$$\hat{a} = [a, b]^{\mathrm{T}} = (B^{\mathrm{T}}B)^{-1}B^{\mathrm{T}}Y$$

式中，$Y = \begin{bmatrix} x^{(0)}(2) \\ x^{(0)}(3) \\ \vdots \\ x^{(0)}(n) \end{bmatrix}_{(n-1)\times 1}$；$B = \begin{bmatrix} -z^{(1)}(2) & 1 \\ -z^{(1)}(3) & 1 \\ \vdots & \vdots \\ -z^{(1)}(n) & 1 \end{bmatrix}_{(n-1)\times 2}$；$-a$ 为灰色发展系数；b 为灰色作用量。

考虑到灰色 GM（1，1）模型的原始形式 $X^{(0)}(k) + aZ^{(1)}(k) = b$ 实际上是一个差分方程，因此存在一个与之对应的微分方程，设该微分方程为 $\frac{\mathrm{d}X^{(1)}}{\mathrm{d}t} + aZ^{(1)} = b$，但是 $Z^{(1)}$ 的存在很难对其进行求解，因此可以使用 $X^{(1)}$ 对 $Z^{(1)}$ 进行替换，从而得到一个近似的微分方程 $\frac{\mathrm{d}X^{(1)}}{\mathrm{d}t} + aX^{(1)} = b$，称为灰色 GM（1，1）模型的白化方程（或影子方程）。

求解白化方程 $\frac{\mathrm{d}X^{(1)}}{\mathrm{d}t} + aX^{(1)} = b$，得到灰色 GM（1，1）模型的时间响应函数为

$$x^{(1)}(t) = \left[x^{(1)}(1) - \frac{b}{a} \right] \mathrm{e}^{-a(t-1)} + \frac{b}{a}$$

取 $t = 1$，则有 $x^{(1)}(1) = x^{(0)}(1)$，将时间 t 进行离散化处理，仅取正数值 k，并将灰色 GM（1，1）模型的原始形式求解得到的参数 $\hat{a} = [a, b]^{\mathrm{T}}$ 代入时间响应函数，则可以得到累加序列预测模型，即有

$$\hat{x}^{(1)}(k+1) = \left(x^{(0)}(1) - \frac{b}{a} \right) \mathrm{e}^{-ak} + \frac{b}{a} \quad (k = 1, 2, \cdots, n)$$

对累加预测值取一阶累减算子 $\alpha^{(1)}$（1–IAGO 算子）即可将其还原为原始数据预测值，即有

$$\hat{x}^{(0)}(k+1) = \alpha^{(1)}\hat{x}^{(1)}(k+1) = \hat{x}^{(1)}(k+1) - \hat{x}^{(1)}(k)$$

$$= (1 - \mathrm{e}^{a}) \left[x^{(0)}(1) - \frac{b}{a} \right] \mathrm{e}^{-ak} \quad (k = 1, 2, \cdots, n)$$

此外，根据预测误差等标准，当模型的灰色发展系数 $-a$ 有如下取值时，其模型的预测效果不同：

1）当 $-a \leqslant 0.3$ 时，灰色 GM（1，1）模型预测精度较高，可以进行短中长期预测。

2）当 $0.3 < -a \leqslant 0.5$ 时，灰色 GM（1，1）模型预测精度适中，适宜进行中短期预测，长期预测误差较大。

3）当 $0.5 < -a \leqslant 0.8$ 时，灰色 GM（1，1）模型预测精度偏低，仅能够进行短期预测，中长期预测误差较大。

4）当 $0.8 < -a \leqslant 1$ 时，灰色 GM（1，1）模型预测误差过大，预测前必须采用对模型进行残差修正。

5）当 $-a > 1$ 时，灰色 GM（1，1）模型预测往往失效。

5.1.2　灰色发展决策方法

一般来说，事件、决策、目标、效果是决策分析的四个基本要素（刘思峰和党耀国，2010），对于灰色系统则可以将研究对象范围内的事件全体称为事件集，记为

$$A = \{a_1, a_2, \cdots, a_n\}$$

式中，$a_i\ (i = 1, 2, \cdots, n)$ 为第 i 个事件。

同理，事件可能存在的所有对策可称为对策集，记为

$$B = \{b_1, b_2, \cdots, b_m\}$$

式中，$b_j\ (j = 1, 2, \cdots, m)$ 为第 j 种对策。

事件集 $A = \{a_1, a_2, \cdots, a_n\}$ 和对策集 $B = \{b_1, b_2, \cdots, b_m\}$ 的笛卡儿乘积称为局势集，记作 $S = A \times B$，记为

$$A \times B = \left\{ (a_i, b_j) \middle| a_i \in A, b_j \in B \right\}$$

式中，对于任意 $a_i \in A$，$b_j \in B$ 称 (a_i, b_j) 为事件的发展局势，记为 $s_{ij} = (a_i, b_j)$。

设事件的发展目标为 k，则在 k 目标下局势 s_{ij} 的目标效果时间序列为 $u_{ij}^{(k)}$，其中 $u_{ij}^{(k)}$ 为灰色 GM（1，1）模型的时间响应序列的累减还原式，可根据下式求解得到：

$$\hat{u}_{ij}^{(k)}(k+1) = [1 - e^{a_{ij}^{(k)}}] \left[u_{ij}^{(k)}(1) - \frac{b_{ij}^{(k)}}{a_{ij}^{(k)}} \right] e^{-a_{ij}^{(k)} \times l} \quad (l = 1, 2, \cdots)$$

在目标 k 的效果值越大越好的前提下，则有：

1）取 $\max\limits_{1\leqslant i\leqslant n,1\leqslant j\leqslant m}\{-a_{ij}^{(k)}\}=-a_{i_0j_0}^{(k)}$，称为 k 目标下局势 $s_{i_0j_0}$ 的发展系数最优局势。

2）取 $\max\limits_{1\leqslant i\leqslant n,1\leqslant j\leqslant m}\{\hat{u}_{ij}^{(k)}(h+l)\}=\hat{u}_{i_0j_0}^{(k)}(h+l)$，称为 k 目标下局势 $s_{i_0j_0}$ 的预测最优局势。

此外，还可以将效果值越小越好或效果值适中为好的目标。

5.2　龙江森工集团林业三次产业识别

设龙江森工集团林业三次产业中涉林产业发展为 a_0，则事件集为 $A_0=\{a_0\}$。其中，林业第一产业中涉林产业发展对策为 b_{01}，林业第二产业中涉林产业发展对策为 b_{02}，林业第三产业涉林产业发展对策为 b_{03}，则各林业产业发展的对策集为 $B_0=\{b_{01},b_{02},b_{03}\}$，相应的林业产业的发展局势集为 $S_0=\left\{s_{ij}=(a_i,b_j)\big|a_i\in A_0,b_j\in B_0\right\}=\{s_{01},s_{02},s_{03}\}$。

以林业产业中涉林产业的产值收益为目标 0，则对应局势集 S_0 的局势效果时间序列向量（2003～2014 年产值）依次为 $u_{01}^0,u_{02}^0,u_{03}^0$，则：$u_{01}^0=(252\,710,287\,556,\cdots,914\,735)_{2003\sim2015}$，$u_{02}^0=(445\,542,485\,084,\cdots,445\,401)_{2003\sim2015}$，$u_{03}^0=(33\,064,44\,070,\cdots,597\,700)_{2003\sim2015}$（见附录 1）。

依次对林业三次产业进行灰色 GM（1，1）模型计算和灰色发展决策分析，运用灰色系统理论建模软件（GTMS3.0）进行计算，结果见表 5-1。

表 5-1　林业三次产业中涉林产业发展状况分析与产业类型划分

林业产业发展对策	林业第一产业 b_{01}	林业第二产业 b_{02}	林业第三产业 b_{03}
灰色发展系数 $-a_{0i}$	0.097 1	0.013 4	0.239 4
平均误差 $\overline{\Delta}_{0i}$ /%	5.040 3	10.762 3	14.142 4
2016 年预测值/万元	1 022 572.521 4	598 947.771 8	845 201.957 4
2016 年预测值比重/%	41.46	24.28	34.26
产业类型识别	主导产业	衰退/支柱产业	潜在/优势产业

注：林业三次产业的结果是运用 2003～2015 年数据计算得到。

从模型建立的结果来看，林业第一产业的灰色模型的平均相对误差较小，平均误差值仅为 5.0403%，而林业第二、第三产业的平均相对误差略高，分别为 10.7623%、14.1424%，但是仍在可以接受的范围内，并且上述三个模型的灰色发展系数均小于 0.5，满足模型的精度要求，可以进行产业间的对比分析。

从表 5-1 可以看出，2003～2015 年龙江森工集团林业涉林第一、第二、第三产业的灰色发展系数分别为 0.0971、0.0134、0.2394，以模型中的平均增长率表示分别为 10.20%（$e^{-a}-1$）、1.35%（$e^{-a}-1$）、27.05%（$e^{-a}-1$）。显然，现阶段龙江森工集团林业三次产业增长较快的是林业第三产业，林业第一产业次之，林业第二产业发展最为缓慢。此外，从 2016 年龙江森工集团林业三次产业预测值的比重来看，林业第一产业仍将占据主体部分，比重将达到 41.46%，因此现阶段林业第一产业将继续作为龙江森工集团林业产业的主导产业，相比之下，林业第二、第三产业的预期比重相对较小一些，但是也分别达到了 24.28%、34.26%，另外，考虑到林业第三产业的增长潜力，可以将林业第三产业定义为潜在产业，如果进一步侧重考虑林业旅游与休闲服务在整个林业产业中的特殊性，也可以将林业第三产业定义为优势产业。此外，对林业第二产业进行综合考察，可以明确林业第二产业尽管会受到禁伐政策的巨大影响而缓慢发展，从而在林业三次产业构成中带有衰退的色彩，但是，考虑到林业第二产业短期内仍会保持较大的产业比重，并且林业第二产业在以往林业经济中所扮演的重要角色，这里仍可以将其视为支柱产业。

从林业产业发展的"态""势"角度综合考虑上述 3 个模型的灰色发展系数和预测值，可以定量证明现阶段龙江森工集团林业三次产业将形成"一、二、三"向"一、三、二"的产业结构布局转换，并且在长期既定的林业产业发展趋势下，龙江森工集团林业三次产业最终会形成"三、一、二"的产业结构布局。显然，这样的结果与第 3 章中龙江森工集团林业三次产业的现状分析相一致，这也侧面表明上述 3 个模型的有效性。

5.3 龙江森工集团林业第一产业内部次级产业识别

设龙江森工集团林业第一产业中涉林产业发展为 a_1，则事件集为 $A_1 = \{a_1\}$。其中，林木的培养和种植产业发展对策为 b_{11}，木材采运产业发展对策为 b_{12}，经济林产品的种植和采集产业发展对策为 b_{13}，花卉种植与动物利用产业发展对策为 b_{14}，经济林经营和木材采运产业发展对策为 b_{15}，其他林业生产产业发展对策为 b_{16}，则各次级产业发展的对策集为 $B_1 = \{b_{11}, b_{12}, \cdots, b_{16}\}$，相应的林业第一产业涉林产业发展局势集为 $S_1 = \left\{ s_{ij} = (a_i, b_j) \middle| a_i \in A_1, b_j \in B_1 \right\} = \{s_{11}, s_{12}, \cdots, s_{16}\}$。

以林业第一产业涉林产业产值收益为目标 1，则对应局势集 S_1 的局势效果时间序列向量依次为 $\boldsymbol{u}_{11}^1, \boldsymbol{u}_{12}^1, \cdots, \boldsymbol{u}_{16}^1$（见附录 2），对各次级产业进行灰色 GM（1，1）模型计算和灰色发展决策分析，计算结果见表 5-2。

表 5-2　林业第一产业涉林产业中各次级产业发展状况分析与产业类型划分

林业第一产业 发展对策	林业第一产业内部涉林部分产业				重新分类后	
	林木的培养 和种植 b_{11}	木材 采运 b_{12}	经济林产 品的种植和 采集 b_{13}	花卉种植 与动物利 用 b_{14}	经济林经 营和木材 采运 b_{15}	其他林业 生产 b_{16}
$-a_{1i}$	0.075 5	−0.463 4	0.195 6	0.075 4	0.080 2	0.070 7
$\overline{\Delta}_{1i}$ /%	9.075 5	24.450 8	7.893 0	13.872 3	5.281 9	9.454 6
2016 年预测值/万元	160 205.04	0	914 059.88	13 363.95	812 019.50	171 694.09
2016 年预测值比重/%	14.73	0	84.04	1.23	82.55	17.45
产业类型识别	基础产业	衰退产业	主导产业	一般产业	主导组合产业	一般组合产业

　　注：林木的培养和种植运用 2010～2015 年数据计算得到，木材采运运用 2009～2015 年数据计算得到，且由于国有林区禁伐政策的实施，认为预期产值为 0 万元，经济林产品的种植和采集运用 2010～2015 年数据计算得到，花卉种植与动物利用运用 2007～2015 年数据计算得到；经济林经营和木材采运运用 2003～2015 年数据计算得到，其他林业生产运用 2010～2015 年数据计算得到。

　　从模型建立的结果来看，林木的培养和种植、经济林产品的种植和采集模型的平均相对误差较小，而木材采运、花卉种植与动物利用模型的平均相对误差略大，但是平均误差值均在 25% 以内，并且花卉种植与动物利用的 2016 年灰色预测值所占比重不足 2%，因此误差也是可以接受的。此外，上述 4 个模型的灰色发展系数均小于 0.5（木材采运为灰色发展系数绝对值），适宜进行短期预测分析。因此，上述模型整体拟合效果较好，满足模型的精度要求，可以进行后续的产业类型识别分析。

　　显然，林业第一产业产值收益目标 1 的效果值越大越好，其中 $\max_{1\leqslant i\leqslant 4}\{-a_{1i}\}=-a_{13}=$ 0.195 6，因此，s_{13} 为目标 1 条件下的灰色发展系数最优局势，即经济林产品的种植和采集的发展具有最大的潜力。此外，龙江森工集团林业第一产业中各次级产业的灰色发展系数最优局势顺序依次为：$s_{13}>s_{11}>s_{14}>s_{12}$，即经济林产品的种植和采集产业发展＞林木的培养和种植产业发展＞花卉种植与动物利用产业发展＞木材采运产业发展。

　　同理，根据灰色 GM（1，1）模型计算得到 2016 年龙江森工集团林业第一产业内各次级产业的产值。在此基础之上，可以得到龙江森工集团林业第一产业内各次级产业的灰色预测最优局势顺序依次为：$u_{13}>u_{11}>u_{12}>u_{14}$。

　　显然，龙江森工集团林业第一产业涉林产业中占据最大部分的仍是经济林产品的种植和采集，并且其 2016 年预测值达到整个林业第一产业涉林产业的 84.04%，占据绝对的比重优势。此外，2010～2015 年经济林产品的种植和采集的灰色发展系数也最大，达到 0.195 6，与之伴随的平均增长率为 21.60%（$e^{-a}-1$）。因此，结合灰色发展系数与灰色产业产值预测值可以确定其为林业第一产业中的主导产业。

此外，2010～2015 年林木的培养和种植也得到较快的发展，其灰色发展系数达到 0.0755，与之伴随的平均增长率为 7.84%（$e^{-a}-1$），仅次于经济林产品的种植和采集。同时 2016 年林木的培养和种植的预测值也占到林业第一产业中涉林产业的 14.73%，同样位居第 2 位。因此，林木的培养和种植在林业第一产业的发展过程中同样发挥着重要的作用。但是，考虑到林木的培养和种植在林业系统中所处的地位较为特殊，它是其他所有林业产业进行生产经营的基础之一，因此可以将其划分为基础产业。

由于"天然林资源保护工程"和国有林区天然林商业性禁伐的实施，木材采运产业的发展受到严重的制约，显然这种制约是出于政策的非自然原因。从其产值在林业第一产业中所占比重的变化情况来看，木材采运在林业第一产业中所占的比重从 2003 年的 78.38%下降到 2015 年的 0.25%，并且 2016 年预测值为 0 万元，并且其灰色发展系数为–0.4634（年平均下降 58.95%），明显处于衰退阶段。因此，可以将木材采运划分为衰退产业。相比之下，林业第一产业涉林产业中花卉种植与动物利用产业的灰色发展系数仅为 0.0754，且 2016 年预测值比重均不足 2%，因此可以将其划分为一般产业。

此外，考虑重新调整林业产业组合关系后，得到的组合林业产业的灰色发展决策分析和产业类型识别结果实际上是对多个林业产业发展情况的综合值（表 5-2）。同理，从林业产业发展的状态角度综合考虑上述两个组合产业的灰色发展系数和预测值比重，并结合两个组合产业的实际构成情况，将经济林经营和木材采运识别为主导组合产业，将其他林业生产识别为一般组合产业。

5.4　龙江森工集团林业第二产业内部次级产业识别

设龙江森工集团林业第二产业涉林产业发展为 a_2，则事件集为 $A_2=\{a_2\}$。其中，木材加工及竹藤棕苇制品制造产业发展对策为 b_{21}，木竹藤家具制造产业发展对策为 b_{22}，木竹苇浆造纸产业发展对策为 b_{23}，林产化学产品制造产业发展对策为 b_{24}，木质工艺品和木质文教体育用品制造产业发展对策为 b_{25}，非木质林产品加工制造业产业发展对策为 b_{26}，林业第二产业涉林产业中其他产业发展对策为 b_{27}，将林业第二产业涉林产业中除木材加工及竹藤棕苇制品制造以外的其他 6 部分进行合并为其他林产品加工，其产业发展对策为 b_{28}，则各次级产业发展的对策集为 $B_2=\{b_{21},b_{22},\cdots,b_{28}\}$，相应的林业第二产业涉林产业发展局势集为
$$S_2=\left\{s_{ij}=(a_i,b_j)\big|a_i\in A_2,b_j\in B_2\right\}=\{s_{21},s_{22},\cdots,s_{28}\}.$$

以林业第二产业涉林产业产值收益为目标 2，则对应局势集 S_2 的局势效果时间序列向量依次为 $u_{21}^2, u_{22}^2, \cdots, u_{28}^2$（见附录 3），对各个次级产业进行灰色 GM（1，1）模型计算和灰色发展决策分析，计算结果见表 5-3。

表 5-3　林业第二产业涉林产业中各次级产业发展状况分析与产业类型划分

林业第二产业发展对策	林业第二产业内部涉林部分产业			
	木材加工及竹藤棕苇制品制造 b_{21}	木竹藤家具制造 b_{22}	木竹苇浆造纸 b_{23}	林产化学产品制造 b_{24}
$-a_{2i}$	−0.088 6	−0.006 1	−0.177 6	−0.103 3
$\bar{\Delta}_{2i}$ /%	12.437 6	10.131 7	21.601 3	16.252 8
2016 年预测值/万元	308 444.186 9	74 856.191 9	269.182 6	5 613.013 5
2016 年预测值比重/%	60.81	14.76	0.05	1.11
产业类型识别	主导产业	一般产业	淘汰产业	淘汰产业

林业第二产业发展对策	林业第二产业内部涉林部分产业			重新分类后
	木质工艺品和木质文教体育用品制造 b_{25}	非木质林产品加工制造业 b_{26}	其他 b_{27}	其他林产品加工 b_{28}
$-a_{2i}$	0.028 3	0.118 6	0.074 3	0.073 5
$\bar{\Delta}_{2i}$ /%	10.600 0	4.234 4	7.586 4	8.282 9
2016 年预测值/万元	13 320.253 9	37 659.301 7	67 015.254 2	203 845.592 8
2016 年预测值比重/%	2.63	7.43	13.21	39.19
产业类型识别	一般产业	潜在产业	一般产业	一般组合产业

　　注：木材加工及竹藤棕苇制品制造运用 2009～2015 年数据计算得到，木竹藤家具制造运用 2007～2015 年数据计算得到，木竹苇浆造纸运用 2003～2015 年数据并进行倒序二阶缓冲算子处理计算得到，林产化学产品制造运用 2008～2015 年数据并进行倒序一阶缓冲算子处理计算得到，木质工艺品和木质文教体育用品制造运用 2004～2015 年数据倒序一阶缓冲算子处理计算得到，非木质林产品加工制造业运用 2005～2015 年数据倒序一阶缓冲算子处理计算得到，林业第二产业中涉林产业的其他运用 2004～2015 年数据倒序一阶缓冲算子处理计算得到，其他林产品加工运用 2005～2015 年数据计算得到。

　　从模型建立的结果来看，木竹苇浆造纸模型的平均相对误差最大，即使进行二阶倒序缓冲算子处理，其平均相对误差最小也为 21.6013%，但是考虑到其 2016 年预测比重仅为 0.05%，其误差也是可以接受的。此外，其他模型的平均相对误差仅有木材加工及竹藤棕苇制品制造、木竹藤家具制造、林产化学产品制造、木质工艺品和木质文教体育用品制造的平均相对误差超过 10%，但是也都在 17% 以内，并且上述模型的灰色发展系数均小于 0.3，适宜进行中短期预测分析。因此，上述模型整体拟合效果较好，满足模型的精度要求，可以进行后续的产业类型识别分析。

显然，林业第二产业产值收益目标 2 的效果值越大越好，其中 $\max\limits_{1\leqslant i\leqslant 7}\{-a_{2i}\}=-a_{26}=$ 0.1186，因此，s_{26} 为目标 2 条件下的灰色发展系数最优局势，即非木质林产品加工制造业的发展具有最大的潜力。此外，龙江森工集团林业第二产业中各次级产业的灰色发展系数最优局势顺序依次为：$s_{26}>s_{27}>s_{25}>s_{22}>s_{21}>s_{24}>s_{23}$，即非木质林产品加工制造业产业发展＞林业第二产业涉林产业中其他产业发展＞木质工艺品和木质文教体育用品制造产业发展＞木竹藤家具制造产业发展＞木材加工及竹藤棕苇制品制造产业发展＞林产化学产品制造产业发展＞木竹苇浆造纸产业发展。

同理，根据灰色 GM（1，1）模型计算得到 2016 年龙江森工集团林业第二产业内各次级产业的产值。在此基础之上，可以得到龙江森工集团林业第二产业内各次级产业的灰色预测最优局势顺序依次为：$u_{21}>u_{22}>u_{27}>u_{26}>u_{25}>u_{24}>u_{23}$。

显然，从表 5-3 可以看出，2016 年各次级产业产值预测值中木材加工及竹藤棕苇制品制造占到林业第二产业中涉林产业的 60.81%，具有绝对优势。尽管其灰色发展系数为–0.0886，产业增长速度存在衰退趋势（年平均下降 9.26%），但是考虑到短时期内林业第二产业仍将以木材加工及竹藤棕苇制品制造为主体，因此可以将其划分为主导产业。另外，木竹苇浆造纸和林产化学产品制造的灰色发展系数分别为–0.1776 和–0.1033，产业发展同样存在衰退特征，并且两者 2016 年预测值分别为 269.1826 万元和 5613.0135 万元，所占比重分别为 0.05% 和 1.11%。此外，考虑到该产业对资源环境的破坏以及区域生态经济发展的需要，可以将其划分为淘汰产业。

与此同时，非木质林产品加工制造业的灰色发展系数为林业第二产业中的灰色发展系数最优局势，尽管其 2016 年的产值预测值比重仅为 7.43%，但是其发展潜力较大，因此可以将其划分为潜在产业。最后，对木竹藤家具制造、木质工艺品和木质文教体育用品制造、林业第二产业中涉林产业中其他而言，或者其灰色发展系数过小，或者其 2016 年预测值比重相对主导产业较小，因此可以将这 3 个次级产业划分为一般产业。

此外，考虑重新调整林业产业组合关系后，林业第二产业涉林部分最终分为两部分，一部分是初级林木产品加工，另一部分是其他林产品加工，对其他林产品加工进行灰色发展决策分析和产业类型识别，得到其灰色发展系数为 0.0735，对应模型的年平均增长率为 7.63%，并且 2016 年其他林产品加工预测值和初级林木产品加工预测值比重分别为 39.19% 和 60.81%，综合考虑之后，将其识别为一般组合产业。

5.5　龙江森工集团林业第三产业内部次级产业识别

设龙江森工集团林业第三产业涉林产业发展为 a_3，事件集为 $A_3=\{a_3\}$。其中，

林业旅游与休闲服务产业发展对策为 b_{31}，林业生产服务产业发展对策为 b_{32}，林业专业技术服务产业发展对策为 b_{33}，林业公共管理及其他组织服务产业发展对策为 b_{34}，重新进行产业组合后的林业居民服务产业发展对策为 b_{35}，林业经营服务产业发展对策为 b_{36}，则各次级产业发展的对策集为 $B_3 = \{b_{31}, b_{32}, \cdots, b_{36}\}$，相应的林业第三产业涉林产业发展局势集为 $S_3 = \left\{ s_{ij} = (a_i, b_j) \middle| a_i \in A_3, b_j \in B_3 \right\} = \{s_{31}, s_{32}, \cdots, s_{36}\}$。

以林业第三产业涉林产业产值收益为目标 3，则对应局势集 S_3 的局势效果时间序列向量依次为 $u_{31}^3, u_{32}^3, \cdots, u_{36}^3$（见附录 4），对各个次级产业进行灰色 GM（1，1）模型计算和灰色发展决策分析，计算结果见表 5-4。

表 5-4　林业第三产业涉林产业中各次级产业发展状况分析与产业类型划分

林业第三产业发展对策	林业第三产业内部涉林部分产业		
	林业旅游与休闲服务 b_{31}	林业生产服务 b_{32}	林业专业技术服务 b_{33}
$-a_{3i}$	0.201 5	0.132 2	0.197 6
$\overline{\Delta}_{3i}$ /%	10.721 4	12.304 1	28.593 5
2016 年预测值/万元	632 440.351 7	11 440.026 1	21 398.483 4
2016 年预测值比重/%	86.63	1.57	2.93
产业类型识别	主导产业	辅助产业	辅助产业

林业第三产业发展对策	林业第三产业内部涉林部分产业	重新分类后	
	林业公共管理及其他组织服务 b_{34}	林业居民服务 b_{35}	林业经营服务 b_{36}
$-a_{3i}$	0.173 2	0.203 3	0.157 8
$\overline{\Delta}_{3i}$ /%	24.703 5	10.486 1	22.064 9
2016 年预测值/万元	64 772.138 8	645 263.460 2	89 145.704 5
2016 年预测值比重/%	8.87	87.86	12.14
产业类型识别	辅助产业	主导组合产业	辅助组合产业

注：林业旅游与休闲服务运用 2008~2015 年数据计算得到，林业生产服务和林业专业技术服务运用 2005~2015 年数据并进行倒序一阶缓冲算子处理计算得到（林业生产服务在 2013 年及其之前属于第一产业，本研究将其全部调整为林业第三产业），林业公共管理及其他组织服务运用 2003~2015 年数据并进行倒序一阶缓冲算子处理计算得到；林业居民服务运用 2008~2015 年数据计算得到（林业居民服务包括林业旅游与休闲服务、林业生态服务两部分，由于林业生态服务数值较小，未进行单独探讨），林业经营服务运用 2003~2015 年数据并进行倒序一阶缓冲算子处理计算得到。

实际上，表 5-4 中的林业第三产业内部涉林产业部分还应包括林业生态服务，但是从其产业发展来看（见附录 4），其产值极小，整体上可以忽略不计。另外，在重新分类后的林业居民服务产业中已经包括了林业生态服务。

从模型建立的结果来看，上述模型的平均相对误差整体较小，仅有林业专业技术服务的平均相对误差略大，达到了 28.5935%，但是其平均相对误差也是可以接受的。另外，上述 6 个模型的灰色发展系数均小于 0.3，适宜做中短期预测分析。因此，上述模型整体拟合效果较好，满足模型的精度要求，可以进行后续的产业类型识别分析。

显然，林业第三产业产值收益目标 3 的效果值越大越好，其中 $\max\limits_{1\leqslant i\leqslant 4}\{-a_{3i}\}=-a_{31}=$ 0.2015，因此，s_{31} 为目标 3 条件下的灰色发展系数最优局势，即林业旅游与休闲服务的发展具有最大的潜力。此外，龙江森工集团林业第三产业中各次级产业的灰色发展系数最优局势顺序依次为：$s_{31}>s_{33}>s_{34}>s_{32}$，即林业旅游与休闲服务发展＞林业专业技术服务发展＞林业公共管理及其他组织服务发展＞林业生产服务发展。

同理，根据灰色 GM（1，1）模型计算得到 2016 年龙江森工集团林业第三产业内各次级产业的产值。在此基础之上，可以得到龙江森工集团林业第三产业内各次级产业的灰色预测最优局势顺序依次为：$u_{31}>u_{34}>u_{33}>u_{32}$。

显然，林业旅游与休闲服务在林业第三产业中长期占据主导地位，2016 年产业预测值为 632 440.351 7 万元，占林业第三产业中涉林产业的 86.63%，因此可以将其划分为主导产业。

相比之下，林业生产服务、林业专业技术服务和林业公共管理及其他组织服务所占比重均不足 9%，所占比重较小，并且这些林业产业的灰色发展系数均相对较小。此外，考虑到三者都为服务性行业，并且服务对象都是林业系统涉林部分，因此可以将这些林业次级产业识别为辅助产业。

此外，考虑重新调整林业产业组合关系后，林业第三产业涉林部分最终分为两部分，一部分是林业居民服务，另一部分是林业经营服务。其中，林业居民服务包括林业旅游与休闲服务、林业生态服务两项，林业经营服务则包括剩余的三项。从组合林业产业的灰色发展决策的计算结果来看，林业居民服务的灰色发展系数与林业旅游与休闲服务的灰色发展系数极为接近，灰色发展系数为 0.2033，这主要因为林业生态服务产业产值极小，另外，2016 年林业居民服务的灰色预测值为 645 263.460 2 万元，占林业第三产业的 87.86%，同样占据主导地位，因此，将其识别为主导组合产业；同理，由于林业经营服务主要包括三个辅助型林业产业，并且林业经营服务的灰色发展决策计算结果中灰色发展系数同样相对较小，并且该部分所占比重不足 13%，因此将其识别为辅助组合产业。

5.6　本 章 小 结

本章从龙江森工集团林业涉林产业的发展态势视角出发，运用灰色 GM（1，1）

模型和灰色发展决策分析对现阶段龙江森工集团林业涉林三次产业以及林业三次产业内部的涉林次级产业进行了产业类型的识别划分，通过计算发现龙江森工集团林业三次产业将完成从"一、二、三"向"一、三、二"的产业结构布局转换，并且现阶段林业第一产业仍是林业系统中的主导产业。从林业第一产业内部的产业类型识别结果来看，经济林产品的种植和采集为林业第一产业中的主导产业，其他部分整体上为一般产业；从林业第二产业内部的产业类型识别结果来看，木材加工及竹藤棕苇制品制造仍是林业第二产业中的主导产业，但是非木质林产品加工制造存在巨大的发展潜力，为林业第二产业中的潜在产业；从林业第三产业内部的产业类型识别结果来看，林业旅游与休闲服务为林业第三产业中的主导产业，并且具有一定的优势特色，而其他产业则主要属于服务林业生产的次级产业，因此被识别为辅助产业。

第6章 龙江森工集团林业产业结构转换分析

第 5 章从林业产业发展潜力和预期产业结构的视角出发对现阶段龙江森工集团林业产业类型进行识别，第 6 章继续在林业产业结构的基础上，通过马尔可夫转移概率矩阵计算林业产业发展趋势，即从产业结构转换的角度分析林业产业结构的转换倾向。

实际上，林业产业结构的变换调整可以认为是在政策、环境、期望等影响因素基础上，资本、劳动力、科技等投入要素在林业产业之间重新配置而导致的产业不均衡发展的直观表现。一方面，决策者能够在众多投资机会中选择一个最优的要素投入策略，以产出满足市场需求的产品组合，最终实现收益的最大化，即林业产业结构的变换趋势代表了产品市场和要素市场的供需变化趋势；另一方面，林业产业结构的变化是多个产业间相互作用的结果，直接表现为林业产业间的动态转换关系。因此，在研究龙江森工集团林业产业结构转换时可以进一步基于以上两个方面进行展开，侧重分析林业产业结构的变动趋势与林业产业结构转换关系，从而为龙江森工集团林业产业结构的优化找出最优的调整方向。

6.1 林业产业结构转化分析方法

6.1.1 马尔可夫转移概率矩阵

马尔可夫决策是一种风险型决策方法，它主要研究一个运行系统的状态和它的状态转移情况。马尔可夫决策通常使用马尔可夫转移概率矩阵（简称为转移矩阵）来分析系统现状状态及其变化趋势，并有效地预测未来一定时期内可能出现的系统状态，从而为风险决策提供一定的科学依据（徐国祥，2008；张波和商豪，2009）。

设研究对象为一个系统整体，且整个系统由 m 个部分组成，系统在 t 时刻状态结构为 $A_t = [a_{1t} \ a_{2t} \cdots a_{mt}]$，系统在 $t+1$ 时刻状态结构为 $A_{t+1} = [a_{1(t+1)} \ a_{2(t+1)} \ \cdots \ a_{m(t+1)}]$（其中 $\sum_{i=1}^{m} a_{it} = 1$，且 $1 \geq a_{it} \geq 0$）。显然，此时 a_{it} 表示系统第 i 个组成部分在 t 时刻系统中所占的比重。

设 p_{ij} 为转移概率值，表示 t 时刻系统第 i 个组成部分向 $t+1$ 时刻系统第 j 个组成部分转移的概率，$\boldsymbol{P}$ 为转移概率矩阵，则有

$$\boldsymbol{P} = \begin{bmatrix} p_{11} & p_{12} & \cdots & p_{1m} \\ p_{21} & p_{22} & \cdots & p_{2m} \\ \vdots & \vdots & & \vdots \\ p_{m1} & p_{m2} & \cdots & p_{mm} \end{bmatrix}_{m \times m}$$

显然，对于转移概率矩阵 $\boldsymbol{P}$ 中所有的元素 p_{ij} 都是非负的，即 $p_{ij} \geqslant 0$，并且矩阵各行元素之和等于 1，即 $\sum\limits_{j=1}^{n} p_{ij} = 1$。

以 t 时刻为基础，系统的 1 步状态转换可以表示为 $\boldsymbol{A}_t \times \boldsymbol{P} = \boldsymbol{A}_{t+1}$，即有

$$\begin{bmatrix} a_{1t} & a_{2t} & \cdots & a_{mt} \end{bmatrix} \begin{bmatrix} p_{11} & p_{12} & \cdots & p_{1m} \\ p_{21} & p_{22} & \cdots & p_{2m} \\ \vdots & \vdots & & \vdots \\ p_{m1} & p_{m2} & \cdots & p_{mm} \end{bmatrix} = \begin{bmatrix} a_{1(t+1)} & a_{2(t+1)} & \cdots & a_{m(t+1)} \end{bmatrix}$$

以 t 时刻为基础，系统的 k 步状态转换可以表示为 $\boldsymbol{A}_t \times \boldsymbol{P}^k = \boldsymbol{A}_{t+k}$，即有

$$\begin{bmatrix} a_{1t} & a_{2t} & \cdots & a_{mt} \end{bmatrix} \begin{bmatrix} p_{11} & p_{12} & \cdots & p_{1m} \\ p_{21} & p_{22} & \cdots & p_{2m} \\ \vdots & \vdots & & \vdots \\ p_{m1} & p_{m2} & \cdots & p_{mm} \end{bmatrix}^k = \begin{bmatrix} a_{1(t+k)} & a_{2(t+k)} & \cdots & a_{m(t+k)} \end{bmatrix}$$

此外，对于马尔可夫决策方法还有以下特点：

1）转移矩阵中元素是根据系统的变化情况确定，不受外界影响因素的直接干扰。

2）$t+1$ 时刻的系统状态只与 t 时刻的系统状态以及转移矩阵有关。

3）系统状态结构稳定时，最终的系统状态只与转移矩阵有关，而与系统的初始状态无关，并且 $\boldsymbol{A}_t \times \boldsymbol{P} = \boldsymbol{A}_{t+1}$ 中 $\boldsymbol{A}_t = \boldsymbol{A}_{t+1}$。

4）系统状态结构的转换目标是系统状态达到稳定时所具有的结构。

6.1.2　马尔可夫转移概率矩阵求解方法

马尔可夫转移概率矩阵的求解方法主要分为统计法、二次规划法、线性方程组法三种（许智慧，2013），不同的方法具有其自身特点和针对性。结合上述三种方法的特性以及林业产业结构转化分析的需要，这里主要介绍二次规划法和线性方程组法，最终方法的选取主要根据两种方法求解得到转移矩阵的拟合效果。

1. 二次规划法

设 $X(t)$ 为 t 时刻林业产业总产值 $(t=1,2,\cdots,n)$；$X_i(t)$ 为 t 时刻林业第 i 产业产值 $(i=1,2,\cdots,m)$；$Z_i(t)$ 为 t 时刻林业第 i 产业占 t 时刻林业产业总产值比重，即 $Z_i(t)=X_i(t)/X(t)$。

设 P_{ij} 为 $t-1$ 时刻处于林业第 i 产业向林业第 j 产业转移的 1 步转移概率 $(i,j=1,2,\cdots,m)$，根据马尔可夫转移关系有 $Z_j(t)=\sum_{i=1}^{m}Z_i(t-1)P_{ij}+\varepsilon_j(t)$（其中 $\varepsilon_j(t)$ 为实际值与转移值之间的误差），只需误差平方和 $\sum_{i=2}^{n}\sum_{j=1}^{m}[\varepsilon_j(t)]^2$ 求取最小值，即可得到林业产业结构的马尔可夫转移概率矩阵 $\boldsymbol{P}$（$\boldsymbol{P}=[P_{ij}]_{m\times m}$）。

因此，最终得到林业产业结构的马尔可夫决策模型为（党耀国等，2011）

$$\min\sum_{t=2}^{n}\sum_{j}^{m}\left[Z_j(t)-\sum_{i=1}^{m}Z_i(t-1)P_{ij}\right]^2$$

$$\text{s.t.}\begin{cases}\sum_{i=1}^{m}P_{ij}=1\\1\geqslant P_{ij}\geqslant 0\end{cases}$$

为了求取马尔可夫决策模型的 $\min\sum_{i=2}^{n}\sum_{j=1}^{m}[\varepsilon_j(t)]^2$，运用 MATLAB 进行二次规划以求取其极小值，其基本算法如下（陈杰，2012）：

$$\min_{x}\frac{1}{2}\boldsymbol{x}^{\mathrm{T}}\boldsymbol{H}\boldsymbol{x}+\boldsymbol{f}^{\mathrm{T}}\boldsymbol{x}+\boldsymbol{g}$$

$$\text{Subject to }\boldsymbol{A}\times\boldsymbol{x}\leqslant\boldsymbol{b}$$

$$\text{Aeq}\cdot\boldsymbol{x}=\text{beq}$$

$$\text{lb}\leqslant\boldsymbol{x}\leqslant\text{ub}$$

式中，$\boldsymbol{H}$ 为二次规划参数正定阵；$\boldsymbol{f}$、$\boldsymbol{g}$ 为二次规划参数向量；$\boldsymbol{x}$ 为二次规划目标变量；$\boldsymbol{A}$、$\boldsymbol{b}$ 为约束条件参数；lb、ub 为目标变量的下限与上限。具体的求解过程与 MATLAB 命令见附录 9。

2. 线性方程组法

步骤 1，设第 t 年第 i 林业产业对应的比重为 X_{it}，显然 $\sum_{i=1}^{n}X_i=1$。

步骤 2，设第 $t-1$ 年第 i 林业产业向第 t 年第 j 林业产业转移的系数为 β_{ij}（$i,j=1,2,\cdots,n$），且 $\beta_{ij}\geqslant 0$。

步骤 3，构建第 $t-1$ 年第 i 林业产业向第 t 年第 j 林业产业转移的线性回归方程，设回归方程为 $X_{jt} = \beta_{1j}X_{1,t-1} + \beta_{2j}X_{1,t-1} + \cdots + \beta_{nj}X_{n,t-1} + \varepsilon_{jt}$（$j=1,2,\cdots,n$），其中 ε_{jt} 是方程的残差。

步骤 4，将数据代入线性回归方程中，运用最小二乘法求解方程参数 β_{ij}，当 $\beta_{ij} < 0$ 时不符合经济意义，将该变量剔除，即取 $\beta_{ij} = 0$，如此往复，直至得到的系数均符合经济意义的回归方程。

步骤 5，方程残差 ε_{jt} 的存在，$\sum\limits_{i=1}^{n}\beta_{ij}$ 往往不等于 1，因此需要对 β_{ij}（$i=1,2,\cdots,n$）进行归一化处理，从而得到转移概率 p_{ij}，即 $p_{ij} = \beta_{ij}\bigg/\sum\limits_{i=1}^{n}\beta_{ij}$，通过对 n 组系数进行归一化处理，得到转移概率矩阵 $\boldsymbol{P} = [p_{ij}]_{n\times n}$。

6.1.3　平稳结构的求解

当状态结构 $\boldsymbol{X}_t$ 在 $\boldsymbol{P}$ 的作用下转化为 $\boldsymbol{X}_{t+1}$ 时，如果 $\boldsymbol{X}_t = \boldsymbol{X}_{t+1}$，则称达到平稳状态，此时的结构即为平稳结构[①]。平稳结构是研究对象在既定转移概率 $\boldsymbol{P}$ 的条件下而产生的结构变化趋势，与初始状态结构无关。

平稳结构的求解可以通过构建线性方程组的方式求解得到，也可以通过任取初始状态 $\boldsymbol{X}_0$（计算时取 2015 年的结构数据），取 $\boldsymbol{X}_k = \boldsymbol{X}_0\boldsymbol{P}^k$（$k=1,2,\cdots$），经过有限次计算得到 $\boldsymbol{X}_k = \boldsymbol{X}_0\boldsymbol{P}^{k-1}$，此时的 $\boldsymbol{X}_k$ 即为平稳状态结构。

6.1.4　基本假设

此外，运用马尔可夫方法求解林业产业结构转移矩阵实际上暗含了以下基本假设：

假设 1，$t+1$ 时刻的林业产业结构优于 t 时刻的林业产业结构，所以林业产业结构是从 t 时刻向 $t+1$ 时刻转移，否则就不会产生林业产业结构调整。

假设 2，在任意时刻林业产业结构都处于动态变动之中，但是以年为时间单位时仅考虑年份之间的变化，年份内部的产业结构调整不存在。

假设 3，林业系统外部因素通过林业系统的内化作用间接影响林业产业结构的转换，因此林业产业结构的调整与外界影响因素无直接关系。

---

① 这里讨论的林业产业结构的稳定状态是基于求解得到的马尔可夫转移概率矩阵计算得到的平稳结构，但是必须说明并不是所有的马尔可夫转移概率矩阵都存在平稳结构，如循环结构就不是平稳的。但是，对于本书所研究的林业产业结构的平稳状态一般情况下都是存在的，如果出现了特殊情况再进行单独分析。

假设4，林业产业结构转换是林业系统内部各组成部分根据一定规律所形成的一种相互影响、相互制约的动态均衡状态的直观表现，即林业产业结构转换是林业产业演化的结果。

6.2 龙江森工集团林业三次产业结构转化分析

设龙江森工集团林业涉林产业总产值和为 1，其中林业第一、第二、第三产业产值所占比重分别为 Z_1、Z_2、Z_3，运用 2003～2015 年龙江森工集团林业产业结构数据进行林业三次产业马尔可夫二次规划分析（见附录5），计算得到林业三次产业马尔可夫转移概率矩阵为 P。

$$P = \begin{bmatrix} 0.8926 & 0.1073 & 0.0001 \\ 0 & 0.9314 & 0.0686 \\ 0.0660 & 0 & 0.9340 \end{bmatrix}$$

此时，根据林业三次产业马尔可夫转移概率矩阵 P 和 2003～2014 年数据顺序预测 2004～2015 年的产业结构，得到预测值与实际值之间的平均误差仅为 10.70%（2004～2015 年），平均误差相对较小，模型拟合效果较好，可以进行后续的产业转换分析和结构预测分析。

显然，仅从林业三次产业马尔可夫转移概率矩阵 P 来看，2003～2015 年龙江森工集团林业第一、第二、第三产业各自产业保存率为 0.8926、0.9314、0.9340，并且林业产业结构之间的比重转出主要来自林业第一产业，林业第二、第三产业的比重转出相对较少。其中，林业第一、第二产业之间的转换较为明显，并且仅存在林业第一产业向第二产业的转移（转移概率为 0.1073），即整体上存在林业第一产业向林业第二产业转移的潜在趋势；林业第二、第三产业之间的产业转换仅存在林业第二产业向第三产业转换，转移概率为 0.0686，不存在林业第三产业向第二产业转移的潜在趋势，即转移概率均为 0；林业第一、第三次产业之间的转换相对林业第一、第二产业之间的转换明显要小，林业第三产业向林业第一产业的转移概率（0.0660）大于林业第一产业向林业第三产业的转移概率（0.0001），因此林业第一、第三产业之间的产业结构转换趋势主要是林业第三产业向林业第一产业进行转移。最终，基于马尔可夫转移概率矩阵的无后效性，可以推断稳定的产业格局将为"三、二、一"的形式，然而，从现阶段的林业三次产业发展趋势来看，这种稳定的产业结构格局属于长期产业结构转换的结果，如果从中短期产业结果转换来看，仍需要进一步综合考虑现阶段林业三次产业结构和产业转移矩阵。

设 2015 年林业三次产业结构为 A_{2015}，$A_{2015} = [0.4672 \quad 0.2275 \quad 0.3053]$，则根据产业结构的马尔可夫转移关系即可求得之后第 k 年的产业结构 A_{2015+k}，即有

$$A_{2015+k} = A_{2015} \times P^k \quad (k = 1, 2, \cdots)$$

对 2016～2025 年林业三次产业结构的预测情况如图 6-1 和表 6-1 所示。

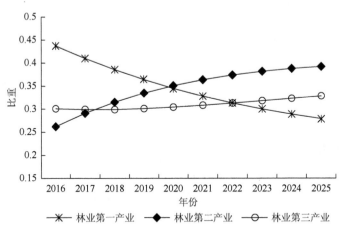

图 6-1　2016～2025 年龙江森工集团林业三次产业比重变化趋势

表 6-1　2016～2025 年龙江森工集团林业三次产业比重预测值

年份	第一产业	第二产业	第三产业
2016	0.4372	0.262	0.3008
2017	0.4101	0.291	0.299
2018	0.3858	0.315	0.2992
2019	0.3641	0.3348	0.3011
2020	0.3449	0.3509	0.3043
2021	0.3279	0.3638	0.3083
2022	0.313	0.374	0.3129
2023	0.3001	0.382	0.318
2024	0.2888	0.388	0.3232
2025	0.2791	0.3923	0.3285
稳定结构	0.2386	0.3732	0.3882

从图 6-1 和表 6-1 可以看出，2016～2025 年龙江森工集团林业三次产业结构呈现明显的调整，其中林业第一产业比重呈现明显的下降趋势，林业第二、第三产业比重则呈现上升趋势。与此同时，从林业三次产业结构的稳定状态来看，林业第一、第二、第三产业结构达到稳定时，产业结构为 0.2386：0.3732：0.3882，此时林业第三产业将占据主导地位，其次分别为林业第二产业和林业第一产业。

　　然而，不得不承认这样的预测结果与第 3、5 章中的分析有所偏颇，这主要是由于马尔可夫转移概率矩阵在求解时采用的是历史数据，而利用历史数据进行预测的一个重要前提是假设事物的发展规律保持不变。实际上，由于国家林业政策的逐步实施（"天然林资源保护工程"、国有林区商业性禁伐等），真正蕴含在数据中的政策约束尚未体现出来，即上述的预测结果更多地表现为无政策约束条件下的林业产业发展趋势。

　　如果定性分析与灰色 GM（1，1）模型是有效的，那么 2016～2025 年林业三次产业的灰色预测值的构成情况如图 6-2 所示。

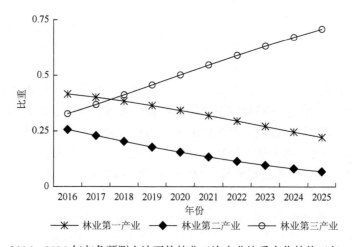

图 6-2　2016～2025 年灰色预测方法下的林业三次产业比重变化趋势（归一化值）

　　显然，林业政策的约束，导致林业三次产业结构的转换趋势发生了转变，其中林业第一、第二产业比重将保持下降的趋势，而林业第三产业比重将保持上升的趋势。然而，林业第三产业不会无限地增长，林业第一、第二产业也不会持续性地萎缩，因此图 6-1 和图 6-2 的林业产业结构转换趋势实际上是两种极端情况，中短期内林业三次产业结构的调整趋势应该介于两者趋势之间，具体的林业产业结构转换情况还需要对林业三次产业内部各次级产业的发展趋势进行进一步的分析。

6.3　龙江森工集团林业第一产业内部产业结构转化分析

　　根据第 3 章中林业第一产业内部次级产业的重新分类，这里进一步设林业第一产业涉林产业产值和为 1，其中经济林经营和木材采运比重为 Z_{11}，其他林业生产比重为 Z_{12}，运用 2003～2015 年龙江森工集团林业产业结构数据和线性方程组法进行产业结构的马尔可夫二次规划分析（见附录 6），计算得到林业第一产业内部马尔可夫转移概率矩阵为 P_1。

$$P_1 = \begin{bmatrix} 0.9308 & 0.0692 \\ 0.0191 & 0.9809 \end{bmatrix}$$

此时，根据马尔可夫转移概率矩阵 P_1 和 2003～2014 年数据顺序预测 2004～2015 年的产业结构，得到预测值与实际值之间的平均误差仅为 10.76%（2004～2015 年），平均误差相对较小，模型拟合效果较好，可以进行后续的产业转换分析和结构预测分析。

从马尔可夫转移概率矩阵 P_1 来看，龙江森工集团林业第一产业内部重新分类后，经济林经营和林木采运与其他林业生产的自身保持率分别为 0.9308 与 0.9809，与此同时，经济林经营和林木采运向其他林业生产的转移率为 0.0692，大于其他林业生产向经济林经营和林木采运的转移率 0.0191，即从短期来看，林业第一产业内部结构存在由经济林经营和林木采运向其他林业生产集中的潜在趋势，这主要由国有林区商业性禁伐等政策因素导致，如果考虑经济林经营和林木采运中经济林产品的种植和采集以及木材采运两部分的相对关系，则最终林业第一产业内部结构的潜在趋势实际上是木材采运向其他林业生产进行转移。

但是，如果进一步考虑现阶段林业第一产业内部的实际结构和马尔可夫转移概率矩阵 P_1，则中短期内林业第一产业的发展趋势则存在与之不同的表现特征。设 2015 年龙江森工集团林业第一产业内部次级产业结构为 A_{2015}^1，$A_{2015}^1 = [0.8315\ 0.1685]$，则根据产业结构的马尔可夫转移关系即可求得之后第 k 年的产业结构 A_{2015+k}^1，即有

$$A_{2015+k}^1 = A_{2015}^1 \times P_1^k \quad (k=1,2,\cdots)$$

对 2016～2025 年第一产业内部次级产业结构的预测情况如表 6-2 和图 6-3 所示。

表 6-2　2016～2025 年龙江森工集团林业第一产业内部比重预测值

年份	经济林经营和木材采运	其他林业生产比重
2016	0.7772	0.2228
2017	0.7277	0.2723
2018	0.6825	0.3175
2019	0.6413	0.3587
2020	0.6038	0.3962
2021	0.5696	0.4304
2022	0.5384	0.4616
2023	0.5100	0.4900
2024	0.4840	0.5160
2025	0.4604	0.5396
稳定结构	0.2163	0.7837

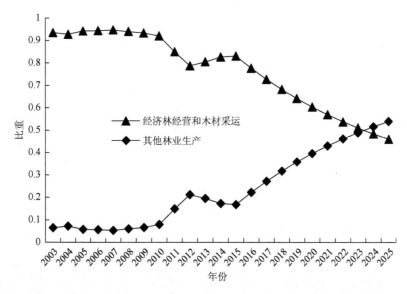

图 6-3　2003～2025 年龙江森工集团林业第一产业内部比重变化趋势

显然，从图 6-3 中龙江森工集团林业第一产业内部比重变化趋势来看，2003～2015 年为实际的产业结构构成情况，2016～2025 年是基于马尔可夫转移概率矩阵和 2015 年实际结构进行的预测。可以发现，2015 年经济林经营和木材采运的比重远大于其他林业生产，因此将实际林业产业结构和马尔可夫转移概率矩阵 P_1 进行结合后，经济林经营和林木采运向其他林业生产的转移量则远远大于其他林业生产向经济林经营和林木采运的转移量，最终导致经济林经营和林木采运的产业比重下降，而其他林业生产的产业比重开始上升，由于国有林区商业性禁伐的约束，木材采运实际产出接近零，而木材采运在 2003～2014 年所占比重较大，当这部分比重消失后，其他林业产业所占比重迅速上升，从而导致林业第一产业内部结构产生巨大变化。

另外，从马尔可夫转移概率矩阵的稳定结构来看，现阶段林业第一产业内部的产业结构存在向稳定结构转换的趋势，这里的稳定结构为 0.2163：0.7837，即在中短期内，龙江森工集团林业第一产业内部将仍以经济林经营和林木采运为主，但是，在国有林区商业性禁伐和生态建设等政策因素的影响下，林木的培养和种植在长期必然成为林业第一产业中的主导产业。实际上，现阶段林业第一产业中经济林产品的种植和采集的发展较快，所占比重较高，考虑到木材采运的衰退，在短期内林木的培养和种植仍将是龙江森工集团林业第一产业内部的主导产业。现阶段林业产业结构布局优化实际上需要在贯彻落实国家林业政策的同时逐步深化林业第一产业内部产业改革，优化次级产业结构布局，从而充分带动龙江森工集团林业第一产业发展。

6.4 龙江森工集团林业第二产业内部产业结构转化分析

根据第 3 章中林业第二产业内部次级产业的重新分类，这里进一步设林业第二产业涉林产业产值和为 1，其中初级林木产品加工比重为 Z_{21}，其他林产品加工比重为 Z_{22}，运用 2003～2014 年龙江森工集团林业产业结构数据和线性方程组法进行产业结构的马尔可夫二次规划分析（见附录 7），计算得到林业第二产业内部马尔可夫转移概率矩阵为 P_2。

$$P_2 = \begin{bmatrix} 0.7974 & 0.2026 \\ 0.1050 & 0.8950 \end{bmatrix}$$

此时，根据马尔可夫转移概率矩阵 P_2 和 2003～2014 年数据顺序预测 2004～2015 年的产业结构，得到预测值与实际值之间的平均误差为 23.22%（2004～2015 年），尽管平均误差略大些，但仍在可接受的范围内，可以进行后续的产业转换分析和结构预测分析。

从马尔可夫转移概率矩阵 P_2 来看，龙江森工集团林业第二产业内部重新分类后，初级林木产品加工和其他林产品加工的自身保持率分别为 0.7974 和 0.8950，与此同时，初级林木产品加工向其他林产品加工的转移率为 0.2026，大于其他林产品加工向初级林木产品加工的转移率 0.1050，即林业第二产业内部结构存在向初级林木产品加工集中的潜在趋势，即从短期来看，这实际上是在国有林区商业性禁伐政策约束背景下初级林木产品加工为次级主导产业而产生的林业产业结构转换惯性，但是考虑现阶段初级林木产品加工仍具有较大的生产能力和行业规模，因此，在中短期内龙江森工集团林业第二产业内部仍将以初级林木产品加工为主导产业。

但是，如果进一步考虑现阶段林业第二产业内部的实际转移情况，则需要将现阶段实际林业产业结构和马尔可夫转移概率矩阵 P_2 相结合。设 2015 年龙江森工集团林业第二产业内部次级产业结构为 A_{2015}^2，$A_{2015}^2 = [0.6762\ 0.3238]$，则根据产业结构的马尔可夫转移关系即可求得之后第 k 年的产业结构 A_{2015+k}^2，即有

$$A_{2015+k}^2 = A_{2015}^2 \times P_2^{\ k} \quad (k = 1, 2, \cdots)$$

对 2016～2025 年第二产业内部次级产业结构的预测情况如表 6-3 和图 6-4 所示。

表 6-3　2016～2025 年龙江森工集团林业第二产业内部比重预测值

年份	初级林木产品加工	其他林产品加工
2016	0.5115	0.4885
2017	0.4592	0.5408
2018	0.4229	0.5771
2019	0.3978	0.6022

续表

年份	初级林木产品加工	其他林产品加工
2020	0.3805	0.6195
2021	0.3684	0.6316
2022	0.3601	0.6399
2023	0.3543	0.6457
2024	0.3503	0.6497
2025	0.3476	0.6524
稳定结构	0.3414	0.6586

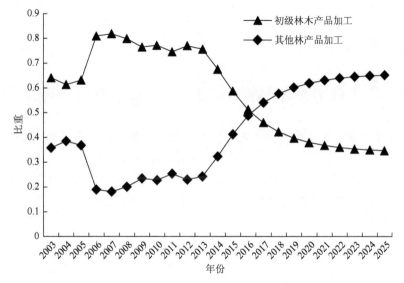

图 6-4　2003～2025 年龙江森工集团林业第二产业内部比重变化趋势

显然，从图 6-4 中龙江森工集团林业第二产业内部比重变化趋势来看，2003～2015 年为实际的产业结构构成情况，2016～2025 年是基于马尔可夫转移概率矩阵和 2015 年实际结构进行的预测。可以发现，无论是直接考虑马尔可夫转移概率矩阵 P_2 还是综合考虑实际林业产业结构和马尔可夫转移概率矩阵，初级林木产品加工向其他林产品加工的转移率和转移量均大于其他林产品加工向初级林木产品加工的转移率和转移量，最终导致 2016～2025 年初级林木产品加工产业比重的下降和其他林产品加工产业比重的上升。

另外，从马尔可夫转移概率矩阵的稳定结构来看，现阶段林业第二产业内部的产业结构存在向稳定结构转换的趋势，这里的稳定结构为 0.3414∶0.6586，即在中短期内，龙江森工集团林业第二产业内部将仍以初级林木产品加工为主，其他林木产品加工尤其是非木质林产品加工制造业，均存在明显的发展动力不足，因此，其他林木产品加工将会缓慢发展，逐步替代初级林木产品加工，推动龙江森工集团林产品加工向深层次发展。根据第 3、5 章中的分析，可以预见龙江森工集团林业第一产业中的木材采运将因政策因素制约而严重萎缩，而林业第二产业中的初级林木产品加工作为其下游产业必须及时增加新的原料来源，显然，木材的进口将是主要的解决途径，可以预见中俄林产品贸易发展状况将是影响黑龙江省国有林区林产业加工业发展的重要因素。

从中长期林业第二产业内部产业结构转型升级的角度来分析，龙江森工集团在现有的林业政策下不能继续以初级林木产品加工为主导产业，必须深化林业第二产业内部产业的改革升级，应该根据龙江森工集团在政策约束下的实际资源禀赋，具有针对性地发展非木质林产品的加工，将初级林产品（包括初级林木产品和初级非木质林产品）进行深加工，打造自身品牌和优势特色，逐步形成区域品牌影响力，从而充分带动龙江森工集团林业第二产业发展，并进一步促进整个林业经济的转型升级。

6.5 龙江森工集团林业第三产业内部产业结构转化分析

根据第 3 章中林业第三产业内部次级产业的重新分类，这里进一步设林业第三产业涉林产业产值和为 1，其中林业居民服务比重为 Z_{31}，林业经营服务比重为 Z_{32}，运用 2003～2015 年龙江森工集团林业产业结构数据和线性方程组法进行产业结构的马尔可夫二次规划分析（见附录 8），计算得到林业第三产业内部马尔可夫转移概率矩阵为 P_3。

$$P_3 = \begin{bmatrix} 0.8087 & 0.1913 \\ 0.0366 & 0.9634 \end{bmatrix}$$

此时，根据马尔可夫转移概率矩阵 P_3 和 2003～2014 年数据顺序预测 2004～2015 年的产业结构，得到预测值与实际值之间的平均误差为 33.47%（2004～2015 年），平均误差略大，但是可以根据转移矩阵估计后续的产业转换情况，并对其未来产业结构进行粗略预测。

从马尔可夫转移概率矩阵 P_3 来看，龙江森工集团林业第三产业内部重新分类后，林业居民服务和林业经营服务的自身保持率分别为 0.8087 和 0.9634，与此同时，林业居民服务向林业经营服务的转移率为 0.1913，小于林业经营服务向林业居民服务的转移率 0.0366，即从短期来看，林业第三产业内部结构存在向林业经营服务集中的潜在趋势，从 2003～2015 年林业第三产业内部结构来看，林业居民服务（主要是林业旅游与休闲服务）占据了绝对优势，但是，以林业旅游与休闲服务为主的林业居民服务发展同样存在增长的极限，由于森林生态环境水平、旅游景区基础设施质量、居民服务的现实需求、服务业市场竞争等因素约束，中短期内，林业居民服务的发展将有所放缓，而随着林业生产经营活动对林业科技、管理服务等方面需求的日益增加，林业经营服务的发展速度将进一步提升，在林业第三产业中的比重也将逐渐增加。但是，考虑到现阶段林业居民服务的实际规模和林业经营服务的发展速度，中短期内龙江森工集团林业第三产业内部仍将以林业旅游与休闲服务为主导产业。

但是，如果进一步考虑现阶段林业第三产业内部的实际转移情况，则需要将现阶段实际林业产业结构和马尔可夫转移概率矩阵 P_3 相结合。设 2015 年龙江森工集团林业第三产业内部次级产业结构为 A^3_{2015}，$A^3_{2015} = [0.8127 \ 0.1873]$，则根据产业结构的马尔可夫转移关系即可求得之后第 k 年的产业结构 A^3_{2015+k}，即有

$$A^3_{2015+k} = A^3_{2015} \times P_3^{\ k} \quad (k = 1, 2, \cdots)$$

对 2016～2025 年第三产业内部次级产业结构的预测情况如图 6-5 和表 6-4 所示。

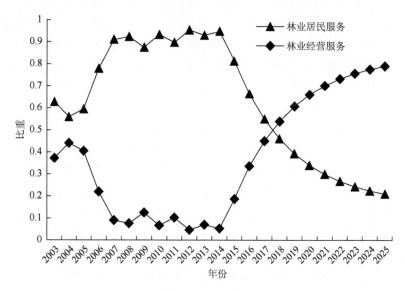

图 6-5　2003～2025 年龙江森工集团林业第三产业内部比重变化趋势

表 6-4　2016～2025 年龙江森工集团林业第三产业内部比重预测值

年份	林业居民服务	林业经营服务
2016	0.6641	0.3359
2017	0.5493	0.4507
2018	0.4607	0.5393
2019	0.3923	0.6077
2020	0.3395	0.6605

续表

年份	林业居民服务	林业经营服务
2021	0.2987	0.7013
2022	0.2673	0.7327
2023	0.243	0.757
2024	0.2242	0.7758
2025	0.2097	0.7903
稳定结构	0.1606	0.8394

　　显然，从图 6-5 中龙江森工集团林业第三产业内部比重变化趋势来看，2003～2015 年为实际的产业结构构成情况，2016～2025 年是基于马尔可夫转移概率矩阵和 2015 年实际结构进行的预测。可以发现，马尔可夫转移概率矩阵 P_3 表明林业居民服务向林业经营服务的转移率大于林业经营服务向林业居民服务的转移率，并且林业居民服务所占比重相对较大，最终导致 2016～2025 年林业居民服务比重的进一步下降和林业经营服务比重的进一步上升。因为林业第三产业中林业居民服务（主要是林业旅游与休闲服务）已经占据了绝对比重优势，这种转移量也将较大，可能导致林业第三产业内部结构发生较大的变化，而这种预期是否发生主要取决于林业居民服务领域能否进一步扩大运营规模，降低外界条件约束，以及林业专业技术服务、林业公共管理及其他组织服务是否能够产生足够的需求，从而带动林业经营服务领域的快速发展。

　　另外，从马尔可夫转移概率矩阵的稳定结构来看，现阶段林业第三产业内部的产业结构存在向稳定结构转换的趋势，这里的稳定结构为 0.1606∶0.8394，即从长期来看，龙江森工集团林业第三产业内部将以林业生产服务、林业专业技术服务、林业公共管理及其他组织服务等生产经营服务为主，以林业旅游与休闲服务为主的林业居民服务将成为林业产业中的一个基础部分，但是这个过程可能需要较长的时间，现阶段林业第三产业内部结构仍将以林业居民服务为主。

　　从林业第三产业内部产业结构构成的角度来分析，林业经营服务产业的发展如果发展动力不足，在一定程度上也会缺少促进林业第一、第二产业发展的潜在动力，因此，适当发展林业第三产业中的林业生产服务业、林业专业技术服务业、林业公共管理及其他组织服务将在合理林业第三产业内部产业结构的同时潜移默化的为林业第一、第二产业林业经济发展和林业产业转型升级提供技术支撑和经营服务，从而充分带动龙江森工集团整个林业经济的发展。

6.6　龙江森工集团林业产业结构转化倾向分析

　　从现阶段龙江森工集团林业三次产业与各次级产业结构转化分析来看，林业三次产业存在明显的林业产业由林业第一产业向林业第二、第三产业转化的倾向，尤其是林业第三产业的发展潜力巨大。从林业三次产业内部次级产业结构转化分析来看，林业第一产业中的木材采运产业在国有林区商业性禁伐政策下处于衰退阶段，并且经济林经营对木材采运有较为明显的替代倾向，经济林产品的种植和采集是林业第一产业中的次级主导产业，林业第一产业中的其他林业生产部分则主要包括林木的培养和种植、花卉的种植、动物繁殖和利用等内容，这部分产业尽管也有很强的发展潜力，但是短时期内，龙江森工集团林业第一产业仍将继续形成向经济林产品的种植和采集等非木质林业产业转化的倾向；林业第二产业则形成初级林木产品加工向其他林产品加工转化的显著特征，而其他林产品加工则主要是非木质林产品加工制造业，因此，林业第二产业的发展实际上是木质林产品加工向非木质林产品加工的转化，这也恰好与林业第一产业内部结构的转化相一致；林业第三产业内部的结构转化在短期内仍将以居民生活服务为主，但是林业经营服务的发展潜力巨大，在一定程度上林业第三产业内部存在居民生活服务向林业经营服务转化的倾向。

　　综上所述，现阶段龙江森工集团林业产业结构转化的直观表现是林业三次产业及内部次级产业比重的变化，其核心特征是木质林业产业向非木质林业产业转化，这是黑龙江省国有林区林业政策约束下多重作用效果的具体表现，是未来黑龙江省国有林区林业产业建设与林业经济发展的潜在方向。

　　这里进一步明确界定非木质林产品和非木质林业产业。FAO 将非木质林产品定义为从以森林资源为核心的生物群落中获得的能满足人类生存或生产需要的产品和服务，主要包括植物、动物以及服务三大类别。《中国森林认证森林经营》中则定义为非木质林产品是从森林中得到的除木材以外的林产品，如树脂、蘑菇、野菜以及其他动植物产品。提出符合当前研究内容同样适合我国森林认证的非木质林产品定义，即以森林环境资源为基础，衍生出的除木材以外的能够满足人类生存与发展需要的产品或服务，主要包括植物类产品、菌类产品、动物及动物产品、森林旅游以及林业服务等。

　　本书将非木质林业产业定义为"依托森林环境资源，以社会与市场需求为导向，以非木质林产品为主要对象，形成种植、培育、采集、加工、推广等足够长的产业链条，实行专业化生产、一体化经营以及社会化服务的产业体系"。基于对"非木质林产品"以及"非木质林业产业"概念的界定，为方便后文的研究与论述，本书将非木质林业产业作为一个整体进行分析，从传统的林业三次产业中分离出来，由林业第一产业中的经济林产品的种植和采集、花卉的种植、动物繁育和利用，林业第二产业中的林产化学产品制造与非木质林产品加工制造业，第三产业中的林业旅游与休闲服务、林业生态服务、林业专业技术服务以及林业公共管理及其他组织服务，各产业按原分类标准分别归属于非木质林产品第一、第二、第三产业，从而构成"非木质林业产业"。

6.7　本章小结

本章在第 3、5 章研究内容的基础上进一步从林业产业发展潜力与结构比重的角度出发，运用马尔可夫转移概率矩阵对龙江森工集团林业三次产业结构转换情况及其产业内部次级产业结构转换情况进行剖析。从林业三次产业的马尔可夫转移概率矩阵和产业结构的预测值来看，现阶段龙江森工集团林业经济在国家林业政策的约束下呈现明显的产业转型，林业三次产业结构已经存在新的演化趋势，并且林业政策约束短时期内对龙江森工集团林业经济发展产生了一定的制约，因此，需要根据龙江森工集团在国家林业政策约束下的实际资源禀赋寻求更为合理的林业经济发展模式，逐步深化林业经济改革和林业产业升级。从林业三次产业各自内部的林业次级产业转移矩阵和林业次级产业结构预测值来看，马尔可夫转移概率矩阵能够较好地体现林业三次产业中的潜在优势产业，并且从定性和定量结合的角度进一步分析了龙江森工集团林业产业升级过程中的问题所在以及可能的解决方案。

第7章 龙江森工集团非木质林业产业与产业结构的关联分析

龙江森工集团非木质林业产业的发展能否推进林业产业结构的调整，促进林业经济转型进而实现可持续发展？研究非木质林业产业与林业产业结构的关联效应能够解决此问题，因此本章选取龙江森工集团林业产业产值数据，首先计算林业三次产业内部次级产业对林业三次产业的灰色关联值，以非木质林业产业为分析视角，分析非木质林产品各产业对林业三次产业的关联效应，明确非木质林业产业在其中的影响地位。其次计算非木质林业产业以及木质林产品产业对林业总产值的灰色关联值，明确非木质林业产业对整个林业产业系统的关联效应。

本章旨在从产业内部视角量化非木质林业产业与林业产业之间的关联程度，明确能否将非木质林业产业发展作为推动龙江森工集团经济发展、为林区改革提供支撑的可行性选择，即推进非木质林业产业发展是否具有现实意义，并以本章的计量结果作为第8章非木质林业产业发展潜力分析的依据与铺垫。

7.1 灰色关联理论

解决龙江森工集团非木质林业产业的发展能否推进林业产业结构的调整这一问题，需量化非木质林业产业对林业产业的影响程度，灰色关联分析方法是根据序列曲线几何形状的相似程度，来衡量序列因素之间的关联程度，该方法对样本量与数据分布特征没有过严要求，计算量小，且能够确保量化结果与定性分析结果一致，弥补传统数理统计方法进行系统分析所导致的缺憾，满足本章的分析目的。因此，本章采用灰色关联分析法中的邓氏关联系数，基于林业产业内部视角研究非木质林业产业与林业产业结构之间的关联性，明确其对林业产业结构的影响程度，有利于在优化非木质林业产业结构的同时推进林业产业结构调整，促进林业经济转型。

邓氏关联度计算方法的基本分析步骤如下：

第一步，确定系统特征序列与比较序列，并计算原始序列的初值像（或均值像），即进行数据无量纲化处理。系统特征序列是反映系统特征行为的数据序列，比较序列是影响系统行为的因素组成的数据序列。

$$Y_i' = Y_i / y_i(1) = [y_i'(1), y_i'(2), \cdots, y_i'(n)] \quad (i = 0, 1, 2, \cdots, m)$$

$$X_i(k) = y_i(k) / y_i(1) \quad (i = 0, 1, 2, \cdots, m; k = 1, 2, \cdots, n)$$

式中，$y_i(k)$ 为原始序列 i 在第 k 时期的数值；$X_i(k)$ 为原始序列 i 在第 k 时期进行无量纲化处理后的数值。

第二步，求系统特征序列与比较序列间的关联度系数。该值越大表明关联程度越高；反之，关联程度越小。

$$e[x_0(k), x_i(k)] = \frac{\min_i \min_k |x_0(k) - x_i(k)| + \xi \max_i \max_k |x_0(k) - x_i(k)|}{|x_0(k) - x_i(k)| + \xi \max_i \max_k |x_0(k) - x_i(k)|}$$

式中，ξ 为分辨系数，取值为 0.5。

第三步，计算关联度。

$$R_i = \frac{1}{n} \sum_{k=1}^{n} e[x_0(k), x_i(k)]$$

第四步，计算关联矩阵并进行排序，通过对比序列的动态关联度来衡量比较序列对系统特征序列的影响程度。

7.2 龙江森工集团林业三次产业内部关联效应分析

本节基于林业产业内部视角，采用灰色关联分析法分析龙江森工集团林业三次产业内部次级产业对林业三次产业的关联效应，明确林业三次产业中的非木质林业产业发展能否带动林业三次产业发展以及促进国有林区改革，即对非木质林业产业发展进行研究是否具有现实意义，具体分析过程包括：首先，分析林业第一产业内部次级产业产值对林业第一产业产值的影响程度，以林业第一产业中的非木质林业产业为分析视角，明确各个非木质林业产业对林业第一产业的影响地位；其次，量化林业第二产业内部次级产业产值对林业第二产业产值的影响程度，并以林业第二产业中的非木质林业产业为分析视角，明确非木质林业产业对林业第二产业的影响地位；最后，进行林业第三产业内部的关联分析。

7.2.1 龙江森工集团林业第一产业内部关联效应分析

选择 2003～2015 年林业第一产业产值为系统特征序列 $x_{10}(k)$，$k = 1, 2, 3, \cdots, 13$。比较序列包括林木的培养和种植、木材采运、经济林产品的种植和采集、花卉的种植以及动物繁育和利用，其中花卉的种植以及动物繁育和利用在林业第一产业中所占比重较小，且个别年份数据存在统计信息不完整，故将两者合并且命名为花卉种植与动物利用，因此经整理后的比较数列包括林木的培养和种植 $[x_{11}(k)]$、木材采运 $[x_{12}(k)]$、经济林产品的种植和采集 $[x_{13}(k)]$ 以及花卉种植与动物利用 $[x_{14}(k)]$，$k = 1, 2, 3, \cdots, 13$。根据 2003～2015 年《中国林业统计年鉴》数据，整理得到龙江森工集团林业第一产业数据见表 7-1。

表 7-1　2003～2015 年林业第一产业内部各产业产值　　单位：万元

年份	第一产业 涉林部分总产值	林木的培养和种植	木材采运	经济林产品的 种植和采集	花卉种植 与动物利用
2003	252 710	16 430	198 075	38 205	773
2004	287 556	20 146	206 766	60 062	582
2005	351 587	19 876	249 315	82 005	391
2006	382 755	18 981	293 137	68 029	2 608
2007	452 966	22 024	347 540	81 221	2 181
2008	488 252	23 234	367 528	91 130	6 360
2009	491 570	25 127	338 693	120 399	7 351
2010	541 705	35 607	370 475	127 990	7 633
2011	689 098	94 142	222 580	363 624	8 752
2012	650 623	124 372	156 138	356 514	13 599
2013	829 326	149 824	87 295	579 954	12 253
2014	812 170	131 360	77 924	593 592	9 294
2015	914 735	142 382	2 261	758 346	11 746

注：花卉种植与动物利用的 2003 年数据由 2004 年和 2005 年推算得到。

计算序列初值像，得序列：

y_0 =(1.00　1.14　1.39　1.51　1.79　1.93　1.95　2.14　2.73　2.57　3.28　3.21　3.62)

y_1 =(1.00　1.23　1.21　1.16　1.34　1.41　1.53　2.17　5.73　7.57　9.12　8.00　8.67)

y_2 =(1.00　1.04　1.26　1.48　1.75　1.86　1.71　1.87　1.12　0.79　0.44　0.39　0.01)

y_3 =(1.00　1.57　2.15　1.78　2.13　2.39　3.15　3.35　9.52　9.33　15.18　15.54　19.85)

y_4 =(1.00　0.75　0.51　3.37　2.82　8.23　9.51　9.87　11.32　17.59　15.85　12.02　15.20)

进一步计算得关联系数：

e_1 =(1.0000　0.9892　0.9781　0.9576　0.9472　0.9400　0.9513　0.9971　0.7299　0.6190　0.5816　0.6292　0.6166)

e_2 =(1.0000　0.9885　0.9839　0.9957　0.9954　0.9907　0.9718　0.9674　0.8350　0.8196　0.7407　0.7421　0.6922)

e_3 =(1.0000　0.9492　0.9149　0.9683　0.9605　0.9471　0.8706　0.8706　0.5444　0.5457　0.4055　0.3970　0.3333)

e_4 =(1.0000　　0.9547　　0.9016　　0.8136　　0.8875　　0.5631　　0.5175　　0.5121

0.4856　　0.3508　　0.3923　　0.4795　　0.4121)

最后求关联系数的平均值，得到 2003～2015 年关联度值 R_i。同理，计算得出龙江森工集团林业第一产业内部灰色动态关联矩阵，见表 7-2。

表 7-2　林业第一产业内部灰色动态关联矩阵

时段	林木的培养和种植 R_1	木材采运 R_2	经济林产品的种植和采集 R_3	花卉种植与动物利用 R_4
2003～2015 年	0.8413	0.9018	0.7467	0.6362
2004～2015 年	0.8766	0.9261	0.8417	0.5869
2005～2015 年	0.9024	0.954	0.9038	0.5437
2006～2015 年	0.7306	0.8581	0.7033	0.7554
2007～2015 年	0.6949	0.8409	0.6714	0.6146
2008～2015 年	0.6423	0.8169	0.635	0.9481
2009～2015 年	0.5478	0.7468	0.6126	0.9185
2010～2015 年	0.5832	0.7150	0.5494	0.9186
2011～2015 年	0.7597	0.5910	0.7264	0.8235
2012～2015 年	0.8548	0.5769	0.6951	0.6911
2013～2015 年	0.8731	0.7316	0.8829	0.8326
2014～2015 年	0.9641	0.6667	0.8919	0.8998
平均值	0.7726	0.7772	0.7384	0.7641

由表 7-2 2003～2015 年平均关联度结果显示，$R_2 > R_1 > R_4 > R_3$，即龙江森工集团林业第一产业内部各次级产业与其关联效应强弱顺序为，木材采运＞林木的培养和种植＞花卉种植与动物利用＞经济林产品的种植和采集。

但是，从 2003～2015 年龙江森工集团林业第一产业内部关联度结果变动趋势来看，可以将其分为两个阶段，第一阶段是 2003～2010 年，平均关联度大小为 $R_2 > R_4 > R_1 > R_3$，即木材采运＞花卉种植与动物利用＞林木的培养和种植＞经济林产品的种植和采集。第二阶段是 2011～2015 年，此阶段平均关联度大小顺序为 $R_1 > R_4 > R_3 > R_2$，即林木的培养和种植＞花卉种植与动物利用＞经济林产品的种植和采集＞木材采运。

第一阶段是 2003～2010 年，木材采运与林业第一产业关联度排在第 1 位，在 2003～2005 年呈上升趋势，2005 年达到最高（0.954），2006～2010 年关联度呈明显下降趋势，2010 年关联度为 0.7150，此阶段关联度均值为 0.845。花卉种植与动物利用与林业第一产业的关联度位居第 2 位，阶段关联度均值为 0.7403，整体在波动中显著上升，由 2003 年的 0.6362 上升至 2010 年的 0.9186。林木的培养和种植与林业第一产业的关联度排在第 3 位，呈先下降后上升趋势，2005 年（0.9024）达到最高值，之后呈下降趋势，到 2009 年达到最低值（0.5478），之后回升到 2010 年的 0.5832，此阶段关联度均值为 0.7274。经济林产品的种植和采集与第一产业的关联度排在第 4 位，阶段平均关联度为 0.708，与林木的培养和种植相差仅为 0.02，关联度呈先上升后下降趋势，2005 年关联度值最高为 0.9038，之后下降至 2010 年达到最低值（0.5494）。

第二阶段是 2011～2015 年，在此阶段，林业第一产业内部各次级产业与林业第一次产业关联度大小顺序发生显著变化，林木的培养和种植与林业第一产业关联度上升为第 1 位，此阶段关联度水平持续上升，到 2015 年达到 0.9641，阶段平均关联度为 0.863，同时，该产业产值 2005～2015 年表现出稳定的上升趋势，到 2015 年达到 914 735 万元。经济林产品的种植和采集与第一产业的关联度在 2013 年位于第 1 位，至 2015 年达到 0.8919，花卉种植与动物利用的关联度在此阶段较稳定，2015 年达到 0.8998，花卉种植与动物利用与经济林产品的种植和采集两者与林业第一产业的关联度水平相当，阶段关联度均值均约为 0.8。木材采运产业与林业第一产业的关联度最低，至 2012 年达到最低值（0.5769），之后小幅度上升，到 2015 年达到 0.6667，明显低于其他产业。

整体结果显示，由于 2010 年以前龙江森工集团整体上处于林业产业转型的前期，林业第一产业发展仍以木材采运为主体产业，但随着林业产业转型的进一步推进，林业经济发展逐渐向生态建设中心转变，自 2011 年，木材采运与林业第一产业的关联效应显著低于其他产业，与此同时，该产业产值持续下降，受 2014 年 4 月黑龙江省重点国有林区全面实施的"禁伐令"影响，2015 年该产业产值仅为 2261 万元，表明木材采运对于林业第一产业由原有的主导产业已经退化为一般产业，林木的培养和种植产业则晋升为第 1 位，成为对林业第一产业影响程度最高的产业。相比之下，非木质林业产业与林业第一产业的关联效应水平分别位居第 2 位（花卉种植与动物利用）以及第 3 位（经济林产品的种植和采集），关联效应水平整体较高且有持续上升的趋势，其中，经济林产品的种植和采集产业产值上升幅度远大于其他产业产值以及林业第一产业产值的上升幅度，表现出较高的发展潜力，花卉种植与动物利用产业关联度近几年上升显著，随着生态文明建设的不断推进，同样具有巨大的发展前景。综合来看，非木质林业产业以其生态化优势今后能够带动林业第一产业发展。

7.2.2　龙江森工集团林业第二产业内部关联效应分析

按照 7.2.1 节的计算过程，选择 2003～2015 年龙江森工集团林业第二产业产

值为系统特征序列 $x_{20}(k)$， $k=1,2,3,\cdots,13$。比较序列包括：木材加工及竹藤棕苇制品制造 $[x_{21}(k)]$、木竹藤家具制造 $[x_{22}(k)]$、木竹苇浆造纸 $[x_{23}(k)]$、林产化学产品制造 $[x_{24}(k)]$、木质工艺品和木质文教体育用品制造 $[x_{25}(k)]$、非木质林产品加工制造业 $[x_{26}(k)]$， $k=1,2,3,\cdots,13$。根据 2003～2015 年《中国林业统计年鉴》数据，整理得到龙江森工集团林业第二产业数据见表 7-3。

表 7-3　2003～2015 年林业第二产业内部各产业产值　　　　单位：万元

年份	第二产业涉林部分总产值	木材加工及竹藤棕苇制品制造	木竹藤家具制造	木竹苇浆造纸	林产化学产品制造	木质工艺品和木质文教体育用品制造	非木质林产品加工制造业
2003	445 542	285 792	29 291	4 243	5 572	4 463	39 077
2004	485 084	297 942	33 610	10 320	4 007	5 177	34 293
2005	504 726	318 717	31 564	9 114	517	5 891	40 565
2006	428 231	346 857	41 604	4 139	7 450	5 759	9 590
2007	502 718	411 368	51 319	13 553	1 200	4 935	5 798
2008	537 290	429 320	66 285	7 964	2 983	4 491	3 028
2009	626 517	479 361	75 495	10 291	20 000	8 661	9 271
2010	676 058	522 091	91 988	4 248	9 800	7 701	4 877
2011	552 330	412 162	77 076	96	11 040	3 624	7 344
2012	625 016	481 270	83 889	210	15 687	13 312	7 529
2013	673 169	509 604	85 866	262	11 280	17 997	24 316
2014	537 169	363 210	66 758	477	5 600	17 911	26 094
2015	445 401	261 474	68 119	607	4 720	8 510	33 778

注：2003 年木质工艺品和木质文教体育用品制造产业产值由 2004 年与 2005 年数据推算得到。

计算得出龙江森工集团林业第二产业内部灰色动态关联矩阵见表 7-4，关联度水平变化特征可划分为两个阶段，第一阶段是 2003～2011 年，林业第二产业特征以木质林产品加工类产业为主，此类产业关联效应水平呈上升态势，非木质林业产业对林业第二产业影响未呈现出明显趋势。第二阶段是 2012～2015 年，木质林产品加工类产业对林业第二产业的影响程度整体水平下降，其中以木材加工及竹藤棕苇制品制造、木质工艺品和木质文教体育用品制造以及木竹藤家具制造与林业第二产业关联度水平下降最为显著，该阶段降幅分别达到 0.12、0.21 以及 0.20。相比之下，林产化学产品制造、非木质林产品加工制造业对林业第二产业的关联效应在波动中则呈上升趋势，同一阶段增幅分别达到 0.12、0.11。

表 7-4　林业第二产业内部灰色动态关联矩阵

时段	木材加工及竹藤棕苇制品制造 R_1	木竹藤家具制造 R_2	木竹苇浆造纸 R_3	林产化学产品制造 R_4	木制工艺品和木制文教体育用品制造 R_5	非木制林产品加工制造业 R_6
2003～2015 年	0.8883	0.6552	0.6302	0.7188	0.7411	0.6935
2004～2015 年	0.895	0.7196	0.7546	0.6749	0.7908	0.7574
2005～2015 年	0.9892	0.9483	0.9654	0.6238	0.97	0.9636
2006～2015 年	0.9322	0.7731	0.5778	0.7416	0.7155	0.6212
2007～2015 年	0.9874	0.9629	0.9044	0.6087	0.901	0.8702
2008～2015 年	0.9849	0.9848	0.8795	0.727	0.8256	0.6775
2009～2015 年	0.9716	0.94	0.6905	0.8025	0.7659	0.6863
2010～2015 年	0.9843	0.9872	0.8383	0.9276	0.8239	0.6393
2011～2015 年	0.978	0.9767	0.6222	0.9147	0.5992	0.6938
2012～2015 年	0.9639	0.9724	0.7383	0.8628	0.9076	0.5551
2013～2015 年	0.9181	0.9462	0.5935	0.8353	0.8739	0.7609
2014～2015 年	0.8402	0.7744	0.6721	0.9722	0.6983	0.6667
平均值	0.9444	0.8867	0.7389	0.7842	0.8011	0.7155

　　木材加工及竹藤棕苇制品制造、木竹藤家具制造、木质工艺品和木质文教体育用品制造以及木竹苇浆造纸等以木质林产品加工为主的产业与第二产业的关联度分别排在第 1 位、第 2 位、第 3 位以及第 5 位，整体平均关联度依次为 0.9444、0.8867、0.8011 以及 0.7389。但是，随着林业经济转型的不断推进，自 2012 年，这些产业与林业第二产业的关联度均呈现不同程度的下降趋势。同时，从各产业的产业发展规模来看，2003～2013 年，以木质林产品加工为主的各类产业产值呈上升趋势，受 2014 年 4 月黑龙江省重点国有林区全面实施"禁伐令"的影响，2014～2015 年则表现出持续性负增长，综合各产业关联度走势以及产业发展规模趋势来看，木质林产品加工制造类产业与林业第二产业的关联效应将随着林业的逐步转型而降低。

　　林业化学产品制造和非木质林产品加工制造业与林业第二产业的关联度分别位于第 4 位和第 6 位，平均关联度水平分别为 0.7842 和 0.7155，整体来看，非木质林业产业与林业第二产业的关联度较低。但是，从关联度水平的发展趋势来看，自 2013 年非木质林业产业与林业第二产业的关联度呈稳定上升的趋势。此外，从产业发展趋势来看，在林业第二产业及木质林产品加工制造类产业的发展水平持续回落的同时，非木质林产品加工制造业的产值则表现出持续性的显著增长，2013～2015 年的平均增长率高达 17.86%。说明，非木质林产品加工制造业对今后林业第二产业的发展有很大的影响程度，其将逐渐成为推动龙江森工集团林业第二产业增长的重要动力，进而促进整个林业经济的发展。

结果显示，林业第二产业长期以来以木材采运、木质林产品加工制造业等产业为主导部分，受此类产业规模减小的影响，近几年龙江森工集团林业第二产业发展水平表现出持续性回落。自 2012 年，木质林产品加工制造业与林业第二产业的关联度表现出逐渐降低的趋势，整体关联度平均降低 0.15，同时，以木质林产品加工为主的各类产业产值 2014～2015 年表现出持续性负增长，说明林业第二产业的主要特征正在从初级木质林产品加工向林业生态建设的方向转变，但是，短时间内木质林产品加工制造业仍是林业第二产业的主导部分，此类产业的发展问题还需在林业转型过程中进一步解决。相比之下，作为非木质林业产业的林产化学产品制造、非木质林产品加工制造业对林业第二产业的影响逐步加大，2015 年关联度分别达到 0.9722、0.6667，且非木质林产品加工制造业产业产值自 2011 年则表现为持续上升的态势，产业规模逐渐扩大。因此，根据林业第二产业中非木质林业产业的发展趋势以及关联度变化，其能够带动林业第二产业的发展，今后需进一步发挥非木质林产品加工制造业、林产化学产品制造的产业优势。

7.2.3 龙江森工集团林业第三产业内部关联效应分析

按照 7.2.1 节的计算过程，选择 2003～2015 年林业第三产业产值为系统特征序列 $x_{30}(k)$，$k=1,2,3,\cdots,13$。比较序列包括林业生产服务、林业旅游与休闲服务、林业生态服务、林业专业技术服务、林业公共管理及其他组织服务。其中，林业生态服务个别年份数据存在统计信息不完整，由于该产业特征与林业旅游与休闲服务产业存在相似性，且为满足灰色分析的完整性条件，即用于计算过程的序列数据不能存在缺失值，故将两者合并且重新命名为林业居民服务，因此经整理后的比较数列包括林业生产服务 $[x_{31}(k)]$、林业专业技术服务 $[x_{32}(k)]$、林业公共管理及其他组织服务 $[x_{33}(k)]$、林业居民服务 $[x_{34}(k)]$，$k=1,2,3,\cdots,13$。根据 2003～2015 年《中国林业统计年鉴》数据，整理得到龙江森工集团林业第三产业数据见表 7-5。

表 7-5 2003～2015 年林业第三产业内部各产业产值　　　　单位：万元

年份	第三产业涉林部分总产值	林业生产服务	林业专业技术服务	林业公共管理及其他组织服务	林业居民服务
2003	33 064	6 210	5 546	561	20 747
2004	44 070	8 044	10 825	563	24 638
2005	54 443	8 281	13 551	234	32 377
2006	59 599	3 334	7 221	2 588	46 456
2007	65 474	2 742	574	2 622	59 536
2008	90 596	3 174	1 706	2 078	83 638
2009	133 321	3 092	1 798	11 774	116 657

续表

年份	第三产业涉林部分总产值	林业生产服务	林业专业技术服务	林业公共管理及其他组织服务	林业居民服务
2010	166 036	2 146	1 403	7 652	154 835
2011	263 902	1 834	8 856	16 541	236 671
2012	340 378	2 164	2 818	10 918	324 478
2013	415 267	7 062	3 376	18 868	385 961
2014	439 938	3 744	4 070	15 606	416 518
2015	597 700	11 985	24 330	75 651	485 734

　　根据非木质林业产业的定义以及对非木质林业产业内部所包含产业的界定，林业第三产业与非木质林产品第三产业内部构成产业一致，因此本节重点是通过对林业第三产业内部的关联效应分析，明确其内部次级产业对林业第三产业（非木质林产品第三产业）发展的影响程度，以此作为推动林业第三产业（非木质林产品第三产业）发展的依据。

　　计算得出龙江森工集团林业第三产业内部灰色动态关联矩阵见表 7-6。

表 7-6　林业第三产业内部灰色动态关联矩阵

时段	林业生产服务 R_1	林业专业技术服务 R_2	林业公共管理及其他组织服务 R_3	林业居民服务 R_4
2003~2015 年	0.9199	0.9217	0.8445	0.9588
2004~2015 年	0.9346	0.9348	0.8226	0.9548
2005~2015 年	0.9763	0.9759	0.7892	0.9863
2006~2015 年	0.7849	0.7567	0.8583	0.9383
2007~2015 年	0.8679	0.8562	0.8889	0.988
2008~2015 年	0.8869	0.8778	0.7845	0.9899
2009~2015 年	0.8253	0.7523	0.8074	0.9657
2010~2015 年	0.888	0.8118	0.8792	0.9857
2011~2015 年	0.7238	0.7567	0.7662	0.961
2012~2015 年	0.7477	0.8212	0.8081	0.9796
2013~2015 年	0.921	0.7617	0.8181	0.9781
2014~2015 年	0.7781	0.6667	0.6992	0.9615
平均值	0.8545	0.8245	0.8139	0.9706

　　由表 7-6 2003~2015 年平均关联度结果可知，$R_4 > R_1 > R_2 > R_3$，即龙江森

工集团林业第三产业内部各次级产业与其关联度大小依次为，林业居民服务、林业生产服务、林业专业技术服务、林业公共管理及其他组织服务。

林业居民服务产业与林业第三产业的关联效应水平排名在第 1 位，2003～2015 年关联度徘徊于 0.9383～0.9899，整体平均水平为 0.9706。此外，从产业发展规模来看，林业居民服务产业产值有明显的上升趋势，产值年均增速（30.05%），明显高于林业第三产业产值的年均增速（27.28%），表明林业居民服务（以林业旅游与休闲服务为主）对林业第三产业的发展影响显著，随着人们生活水平的提高以及国有林区加大对森林旅游的投资力度，林业旅游与休闲服务已成为林业第三产业中的支柱产业。

林业生产服务、林业专业技术服务、林业公共管理及其他组织服务与林业第三产业的关联度水平相当，平均关联度分别为 0.8545、0.8245、0.8139，从各产业产值数据来看，三者的产值在 2015 年均明显提升。随着国有林区加大林业转型力度，逐步提升相关产业的技术水平、丰富服务内容，林业经营服务在未来会有越来越大的发展潜力。

整体来看，林业旅游与休闲服务在林业第三产业中占据着绝对的关联度优势与发展优势，其发展规模将显著影响整个林业第三产业的发展，今后可以通过大力发展林业居民服务以及林业经营服务等生态化产业来推动非木质林产品第三产业产业发展水平，从而全面优化林业产业结构。

7.2.4　龙江森工集团林业三次产业内部关联效应分析结果

林业第一产业内部关联结果显示，随着林业经济转型的逐步推进，自 2011 年，木材采运与林业第一产业的关联度持续下降，同时其产业规模持续走低，2015 年关联度降至 0.6667，逐渐由原有的主导产业退化为一般产业。作为非木质林业产业的经济林产品的种植和采集、花卉种植与动物利用的规模逐步扩大，对林业第一产业的影响程度逐步上升，2015 年分别达到 0.8919、0.8998，表现出显著的产业优势与发展潜力，尤其是经济林产品的种植和采集，逐步成为林业第一产业中的优势产业。

林业第二产业内部关联结果显示，自 2012 年，木质林产品加工制造类产业与林业第二产业总产值的关联度呈持续下降趋势，关联度平均降低 0.15，同时，此类产业产值 2014～2015 年呈持续负增长，说明林业第二产业的主要特征正在从初级木质林产品加工向林业生态建设的方向转变，但是，短时间内木质林产品加工制造类仍是林业第二产业的主导部分，此类产业的可持续发展问题还需在林业转型过程中进一步解决。相比之下，同一阶段林产化学产品制造、非木质林产品加工制造业对林业第二产业的影响逐步加大，2015 年关联度分别达到 0.9722、

0.6667，其中非木质林产品加工制造业产值自 2011 年则表现为持续上升的态势，2011～2015 年产业产值年均增速高达 46.45%。因此，分析结果显示，非木质林业产业发展能够带动林业第二产业的发展，但今后需进一步加大非木质林产品加工制造业、林产化学产品制造的发展力度，发挥此类产业的产业优势。

林业第三产业内部关联结果显示，林业居民服务成为林业第三产业中的主力产业，对林业第三产业的影响程度一直稳居首位，2003～2015 年平均关联度水平为 0.9706，显著高于其他林业生产辅助服务类产业（林业生产服务、林业专业技术服务、林业公共管理及其他组织服务与林业第三产业的平均关联度分别为 0.8545、0.8245、0.8139），同时，林业居民服务产值自 2003 年呈现出持续显著增长的态势，2015 年占林业第三产业比重高达 80.46%，在林业第三产业中占据着绝对的比重优势与发展优势，其发展规模将显著影响整个第三产业的发展，今后还需进一步推进林业生产服务、林业专业技术服务以及林业公共管理及其他组织服务等林业经营服务的发展，通过林业旅游与休闲服务以及林业经营服务类产业的协调发展带动林业第三产业发展，提升非木质林业产业发展水平，从而全面优化林业产业结构。

7.3　非木质林业产业与木质林业产业对林业产业关联效应分析

本节进行林业三次产业及非木质林业产业对林业产业的关联效应研究，明确非木质林业产业整体对林业产业的影响地位。然而，考虑到林业三次产业产值中已经包含了各个非木质林业产业产值，如果直接使用林业三次产业产值与非木质林业产业产值对林业产业进行关联分析，未把非木质林产品各产业对林业产业的影响从林业三次产业中分离出来，将会影响结果的准确性，因此，在实际操作过程中采用剔除各个非木质林业产业之后的林业三次产业与林业产业进行关联分析。

林业三次产业及非木质林业产业对林业产业的关联效应研究的实质则为木质林产品第一产业、木质林产品第二产业与非木质林业产业对林业产业的关联效应分析，由于林业第三产业内部所包含产业均为非木质林业产业，因此林业第三产业不参与运算。

选择 2003～2015 年林业总产值为系统特征序列 $x_0(k)$，$k=1,2,3,\cdots,13$。比较序列包括：木质林产品第一产业产值 $[x_1(k)]$、木质林产品第二产业产值 $[x_2(k)]$、非木质林业产业总产值 $[x_3(k)]$，$k=1,2,3,\cdots,13$。根据 2003～2015 年《中国林业统计年鉴》数据，整理得到的相关数据见表 7-7。

表 7-7　2003～2015 年林业各产业产值　　　　　单位：万元

年份	林业总产值	木质林产品第一产业产值	木质林产品第二产业产值	非木质林业产业总产值
2003	731 316	214 505	400 893	115 918
2004	816 710	226 912	446 784	143 014
2005	910 756	269 191	463 644	177 921
2006	870 585	312 118	411 191	147 276
2007	1 021 158	369 564	495 720	155 874
2008	1 116 138	390 762	531 279	194 097
2009	1 251 408	363 820	597 246	290 342
2010	1 383 799	406 082	661 381	316 336
2011	1 505 330	316 722	533 946	654 662
2012	1 616 017	280 510	601 800	733 707
2013	1 917 762	237 119	637 573	1 043 070
2014	1 789 277	209 284	505 475	1 074 518
2015	1 957 836	144 643	406 903	1 406 290

计算得出龙江森工集团林业总产值与三次产业内部灰色动态关联矩阵见表 7-8。

表 7-8　林业产业内部灰色动态关联矩阵

时段	木质林产品第一产业 R_1	木质林产品第二产业 R_2	非木质林业产业 R_3
2003～2015 年	0.9045	0.9136	0.7567
2004～2015 年	0.8810	0.8963	0.7470
2005～2015 年	0.8613	0.8945	0.7261
2006～2015 年	0.8588	0.9184	0.6983
2007～2015 年	0.8571	0.9154	0.6569
2008～2015 年	0.8237	0.8960	0.6307
2009～2015 年	0.7823	0.8371	0.6236
2010～2015 年	0.7492	0.8128	0.5616
2011～2015 年	0.5838	0.7612	0.6574
2012～2015 年	0.5846	0.6752	0.6075
2013～2015 年	0.7121	0.6479	0.6882
2014～2015 年	0.6667	0.7053	0.7422
平均值	0.7721	0.8228	0.6747

由表 7-8 2003～2015 年平均关联度结果可知，$R_2 > R_1 > R_3$，即木质林产品第一产业、木质林产品第二产业以及非木质林业产业与林业产业关联度按照大小

排列下来依次为, 木质林产品第二产业＞木质林产品第一产业＞非木质林业产业。

但是, 从 2003～2015 年关联度结果变动趋势来看, 可以将其划分为 3 个阶段, 第 1 阶段是 2003～2010 年, 此阶段平均关联度大小为 $R_2 > R_1 > R_3$, 即木质林产品第二产业＞木质林产品第一产业＞非木质林业产业。第 2 阶段是 2011～2013 年, 此阶段平均关联度大小为 $R_2 > R_3 > R_1$, 即木质林产品第二产业＞非木质林业产业＞木质林产品第一产业。第 3 阶段是 2014～2015 年, 此阶段平均关联度大小为 $R_3 > R_2 > R_1$, 即非木质林业产业＞木质林产品第二产业＞木质林产品第一产业。

第 1 阶段是 2003～2010 年, 木质林产品第二产业与林业总产值关联度位居第 1 位, 稳定中有所下降, 2010 年关联度值为 0.8128, 此阶段平均关联度为 0.8855。木质林产品第一产业次之, 整体呈明显的下降的趋势, 2010 年关联度降至 0.7492, 此阶段平均关联度为 0.8397。非木质林业产业与林业总产值关联度位居第 3 位, 2010 年关联度最低为 0.5616, 此阶段平均关联度为 0.6751。

第 2 阶段是 2011～2013 年, 木质林产品第二产业与林业产业整体的关联度仍排第 1 位, 但此阶段关联度值呈持续性下降的态势, 2013 年关联度降至为 0.6479, 此阶段平均关联度亦由第 1 阶段的 0.8855 降为 0.6948。非木质林业产业与林业产业的关联程度逐步上升, 由 2011 年的 0.6574 上升至 2013 年的 0.6882, 此阶段平均关联度值为 0.6510, 与第 1 位的木质林产品第二产业仅差 0.0438, 水平相当。木质林产品第三产业对林业产业的影响程度由第 2 位回落至第 3 位。

第 3 阶段是 2014～2015 年, 非木质林业产业与林业产业的关联度上升为第 1 位, 关联度值为 0.7422, 且保持继续增长的态势, 成为影响林业产业发展的第一大产业。木质林产品第二产业与木质林产品第一产业与林业产业间的关联度分别位居第 2 位与第 3 位, 关联度值分别为 0.7053 与 0.6667, 明显低于非木质林业产业。

林业第三产业内部关联效应结果显示, 在 2014 年禁伐政策的约束下, 木材采运受到强力冲击, 木质林产品第一产业受其影响, 与林业产业的关联度降至 2015 年的 0.6667, 其主导地位被显著削弱, 同时, 生产原料的缺乏, 木质林产品第二产业中的木质林产品加工制造类产业的优势被急剧弱化, 因此, 木质林产品第二产业与林业产业的关联度亦由 2003 年的 0.9136 降至 2015 年的 0.7053, 对林业产业发展的关联效应持续弱化。相比之下, 非木质林业产业则由于受生态建设与保护投资而得到快速发展, 自 2011 年, 与林业产业总产值关联程度达到 0.6574, 位居第 2 位, 2014 年则上升为第 1 位, 关联度水平高达 0.7422, 且保持持续上升的态势, 对林业产业发展存在较强的关联效应。此外, 通过各产业产值的统计数据发现, 非木质林业产业产值自 2011 年显著上升, 且其上升速度 (21.06%) 远超过林业总产值的增长速度 (6.79%), 综合关联度变化趋势以及产业规模增长趋势来看, 龙江森工集团通过大力发展非木质林业产业能够促进和带动林业产业发展，逐渐成为推动龙江森工集团林业经济增长的重要动力。

7.4　本章小结

本章基于产业内部视角，以灰色关联模型为基本分析方法，利用龙江森工集团林业产业产值数据，首先对林业三次产业内部次级产业进行关联效应分析，以非木质林业产业为分析视角，明确非木质林产品各产业在林业三次产业中的发展地位以及对林业三次产业的影响程度。其次对非木质林业产业与林业三次产业对林业产业的关联效应进行量化分析，结果显示，现阶段龙江森工集团非木质林业产业对林业产业影响显著，能够作为推进林业经济转型的有效驱动力，带动林业经济发展，并以本章的计量结果作为第8章非木质林业产业发展潜力分析的依据与铺垫。

第8章 龙江森工集团非木质林业产业发展潜力分析

为了更好地掌握龙江森工集团非木质林业产业内部次级产业对产业总体的动态影响效果与贡献水平，本章选取非木质林业产业产值数据，从非木质林业产业系统内生增长的角度出发，基于非木质林业产业的内部构成进行分析。利用脉冲响应函数与方差分解量化非木质林产品各产业对产业总体的动态关联效果及贡献水平，以此作为优化非木质林业产业结构、促进非木质林业产业发展的依据，进而推动林业产业结构调整，实现林业经济的可持续发展。

8.1 向量自回归模型

由第 3 章分析结果可知，龙江森工集团非木质林业产业对林业产业影响显著，能够成为国有林区在禁伐背景下优化林业产业结构、实现林区经济快速发展的可行性选择，那么，如何促进非木质林业产业结构合理化与高度化，进而快速提升非木质林业产业整体水平成为当前研究的核心问题。因此，本章基于非木质林业产业结构视角，旨在分析未来时期非木质林业产业内部构成产业对产业总体的具体带动效果与影响水平，找出带动龙江森工集团非木质林业产业发展的主要动力产业，从而进一步优化产业结构，需要利用经济计量模型刻画非木质林业产业系统的动态特征。

VAR 模型是基于数据统计性质，从内生变量和外生变量两个角度建立的一种非结构化的方法，较以经济理论为基础的传统多元线性回归模型以及时间序列模型，VAR 模型能更好地分析变量随机冲击对系统内部的动态影响（李子奈和叶阿忠，2012），满足本章的分析目的，因此，本章使用基于 VAR 模型建模结果的脉冲响应函数和方差分解方法量化未来时期非木质林业产业内部构成产业对产业总体的动态带动效果与贡献水平，找出非木质林业产业内部次级产业的发展优势，为优化龙江森工集团非木质林业产业结构、加速产业发展提供可靠的分析依据。

含有 k 个变量的 $\mathrm{VAR}(p)$ 模型形式为

$$Y_t = \mu + A_1 Y_{t-1} + \cdots + A_p Y_{t-p} + \varepsilon_t \quad (t=1,2,\cdots,T)$$

式中，$Y_{t-i} = \begin{bmatrix} Y_{1t-i} \\ Y_{2t-i} \\ \vdots \\ Y_{kt-i} \end{bmatrix}$；$A_j = \begin{bmatrix} a_{11,j} & a_{12,j} & \cdots & a_{1k,j} \\ a_{21,j} & a_{22,j} & \cdots & a_{2k,j} \\ \vdots & \vdots & & \vdots \\ a_{k1,j} & a_{k2,j} & \cdots & a_{kk,j} \end{bmatrix}$；$i,j=1,\cdots,p$；$\mu = \begin{bmatrix} \mu_1 \\ \mu_2 \\ \vdots \\ \mu_k \end{bmatrix}$，$\varepsilon_t = \begin{bmatrix} \varepsilon_{1t} \\ \varepsilon_{2t} \\ \vdots \\ \varepsilon_{kt} \end{bmatrix}$。

式中，Y_t 为 k 维内生变量；p 为滞后阶数；样本数目为 T。本节为明确非木质林业产业发展优势，进而实现优化林业产业格局以带动林业经济整体发展，需洞察非木质林业产业系统的动态发展轨迹，因此采用 VAR 模型进行分析，模型基本形式如下：

$$Y_t = a + \sum_{t=1}^{p} \beta_t Y_{t-i} + \varepsilon_t \quad (t = 1, 2, 3, \cdots, T)$$

式中，$Y_t = \begin{bmatrix} \ln Y_t \\ \ln X_{m,t} \end{bmatrix}$，$m = 1, 2, 3, 4, 5, 6$。

脉冲响应函数以及方差分解是基于 VAR 模型建模结果的两个应用，脉冲响应函数是衡量系统某个变量随机扰动项的一个标准差冲击对 VAR 模型中自身以及其他内生变量的当前值以及未来取值的影响，方差分解能够将每个冲击进行分解以分析每个信息冲击对内生变量变化的贡献度，从而了解其相对重要程度。

8.2　变量选取与数据处理

本章利用非木质林业产业产值数据，基于龙江森工集团非木质林业产业的内部构成选取变量，变量依次为：非木质林业产业总产值（Y）、经济林产品的种植和采集产业产值（X_1）、花卉种植与动物利用产业产值（X_2）、林产化学产品制造产业产值（X_3）、非木质林产品加工制造业产业产值（X_4）、林业居民服务产业产值（X_5）以及林业经营服务产业产值（X_6），数据跨度为 2003~2015 年，为消除异方差的影响，对各变量数据进行对数化处理，即 $\ln Y$、$\ln X_1 \sim \ln X_6$（见附录 2~附录 4）。

8.3　非木质林业产业内部结构的带动效应分析

本节从产业结构视角进行非木质林业产业内部结构的带动效应分析，非木质林业产业由六大次级产业构成，分别是经济林产品的种植和采集、花卉种植与动物利用、林产化学产品制造、非木质林产品加工制造业、林业居民服务以及林业经营服务，本节利用非木质林产品内部六大次级产业分别与非木质林业产业建立 VAR 模型，并进行脉冲响应函数以及方差分解分析，旨在量化未来时期非木质林业产业内部次级产业对产业总体的具体带动效果与影响水平，明确各次级产业的发展优势。

8.3.1　经济林产品的种植和采集对非木质林业产业的带动效应分析

本节将经济林产品的种植和采集及非木质林业产业同设为内生变量并建立

VAR 模型，描述两者之间的动态影响关系。因数据时间跨度为 13 年，为避免滞后阶数过大造成模型自由度太低不足以估计模型，故将最大滞后阶数设定为 2。根据 5 个最优滞后阶数选择标准（表 8-1）显示，模型最佳滞后阶数为 2，此时 VAR 模型的 2 个拟合优度 R^2 系数分别为 0.9439 与 0.9429，拟合效果很好。此外，为确保所建 VAR 模型满足稳定性条件，需在模型基础上进行稳定性检验，根据 AR 根检验的结果显示（图 8-1），AR 根的模均小于 1，均位于单位圆内，即所建 VAR 模型是稳定的，可进行后续分析。

表 8-1　VAR 模型最优滞后阶数选择标准

滞后期	logL	LR	FPE	AIC	SC	HQ
0	−1.6044	NA	0.0071	0.7209	0.7814	0.6545
1	11.1455	17.8498	0.0013	−1.0291	−0.8476	−1.2283
2	23.9512	12.8056*	0.0003*	−2.7902*	−2.4876*	−3.1222*

* 表示在 5%水平上显著。

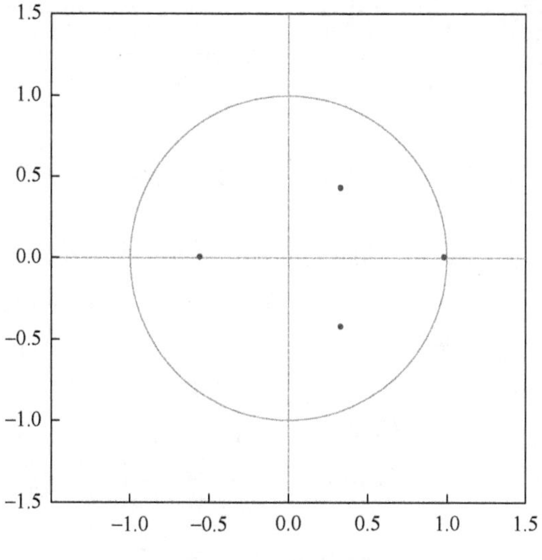

图 8-1　AR 根检验结果图

　　经济林产品的种植和采集（$\ln X_1$）与非木质林业产业（$\ln Y$）之间是否存在长期影响机制，Johansen 协整检验结果显示（表 8-2），两者在 1%显著水平下至少存在一种协整关系，表明经济林产品的种植和采集（$\ln X_1$）与非木质林业产业（$\ln Y$）之间存在长期均衡关系，进一步对模型进行脉冲响应函数分析和方差分解。将 $\ln X_1$ 与 $\ln Y$ 同时设定为冲击变量与响应变量，且 $\ln X_1$ 先于 $\ln Y$ 产生冲击，将脉冲响应追踪时期数设定为 10，得到的分析结果如图 8-2 所示，图 8-2 中横坐标表示冲击作用的追踪时期数，纵坐标表示变量之间的响应程度，即一个标准差新息所带来的影响程度或响应程度，长短虚线分别表示±2S.E.偏离带。

表 8-2　协整检验结果

协整向量原假设	特征根	迹统计量	5%临界值	概率 P 值
无协整关系	0.8386	28.3221	18.3977	0.0015
至多一个协整关系	0.5279	8.2569	3.8415	0.0041

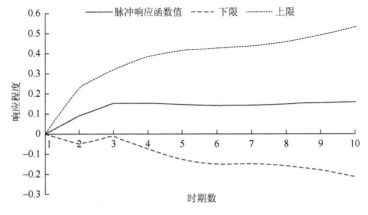

图 8-2　$\ln X_1$ 对 $\ln Y$ 扰动的响应

经济林产品的种植和采集（$\ln X_1$）与非木质林业产业（$\ln Y$）之间呈现出较为持续的正向效应，且经济林产品的种植和采集产业的影响力度更大。当在本期给 $\ln X_1$ 一个脉冲冲击后（图 8-2），$\ln Y$ 的响应在冲击开始时便上升幅度显著，在第 4 期达到最高点 0.1553，之后响应程度趋于平稳，第 3～10 期均值约为 0.1505。相比之下，$\ln Y$ 的冲击对 $\ln X_1$ 的影响（图 8-3），前 3 期呈现小幅度波动，由第 1 期的 0.2574 缓慢降至第 2 期的 0.1991，随后升至第 3 期达到 0.3190，之后响应程度趋于平稳。

此外，$\ln X_1$ 与 $\ln Y$ 之间的方差分解结果（表 8-3），整体来看，非木质林业产业的预测方差中由经济林产品的种植和采集波动解释的部分，即经济林产品的种植和采集产业对非木质林业产业的贡献度一直为正且小幅度下降后一直维持在 94.8%左右，贡献率整体较高。相比之下，非木质林业产业对经济林产品的种植和采集的贡献度小幅度上升后呈稳定趋势，维持在 5%左右。因此，这表明在没有受到任何其他外界冲击的情况下，经济林产品的种植和采集对非木质林业产业预测方差的解释能力更强，即影响更大，这与脉冲响应函数分析得到的结果基本一致。

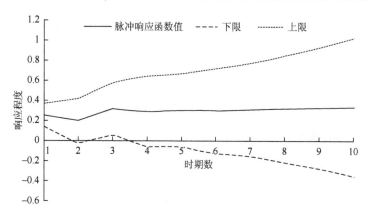

图 8-3　$\ln Y$ 对 $\ln X_1$ 扰动的响应

表 8-3　模型 1~3 方差分解结果　　　单位：%

时期	模型 1		模型 2		模型 3	
	$\ln X_1 \rightarrow \ln Y$	$\ln Y \rightarrow \ln X_1$	$\ln X_2 \rightarrow \ln Y$	$\ln Y \rightarrow \ln X_2$	$\ln X_3 \rightarrow \ln Y$	$\ln Y \rightarrow \ln X_3$
1	98.533	0.000	29.823	0.000	47.897	0.000
2	95.737	2.177	33.757	5.440	70.440	10.021
3	95.260	3.908	42.891	9.420	78.659	10.961
4	94.865	4.884	46.289	9.729	78.781	11.173
5	94.885	4.946	50.359	12.224	80.960	11.776
6	94.852	5.032	52.406	12.271	81.300	11.355
7	94.857	5.032	54.055	13.202	81.728	11.973
8	94.840	5.063	54.997	13.507	82.229	12.028
9	94.832	5.080	55.546	13.788	82.370	11.988
10	94.821	5.101	55.840	13.969	82.626	12.228

　　在历史林业政策导向下，经济林产品的种植和采集对非木质林业产业的发展具有显著的正向效应，整体响应均值约为 0.15。经济林产品的种植和采集作为龙江森工集团非木质林业产业中的支柱型产业，至 2015 年底，其产值占非木质林业产业总产值的比重高达 75.83%，涵盖水果、干果、森林食品、森林药材等众多经济林产品种类。基本可以认为，伴随着龙江森工集团加快林业向非木质林业产业转型，在未来加大对山野菜、林果、北药等产业财政与政策支持的过程中，会极大促进经济林产品的种植和采集的发展，其增长率的上升进而会显著拉动整个非木质林业产业的发展。

8.3.2　花卉种植与动物利用对非木质林业产业的带动效应分析

运用 $\ln X_2$ 与 $\ln Y$ 构建 VAR 模型，计算结果显示，模型的最优滞后阶数为 2，AIC 值=-0.061，SC 值=0.2415，且 AR 根均位于单位圆内，所建 VAR 模型为稳定模型。此时 VAR 模型的 2 个拟合优度系数 R^2 分别为 0.9116 与 0.9702，拟合效果很好。此外，协整检验结果显示，花卉种植与动物利用（$\ln X_2$）与非木质林业产业（$\ln Y$）之间存在长期均衡关系，进一步对模型进行脉冲响应函数分析和方差分解，且将 $\ln X_2$ 与 $\ln Y$ 同时设定为冲击变量与响应变量，$\ln X_2$ 先于 $\ln Y$ 产生冲击，结果如图 8-4 和图 8-5 所示。

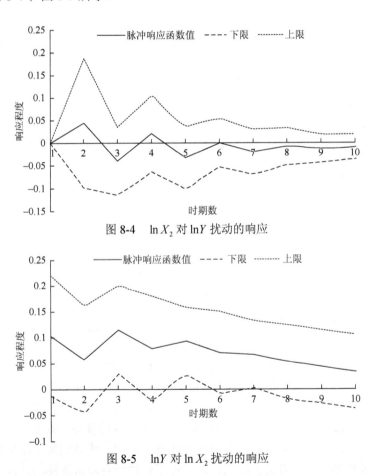

图 8-4　$\ln X_2$ 对 $\ln Y$ 扰动的响应

图 8-5　$\ln Y$ 对 $\ln X_2$ 扰动的响应

脉冲响应结果显示，非木质林业产业（$\ln Y$）与花卉种植与动物利用（$\ln X_2$）之间的影响效果均在波动中呈现向 0 收敛的趋势。在本期给 $\ln Y$ 一个脉冲冲击后

（图 8-4），$\ln X_2$ 的响应呈现围绕 0 上下波动的态势，且这种响应的持续时间比较长，直到第 10 期这种变化才趋于 0。相比之下，$\ln X_2$ 对 $\ln Y$ 第 1 期的影响为 0.1037（图 8-5），之后第 2 期下降至 0.0585，其后在波动中向 0 收敛，整体影响为正。整体来看，$\ln X_2$ 对 $\ln Y$ 的正向影响效果较为显著。

此外，非木质林业产业和花卉种植与动物利用之间的贡献度均呈现不断上升的趋势（表 8-3）。其中，$\ln X_2$ 对 $\ln Y$ 预测方差的贡献度由第 1 期的 29.823% 逐渐上升至第 10 期的 55.840%，整体均值约为 47.596%，相比之下，$\ln Y$ 对 $\ln X_2$ 预测方差的贡献度整体水平仅为 10.355%。表明短期内，花卉种植与动物利用对非木质林业产业的贡献作用较为显著。

花卉种植与动物利用对非木质林业产业的发展具有显著的正向效应，短期内（第 1～4 期）贡献作用显著（0.089），长期（第 5～10 期）水平有所下降（0.06）。从需求角度来看，黑龙江省盆栽花卉与绿化苗木主要依靠外进，在如今全省加强生态文明建设发展林业生态产业背景下，森林旅游、城市监管建设将显著提升对花卉的需求量，花卉产业将具有巨大的市场空间。与此同时，随着人们对毛皮制品消费不断增加，对森林猪、森林鹅、森林鸡、林蛙等肉食、食药兼用动物的需求不断上升，将极大地推进动物繁殖和利用产业的发展。因此，伴随着龙江森工集团加大对花卉种植与动物利用产业发展的支持力度，将会拉动整个非木质林业产业的迅速发展。

8.3.3　林产化学产品制造对非木质林业产业的带动效应分析

运用 $\ln X_3$ 与 $\ln Y$ 构建 VAR 模型，计算结果显示，模型的最优滞后阶数为 2，AIC 值=3.207，SC 值=3.5687，且 AR 根均位于单位圆内，所建 VAR 模型稳定。此时 VAR 模型的 2 个拟合优度 R^2 系数分别为 0.9242 与 0.9429，拟合效果很好，进一步对模型进行脉冲响应函数分析和方差分解。且将 $\ln X_3$ 与 $\ln Y$ 同时设定为冲击变量与响应变量，$\ln X_3$ 先于 $\ln Y$ 产生冲击，结果如图 8-6 和图 8-7 所示。

脉冲响应结果显示，林产化学产品制造（$\ln X_3$）与非木质林业产业（$\ln Y$）的相互影响在短期内波动较为显著，长期趋于稳定。其中，$\ln Y$ 对 $\ln X_3$ 的冲击影响表现为较为持续的正向效应（图 8-6），整体影响效果均值为 0.2718。相比之下，$\ln Y$ 对 $\ln X_3$ 的一个单位扰动的响应在波动中向 0 收敛（图 8-7），当期影响为正，之后显著上升至第 2 期达到正向最大值 0.4586，第 3 期负向影响最大 -0.1960，此后只有小幅度波动。

此外，$\ln X_3$ 与 $\ln Y$ 之间的贡献度均在小幅度上升后趋于稳定（表 8-3）。其中，林产化学产品制造对非木质林业产业预测方差的解释程度整体水平高达 76.699%，

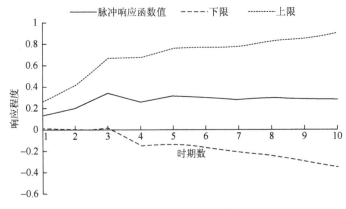

图 8-6　ln X_3 对 ln Y 扰动的响应

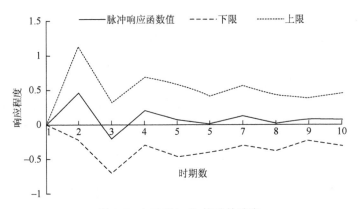

图 8-7　ln Y 对 ln X_3 扰动的响应

截至第 10 期，其解释程度高达 82.626%。相比之下，非木质林业产业对林产化学产品制造产业的贡献度则相对不显著，最大值仅为 12.228%。

在历史林业政策导向下，林产化学产品制造对整个非木质林业产业的长期影响效果呈现较为稳定的正向效应，短期内波动趋势较为明显。可见国有林区长期以木质林产品加工为主，未能在短期内实现有效转型，非木质林产品的更多附加价值未能被充分开发出来，因此林产化学产品制造发展尚处于初级阶段，需经过一个持续投资与创新的过程，才能提升对整个非木质林业产业的拉动效果。

8.3.4　非木质林产品加工制造业对非木质林业产业的带动效应分析

运用 ln X_4 与 ln Y 构建 VAR 模型，结果显示，模型的最优滞后阶数为 1，AIC 值=1.6106，SC 值=1.853，且 AR 根均位于单位圆内，即所建 VAR 模型为稳定模型，此时 VAR 模型的 2 个拟合优度 R^2 系数分别为 0.5211 与 0.953，拟合效果较好。协整检验结果显示，非木质林产品加工制造业（$\ln X_4$）与非木质林业产业（$\ln Y$）之间存在长期均衡关系，进一步对模型进行脉冲响应函数分析和方差分解。且将 $\ln X_4$ 与 $\ln Y$ 同时设定为冲击变量与响应变量，$\ln X_4$ 先于 $\ln Y$ 产生冲击，结果如图 8-8 和图 8-9 所示。

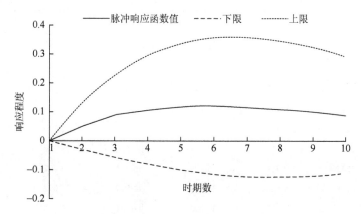

图 8-8 $\ln X_4$ 对 $\ln Y$ 扰动的响应

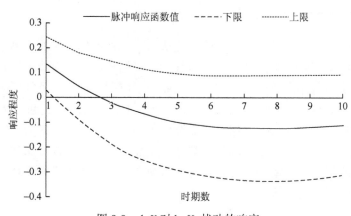

图 8-9 $\ln Y$ 对 $\ln X_4$ 扰动的响应

脉冲响应结果显示，当在本期给非木质林业产业（$\ln Y$）一个冲击后（图 8-8），非木质林产品加工制造业（$\ln X_4$）的初始反应为正，且呈逐渐上升趋势，在第 6 期达到正向最大 0.1212，之后稳定中有所下降。相比之下，在本期给 $\ln X_4$ 一个冲击对 $\ln Y$ 的影响在前 2 期为正（图 8-9），然后持续下降在第 3 期穿越横轴处于 0 轴下方，之后一直呈负冲击响应状态，第 7 期之后呈稳定态势。

由模型方差分解结果可以看出（表 8-4），非木质林产品加工制造业（$\ln X_4$）对非木质林业产业（$\ln Y$）的贡献度由第 1 期小幅度下降后逐渐回升，且不断上升，截至第 10 期，贡献度达到 54.514%，整体贡献度水平约为 41.0558%。相比之下，$\ln Y$ 对 $\ln X_4$ 的贡献度则从第 1 期的 0 开始逐渐小幅度上升，第 10 期达到 5.773%。

表 8-4　模型 4～6 方差分解结果　　　　单位：%

时期	模型 4		模型 5		模型 6	
	$\ln X_4 \to \ln Y$	$\ln Y \to \ln X_4$	$\ln X_5 \to \ln Y$	$\ln Y \to \ln X_5$	$\ln X_6 \to \ln Y$	$\ln Y \to \ln X_6$
1	44.723	0.000	32.851	0.000	54.960	0.000
2	29.863	0.302	31.346	0.647	34.625	0.598
3	25.745	0.948	33.909	9.658	26.357	1.531
4	29.397	1.836	39.746	19.661	22.306	2.580
5	35.615	2.818	44.041	28.274	19.889	3.686
6	41.575	3.748	46.795	36.057	18.267	4.835
7	46.405	4.526	48.056	42.595	17.099	6.024
8	50.045	5.113	47.766	47.862	16.218	7.252
9	52.676	5.517	46.442	51.997	15.531	8.518
10	54.514	5.773	44.632	55.090	14.981	9.822

分析结果显示，基于产业当前的发展状态，非木质林产品加工制造业对非木质林业产业在短期内有正向影响效果，且呈下降趋势，长期内趋于稳定。这样的结果主要由于当前非木质林产品加工制造业处于前期投资与技术创新阶段，在排除对其他非木质林业产业投资的条件下，非木质林产品加工制造业的发展不足以带动非木质林业产业产值增长超过历史发展水平，其产业发展潜力尚需进一步得到挖掘与提升。从长远角度考虑，国有林区应加大对非木质林产品加工制造业的投资力度与政策支持，依托自身丰富的非木质资源优势，积极推进林产品精深加工，带动林业经济实现绿色发展。

8.3.5　林业居民服务对非木质林业产业的带动效应分析

运用 $\ln X_5$ 与 $\ln Y$ 构建 VAR 模型，结果显示，模型的最优滞后阶数为 2，AIC 值=-2.0608，SC 值=-1.6991，且 AR 根均位于单位圆内，即所建 VAR 模型为稳定模型，此时 VAR 模型的 2 个拟合优度系数 R^2 分别为 0.9955 与 0.9603，拟合效果很好。此外，协整检验结果显示，林业居民服务（$\ln X_5$）与非木质林业产业（$\ln Y$）之间存在长期均衡关系，进一步对模型进行脉冲响应函数分析和方差分解。且将

$\ln X_5$ 与 $\ln Y$ 同时设定为冲击变量与响应变量，$\ln X_5$ 先于 $\ln Y$ 产生冲击，结果如图 8-10 和图 8-11 所示。

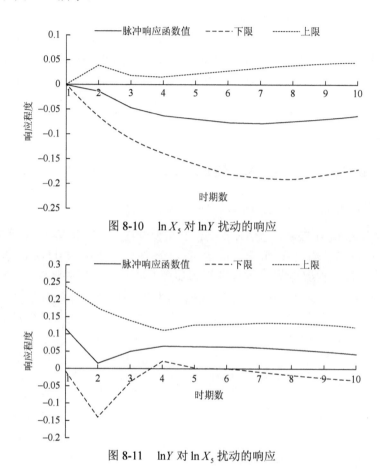

图 8-10　$\ln X_5$ 对 $\ln Y$ 扰动的响应

图 8-11　$\ln Y$ 对 $\ln X_5$ 扰动的响应

脉冲响应结果显示，给非木质林业产业（$\ln Y$）一个冲击后（图 8-10），林业居民服务（$\ln X_5$）的响应从冲击开始一直为负，且呈不断下降趋势，于第 7 期降至负向最低（-0.0768），之后小幅度上升。相比之下，$\ln X_5$ 对 $\ln Y$ 的影响在前 4 期波动幅度剧烈（图 8-11），在冲击开始即达到正向最大值 0.115，第 2 期降为最低 0.0178，之后呈上升趋势，响应一直为正，第 10 期，响应程度达到 0.0447。

由模型方差分解结果显示（表 8-4），林业居民服务（$\ln X_5$）对非木质林业产业（$\ln Y$）的方差贡献度整体呈波动性上升趋势，由第 1 期的 32.851% 小幅度下降至第 2 期的 31.346%，之后呈不断上升趋势，整体贡献度约为 41.558%。相比之下，$\ln Y$ 对 $\ln X_5$ 的贡献度在第 1 期为 0，然后随着时间推移贡献度逐渐增大，到第 10 期达到 55.090%，平均水平约为 29.184%。

林业居民服务对非木质林业产业的影响随时间推移有逐渐上升的趋势，影响效果一直为正值，从长期来看，拉动作用呈稳定趋势。随着林区对生态环境建设的高度重视，在未来，以林业生态为依托的森林旅游业将进入快速增长期。近 10 年，龙江森工集团林业旅游与休闲服务总产值平均增速高达 29.65%，产值占非木质林业产业总产值的比重亦不断上升。随着国有林区加大对林业居民服务的投资力度，其对非木质林业产业的影响效果将在短期内存在一个动态调整过程，随着产业自身发展趋于稳定，其对整个非木质林业产业的影响效果长期内趋于稳定趋势。

8.3.6　林业经营服务对非木质林业产业的带动效应分析

运用 $\ln X_6$ 与 $\ln Y$ 构建 VAR 模型，结果显示，模型的最优滞后阶数为 1，AIC 值=1.4861，SC 值=1.7285，且 AR 根均位于单位圆内，即所建 VAR 模型为稳定模型，此时 VAR 模型的 2 个拟合优度 R^2 系数分别为 0.6158 与 0.9601，拟合效果较好。此外，协整检验结果显示林业经营服务（$\ln X_6$）与非木质林业产业（$\ln Y$）之间存在长期均衡关系，进一步对模型进行脉冲响应函数分析和方差分解。且将 $\ln X_6$ 与 $\ln Y$ 同时设定为冲击变量与响应变量，$\ln X_6$ 先于 $\ln Y$ 产生冲击，结果如图 8-12 和图 8-13 所示。

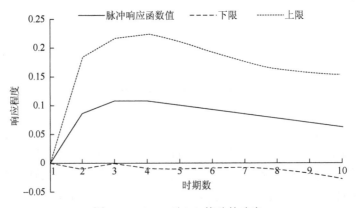

图 8-12　$\ln X_6$ 对 $\ln Y$ 扰动的响应

脉冲响应结果显示，在短期内，林业经营服务（$\ln X_6$）与非木质林业产业（$\ln Y$）之间的影响均呈现正向效应。本期给 $\ln Y$ 一个冲击对 $\ln X_6$ 的影响前 3 期显著上升（图 8-12），在第 3 期之后呈现持续的正影响。相比之下，$\ln X_6$ 对 $\ln Y$ 的初始影响为正（图 8-13），第 2 期之后响应值为负且呈稳定趋势。

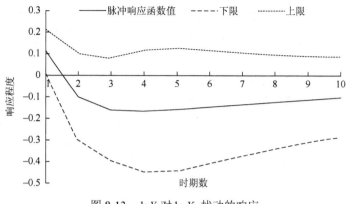

图 8-13　$\ln Y$ 对 $\ln X_6$ 扰动的响应

从方差分解结果可以看出（表 8-4），林业经营服务（$\ln X_6$）对非木质林业产业（$\ln Y$）的方差贡献度呈逐渐下降趋势，第 10 期贡献度水平下降至 14.981%；相比之下，$\ln Y$ 对 $\ln X_6$ 的方差贡献度则呈小幅度上升趋势，最大值为 9.822%。

林业经营服务作为提供技术支持与组织管理服务的服务型产业，对非木质林业产业在短期内呈现正向效应，能够带动非木质林业产业发展，从长期来看，应加大生产辅助服务的投资力度，整体改善林业生产服务质量，提升林业专业技术服务以及林业公共管理及其他组织服务水平，实现林业服务专业化。

8.4　非木质林业产业内部结构的带动效应结果对比

根据非木质林业产业内部构成产业对产业整体影响效果由短期到长期的动态走势，将非木质林产品各产业划分为 3 个层次：最具优势产业、短期优势产业与长期优势产业。其中，最具优势产业无论短期还是长期对非木质林业产业的影响效果持续为正向效应，且带动效果整体显著；短期优势产业在短期内产业增长趋势明显且对非木质林业产业的带动效果为正，短期发展优势较大，长期水平有所下降；长期优势产业短期内对产业总体的拉动水平较低，长期水平上升且趋于稳定，长期发展优势较显著。

1）最具优势产业，包括经济林产品的种植和采集、林业居民服务。脉冲响应函数分析结果显示，两者对非木质林业产业的影响均为正，1 单位脉冲冲击对产业总产值增长率的最大拉动分别为 0.319、0.115，不仅在短期能够显著提升非木质林业产业的发展，表现出很强的发展优势，在长期同样能实现可观的经济收益，成为提升非木质林业产业总体水平的主要动力产业。

2）短期优势产业，包括花卉种植与动物利用。脉冲响应函数分析结果显示，该产业对非木质林业产业发展为正向效应，短期拉动效果较为显著，第 1、3 期分别达到 0.1037、0.1147，长期内拉动效果有所下降，第 10 期拉动效果平均水平达0.0718，该产业原有基础较差但短期内有很明显的产业优势与发展潜力，将表现为增长较快的短期优势产业。

3）长期优势产业，包括非木质林产品加工制造业、林产化学产品制造以及林业经营服务。脉冲响应分析结果显示，从短期角度考虑，三者对非木质林业产业的拉动作用不太显著，前 3 期对非木质林业产业的影响效果均值分别为 0.0531、0.0875 以及–0.0482，但从长远角度考虑，相信随着政府加大相应的政策扶持与资源投入，将会显著提升这 3 个产业的竞争力与发展水平，进而拉动整个非木质林业产业的发展。

8.5　本 章 小 结

本章从非木质林业产业系统内生增长的角度出发，选取非木质林业产业产值数据，基于非木质林业产业的内部构成进行分析，分析龙江森工集团非木质林业产业内部次级产业对产业总体的关联效应。分析结果显示，非木质林产品内部次级产业与产业总体之间存在长期协整关系，其中，经济林产品的种植和采集、林业居民服务（以林业旅游与休闲服务为主）为最具优势产业，对非木质林业产业无论短期还是长期均呈现正向效应，且长期内趋于稳定；花卉种植与动物利用为短期优势产业，该产业原有基础较差，但具有较明显的产业优势，未来短期内表现出明显的正向效应，具有一定的发展潜力；非木质林产品加工制造业、林产化学产品制造以及林业经营服务为长期优势产业，对非木质林业产业的正向效应不显著，但相信随着未来加大相应的政策扶持与资源投入，长期内表现出显著的发展潜力。

第9章 龙江森工集团林业经济发展与非木质林业产业建设对策

根据第5～8章的分析结果,本章认为龙江森工集团林业产业结构优化具体应该重点从合理规划林业产业布局,建设特色林业优势产业,发展多元林下经济产业,培养新型林产品加工业,推广林业科技管理服务,完善林业产业链和产业群等方面展开。

9.1 积极应对林业政策变动,合理规划林业产业布局

现阶段,龙江森工集团林业产业结构与林业经济增长之间的不匹配关系一方面源于这两种描述对象自然属性的内在不一致,另一方面源于国家林业政策变动而造成的林业产出结构变化与预期林业经济增长目标的不协调。因此,需要从现阶段龙江森工集团林业产业结构状况出发,通过有效剖析林业产业演化趋势,并在充分考虑国家林业政策影响下,以一个积极的态度应对国家林业政策变动对林业产业结构和林业经济增长所带来的影响,而积极应对国家林业政策变动首先要正确理解和把握国家林业政策导向,同时要结合龙江森工集团林业资源禀赋情况,为龙江森工集团林业产业发展规划合理的发展布局。

从龙江森工集团管理经营层次来看,合理规划龙江森工集团林业产业布局至少应该包括两方面内容:一是根据各个林业管理局、林业局的区域地理位置特征和森林资源禀赋情况,针对性地建设各个林业管理局、林业局乃至基层林场的优势林业产业和特色林业产业,在发挥自身森林资源优势的同时形成区域优势林业产业的经营规模;二是从龙江森工集团整体来看,通过整合各个林业管理局、林业局的优势林业产业,形成龙江森工集团林业优势产业和特色产业。

从龙江森工集团林业产业转型升级来看,合理规划龙江森工集团林业产业布局首先需要改变现阶段龙江森工集团林业产出层次和质量偏低的状况,从根本上改变现阶段相对落后的林业生产经营局面,从而在促进森林经营、初级林产品生产、林产品精深加工、林产品营销推广、林业生产经营服务以及其他林业产业之间实现有序衔接的同时形成比重恰当的产业对应关系,从整体上提升龙江森工集团林业产业层次和林产品产出质量。其次在促进林业产业间实现有序衔接和形成恰当对应关系的同时还需要进一步推进龙江森工集团林业产业融合,通过林业产

业融合的方式内化部分林业生产经营成本，提升龙江森工集团林产品价格优势，从而在增强国有林区林业经济内在增长动力的同时更好地带动林业产业升级。

从龙江森工集团林业产业演进角度来看，林业产业发展同样符合"萌芽→发展→成熟→衰退"的发展规律，林业产业在发展到一定规模的时候往往会因外部环境的改变而产生巨大的改变，因此，合理规划龙江森工集团林业产业布局必须在充分考虑各个林业产业所处演进位置的同时，进一步结合国家林业政策变化情况、区域资源禀赋情况、市场潜在需求情况、产业发展潜力情况，在顺应林业产业发展规律的同时，因势利导针对性地选择符合龙江森工集团实际情况的最优林业产业发展组合，从而逐步建立起一套完备的林业产业链和多个区域林业产业群。

9.2　发挥林区资源禀赋优势，建设特色林业优势产业

为了进一步推进龙江森工集团林业产业转型升级，改变国有林区林业经济发展过程中的种种不利局面，龙江森工集团规划建立起八大重点产业以带动整个国有林区林业经济的增长，并通过建设合理的林业产业发展格局从根本上改变国有林区发展困境，这八大重点产业具体包括：营林产业、森林食品、林产工业、种植养殖业、森林生态旅游、木材产业、北药产业、清洁能源业。

从每个产业的发展情况来看，营林产业、森林食品、种植养殖业、木材产业、北药产业主要集中在林业第一产业中，并且营林产业可以由林木的培养和种植为有效代表，森林食品和北药产业主要来源于经济林产品的种植和采集，木材产业可以由木材采运进一步体现，种植养殖业是较为宽泛的概念，它主要涵盖了林下经济和非林产业中的农业和畜牧业；林产工业和清洁能源业主要集中在林业第二产业中，其中林产工业主要体系在林业第二产业的涉林产业部分，而清洁能源业则主要体现在林业第二产业中的非林产业部分；森林生态旅游则表现为林业第三产业中的林业旅游与休闲服务和林业生态服务两个林业涉林产业。显然，这八大林业产业涵盖了龙江森工集团林业产业中的绝大部分。

从第 5 章的林业产业识别结果来看，龙江森工集团林业第一产业中林木的培养和种植被识别为基础产业，木材采运被识别为衰退产业，经济林产品的种植和采集被识别为次级主导产业，花卉种植与动物利用被识别为一般产业，林业第一产业中非林产业主要由林业系统中的农业和畜牧业构成，并且 2015 年该部分产值达到 103.41 亿元，占林业第一产业产值的 53.06%，因此，可以认为是非林基础产业，此外，2015 年经济林产品的种植和采集中林产中药材的种植与采集产值达到 89 051 万元，并且产业规模存在明显的上升趋势，产业发展特色日益凸显；林业第二产业中木材加工及竹藤棕苇制品制造被识别为次级主导产业，林业第二产业

中的其他林产品加工被识别为一般组合产业，其中非木质林产品加工制造业被识别为潜在优势产业；林业第三产业中林业旅游与休闲服务被识别为次级主导产业，而林业生产服务、林业专业技术服务以及林业公共管理及其他组织服务均被识别为林业辅助产业。

显然，这样的林业产业识别结果与龙江森工集团八大重点产业发展规划不谋而合。此外，结合龙江森工集团林业资源禀赋的实际情况和各个林业产业发展"态""势"的分析结果，可以发现：这八大重点产业可以进一步分类，并逐渐形成以营林产业、种植养殖业和木材产业为发展前提的林业基础产业，以森林食品、林产工业和森林生态旅游为发展优势的林业主导产业，以北药产业、清洁能源业为发展特色的林业新兴产业。

因此，建设这八大重点林业系统产业一方面要结合这些产业的实际发展情况和未来发展潜力针对性建设不同特色的林业优势产业，另一方面要有效依托龙江森工集团森林资源禀赋，充分发挥龙江森工集团林业资源禀赋优势，建设具有区域影响力的林业基础产业、林业主导产业和林业特色产业，从而充分带动龙江森工集团林业产业转型与林业经济增长。

9.3　巩固林区森林资源基础，发展多元林下经济产业

根据林业第一产业内部林业产业类型识别、林业产业结构转换等林业产业状态分析结果，可以发现：2003～2015 年龙江森工集团林业第一产业中林木的培养和种植尽管呈现出产值比重上升的态势，但是产业比重仍不足 20%；与此同时，木材采运产业产值比重迅速下降，经济林产品的种植和采集产业产值比重迅速上升，从产业组合后的分析结果来看，经济林产品的种植和采集对木材采运存在替代的发展特征。

鉴于龙江森工集团长期以来的林木采伐活动对森林资源的过度利用和林产化工等产业对生态环境的严重破坏，上述的分析结果表明林业产业结构优化首先应从龙江森工集团森林资源基础建设抓起。巩固龙江森工集团森林资源基础，一方面要严格执行"天然林资源保护工程"和天然林商品性禁伐等林业政策，另一方面要适宜地加强龙江森工集团育种、育苗、造林等投入力度，提升林木的抚育和管理质量，从而为后续的林业产业发展奠定一个良好的森林资源基础。考虑到林木资源利用的政策性约束，龙江森工集团在进一步巩固林业资源基础的同时也需要侧重营造和发展经济林及其相关配套基础设施，从而为龙江森工集团林业第一产业的内部转型开辟新的道路。

与此同时，为了减弱林木禁伐等政策约束的短期不利影响，龙江森工集团需要进一步将发展精力转移到其他非木质林业产业发展上来，其中，发展多元化林

下经济和林下产业就是有效的途径之一。林下产业主要指基于林地资源和森林资源发展的林下种植业、林下养殖业、森林产品采集业、森林旅游业等，狭义上的林下经济仅指在林地上发展的相关产业内容，而广义上的林下经济不仅包括狭义林下经济内容，还包括林中产业和林上产业。龙江森工集团拥有丰富的林下资源，适宜发展林下经济，如林药、林菌、林菜、林果、林花、林草等林下种植业，林畜、林禽、林蜂等林下养殖业，森林观光、休息度假、康复疗养等森林旅游业。从林下经济的发展优势来看，林下经济具有资金投入少、生产周期短、经营难度小、产出见效快、市场潜力大、形式多种多样以及对其他林业产业干扰小等优点，恰好满足龙江森工集团林业经济发展和林业产业转型的整体需求。

从非木质林产品第一产业内部次级产业发展情况来看，经济林产品的种植和采集的发展整体处于迅速扩张趋势，成为非木质林产品第一产业的主力产业，2015 年该产业产值达到 758 346 万元，占非木质林产品第一产业产值的 98.47%，2003～2015 年产值增长率高达 28.28%。第 7 章林业第一产业内部灰色关联结果表明，2011 年开始，经济林产品的种植和采集与林业第一产业的关联度超过木材采运，至 2015 年关联程度达到 0.8919，能够推动林业第一产业发展。脉冲响应结果显示，经济林产品的种植和采集对非木质林业产业的发展具有显著的正向影响效果（0.2574），表现为最具优势产业。

实际上，经济林的建设可以有多种选择，林下经济的发展也存在多元化的特点，因此，龙江森工集团建设和发展经济林产业和林下产业首先要结合龙江森工集团森林资源禀赋情况，对每个林业局、林场进行综合考察，从国有林区全局的角度进行林下经济进行合理规划。可以预见，经济林和林下经济的开发经营是未来龙江森工集团林业经济的发展重点，也是实现林业产业转型升级的重要前提。

随着国有林区加快林业经济转型的步伐，木材采运对于林业第一产业发展不再具有主导地位，经济林产品的种植和采集表现出较高的发展潜力，对于带动林业第一产业的发展具有重要作用，同时，作为非木质林业产业内部最具优势的产业，其发展能够显著促进非木质林业产业整体发展，因此，需进一步加大非木质林产品的种植和采集规模，促进经济林产品产业的快速发展，在优化产业布局的同时推动林业产业转型发展。

第一，实时了解市场动态，提高迎合市场需求的经济林产品产量。从需求角度来看，目前国内外市场对林产品的需求不断增长，其中，对山野菜、食药用菌等为代表的独具北方特色的森林食品需求越来越大。此外，以人参、刺五加、五味子、黄芪等为主的森林药材同样受到社会的普遍欢迎，虽然龙江森工集团蕴藏百余种野生药材，且蕴藏量巨大，但是多种因素导致国有林区产量减少，供不应求，难以满足市场需求。因此，需实时了解市场动态，依托省内的林业科研机构不断提升种植与采集技术，提高经济林产品的产量，满足日益增长的市场需求。

第二，加大经济林产品种植示范基地建设，以龙头企业为标榜，进一步发挥先进典型的示范带动作用，积极鼓励农户参与经济林产品的种植和采集活动，同时，各个林业局要根据种植与采集的实际情况，科学地加大扶持力度，不断增加示范基地的覆盖范围，在依托龙江森工集团的森林资源禀赋基础上，合理规划与开发，充分利用非木质资源，为非木质林产品精深加工以及后续的产品营销推广打下良好的基础，从而促进非木质林产品开发利用上下游产业间的有效衔接，从产业链初始端为提升龙江森工集团非木质林业产业发展提供支持。

目前龙江森工集团花卉的种植产业发展极为缓慢，2005～2015 年年均产值仅为 82.27 万元，且 2015 年该产业产值仅为 48 万元，占非木质林产品第一产业产值比重不足 0.7%，相比之下，动物繁育和利用产业规模较大，由 2004 年的 582 万元增长至 2015 年的 11 698 万元，两者对林业第一产业产值的综合关联作用呈上升趋势，平均关联程度为 0.7671，对非木质林业产业的影响短期为正，能够带动非木质林业产业的发展，但是作用水平较低，因此需重点促进花卉的种植以及动物繁育和利用产业发展，尤其对花卉的种植产业给予更多的关注与支持。随着生态文明建设的不断推进，居民群体、森林旅游、城市监管建设将显著提升对花卉的需求量，同时，人们对食药兼动物以及毛皮制品的需求亦不断上升，花卉的种植产业以及动物繁育和利用产业将具有巨大的发展前景。

针对花卉及其他观赏性植物的开发利用，首先要大力打造花卉品牌生产基地，充分发挥林区土地资源、花卉种质资源、劳动力以及生产设施的优势，建立园艺花卉产业基地，实现畅销花卉的专业化生产，打造享誉中外的花卉品牌生产基地；积极搭建科研院所与企业之间的交流平台，加强花卉育种、栽培、采后技术研究，引进高质量的新品种，并通过加强产品设计来以盆栽形式将个别花卉品种的实用价值与观赏价值相结合，提升其经济效益；积极建立花卉营销平台，通过举办大型交易活动等形式促进花卉产品的流通，发展生态、优质的花卉产业。

针对动物繁育和利用产业，从需求角度来看，随着人们健康意识的增强，对食药兼动物的需求日益旺盛，与此同时，本地市场以及对外贸易中，对毛皮制品的需求量亦不断上升。因此，要利用良好的林区生态环境资源，依托林业局以及林场建设森林猪、森林鹅、森林鸡等特色森林动物养殖基地建设并积极引导林业职工参与林场周边林地特色养殖，通过技术合作、品牌经营，促进森林动物繁殖规模化、经营产业化，进而提升森林动物的养殖数量与产品质量。

9.4　培养新型林产品加工业，带动林业产业转型升级

从第 5～8 章中龙江森工集团林业第二产业内部各个林业次级产业发展情况和次

级林业产业结构变化趋势来看，以木材加工及竹藤棕苇制品制造为主的初级林木产品加工是林业第二产业中的主导产业，2003～2015年木材加工及竹藤棕苇制品制造产值比重均保持在58%以上，并且在林业第一产业中木材采运日益萎缩的前提下，木材加工及竹藤棕苇制品制造并没有存在显著的衰退迹象。与此同时，其他林产品深加工产业规模仍相对较小，其中木竹藤家具制造2016年的预期产业比重仅为14.76%，而作为潜在优势产业的非木质林产品加工制造业2015年的预期产业比重仅为7.43%，显然，这样的产业结构表明龙江森工集团林产品加工制造产业主体是初级林产品加工，林业产业结构中林产品深加工产业比重过小从而丧失了更多的林产品潜在附加价值。因此，为了更好地促进龙江森工集团林业产业结构优化，就必须从政策诱导的角度出发，通过给予林产品深加工企业适当的优惠政策，有效地培养和发展新型林产品加工产业，从而在优化林业第二产业内部产业结构的同时进一步促进龙江森工集团林业产业转型升级。

实际上，促进龙江森工集团林业第二产业内部产业转型升级应该从中短期和长期两个方面进行考虑。

从中短期来看，龙江森工集团初级林木产品加工仍将是次级主导产业。因此，短时期内林业产业转型的重点应该放在初级林木产品加工向精深林木产品加工转移上，通过地方政策带动、市场开发、企业推动等多种手段有效地促进林木产品的精深加工产业发展，扩大木竹藤家具制造、木质工艺品和木质文教体育用品制造等产业的规模，在不影响国有林区生态环境的前提条件下，可以适当发展木竹苇浆造纸和林产化学产品制造等产业，从而充分利用林木资源，协调初级林木产品和林木深加工产品之间的比重关系。

从长期来看，龙江森工集团林木产品加工都将因国家政策约束而退化为一般林业产业。与此同时，随着林业第一产业中经济林和林下经济规模的进一步扩大，与之配套的非木质林产品加工制造业能力也将空前加强，从而真正将非木质林产品加工产业的潜在发展优势体现出来，并最终替代林木产品加工产业成为龙江森工集团林业第二产业中的主导产业。因此，非木质林产品精深加工产业的发展需要结合林业第一产业中经济林产业和林下产业的发展布局和发展规模，逐步建立起与之相匹配的新型非木质林产品精深加工产业。

另外，根据非木质林产品第二产业内部次级产业发展现状及林业第二产业内部结构关联分析结果来看，林业第二产业的主要特征正在从初级木质林产品加工向林业生态建设的方向转变，木材采运、木质品加工等产业对林业第二产业的影响逐渐降低。相比之下，非木质林产品加工制造业以及林产化学产品制造产业的影响作用逐步上升，其中，自2010年，非木质林产品加工制造业产业规模上升显著，2010～2015年产值增长率高达47.26%，但其发展规模与非木质林产品第一产业中的上游产业（经济林产品的种植和采集产业）发展规模不对等。例如，2015年森林药材种植产业增加值为 4.05 亿元，而森林药材加工制造产业增加值仅为 0.70 亿元，此外，2015 年森林食品种植与林产品采集产业增加值高达 33.22 亿元，而与之对应的林产品深加工业增加值不足 1 亿元。同时，脉冲响应结果显示，非木质林产品加工制造业以及林产化学产品制造短期内对非木质林业产业发展的正向影响效果并不显著（0.0531 以及 0.0875），长期影响为负且趋于稳定。

上述分析结果表明，当前龙江森工集团非木质林产品加工制造业发展较弱，对非木质林业产业整体的带动作用并不显著，尚处于前期投资阶段，林果、浆果等众多非木质林产品种类多以卖鲜果、初产品为主，深加工比重很低，更多非木质林产品的潜在经济价值尚未被挖掘出来。因此，为了更好地实现非木质林产品的开发利用，同时推动非木质林业产业实现均衡发展，必须加快非木质林产品的深层次的开发利用，将产品系列开发、精深加工做大做强，发挥此类产业的发展优势，需要从科技、人才、成果、品牌等方面进行考虑。

首先，要积极培养专业人才，通过人才建设，提高龙江森工集团经济林产品的产出量以及加工研制出迎合市场需求且附加值高的保健品、医药产品、森林蔬菜产品、食用果品、动物食品以及皮革等产品。其次，要加大科技投入，当前龙江森工集团非木质林产品产品加工存在科技含量低的问题，通过有效提高加工技术水平，促进非木质林产品加工制造业以及林产化学产品制造等加工产业实现规模化、标准化加工与生产，同时，对促进非木质林业产业全产业链发展、提升产品附加价值具有显著的现实意义。最后，加快非木质林产品研发科技成果的转化与应用，在形成示范效应的同时加快科技成果的产业化进程，推动产业的示范与集聚水平。发挥非木质林产品加工制造业的产业潜力，使其与第一产业中的经济林产品的种植和采集产业发展规模相匹配，进一步优化非木质林业产业的整体布局。

木质林产品产业包括林业第一产业中的林木的培养和种植、木材采运以及林业第二产业中的木材加工、木质林产品加工制造类产业。林业产业中除木质林产品产业的其他林业产业为非木质林业产业外，木质林产品产业与非木质林业产业共同构成龙江森工集团林业产业系统。自 2014 年，木质林产品产业受到"禁伐令"的强烈冲击，产业产值呈现持续负增长，产业规模逐步萎缩，2015 年木质林产品产业总产值占林业产业总产值降至 28.17%，相比之下，非木质林业产业作为互补部分则呈显著上升趋势，2015 年产业产值达到 140.63 亿元。

显然，上述产业发展趋势与林业产业结构转变方向符合当前龙江森工集团林业产业改革的实际情况与发展规律，然而，木质林产品产业仍对林业经济发展有较大的带动作用，产业产值占林业产业总产值的比重仍保持较高水平，因此，要想切实发挥龙江森工集团的资源禀赋优势，整体提升林业经济增长，需实现木质林产品产业与非木质林业产业互补发展，发挥非木质林业产业的生态化特点与潜在发展优势，同时强化木质林产品产业改革，从而在减少"禁伐令"带来的不利影响的同时有效地促进龙江森工集团林业产业转型升级。

在严格执行"天然林资源保护工程"以及"禁伐令"政策要求的前提下，为了更好地促进传统木质林产品产业改革，首先，要加大龙江森工集团对育种、育苗、造林的投入力度，重点提升林木的培育与种植产业的发展水平，为今后林业产业的发展奠定坚实的森林资源基础。其次，要发展与营林、造林相配套的基础设施，为优化龙江森工集团林业第一产业内部结构提供保障。再次，推进初级林木产业加工往精深加工的方向转变，通过相关政策支持、市场开发以及丰富企业主营业务内容等多种手段，在不影响林区生态化建设的同时，促进木竹藤家具制造、木质工艺品和木质文教体育用品制造等木质林产品加工产业的发展，使林木资源得到有效配置。最后，通过相关技术引进，积极发展木质型替代产业，包括产品替代与原料替代等，如积极研发和推广黑木耳生产过程中的替代性原料等，同时寻求新的木材供应渠道等，缓解"禁伐令"对木材加工产业及黑木耳等以木材为原料的木质型产业的负面影响。总之，龙江森工集团在加快林业产业转型升级的过程中，要实现木质林产品产业与非木质林业产业互补发展，提升非木质林业产业发展的同时创新木质林产品产业的发展。

总之，龙江森工集团在调整林业产业结构，促进林产品加工产业转型升级的过程中，不仅要积极发展新型林产品精深加工产业规模，同时更要注重木质与非木质产业互补发展，在强化林产品加工产业改革的同时不断深化非木质林业产业对木质林业产业的替代作用，从而在减少林业产业转型升级过程中不利波动影响的同时有效地带动龙江森工集团林业产业结构优化。

9.5　推广林业科技管理服务，提升林业经济增长动力

尽管林业劳动力和林业资本投入增长是林业产出增长的主要原因，但是不能忽略林业科技和管理服务在现代化林业经济发展过程中的重要作用。现阶段，龙江森工集团林业经济出现一定的增长瓶颈，一方面源于国家林业政策的约束，另一方面源于林业产业发展滞后，这两个方面是林业经济增长瓶颈的重要根源所在。其中，林业产业发展滞后的重要原因是不能通过林业科技和管理服务提升林产品产出质量和等级，并且改变林业产业结构不合理的现状。

随着林业第三产业中林业旅游与休闲服务产业的日趋成熟，林业第三产业内部次级产业结构也日益稳定，根据第5~8章中的分析结果可以发现，2009~2015年林业经营服务的产值增长相对缓慢，年平均增长率为37.37%，明显高于同时期林业旅游与休闲服务的产值增长率（26.84%）。此外，从林业经营服务的内部来看，林业生产服务、林业专业技术服务、林业公共管理及其他组织服务这三个次级林

业产业规模都相对较小，2015年这三个次级林业产业在林业第三产业涉林部分的比重分别为2.01%、4.07%、12.66%，显然，这些林业生产经营服务的规模相对其他林业产业太小，林业科技、管理服务的落后是龙江森工集团林业生产经营和林产品产出等级与质量偏低的重要原因，因此，为了提升龙江森工集团林业生产经营水平和林产品产出等级和质量，促进龙江森工集团林业产业转型升级，就必须加大林业科技和管理服务投入力度，实现从落后的林业发展方式到科技兴林、管理富林的重大转变。

实现科技兴林、管理富林的具体路径主要包括三方面内容，一是加大林业科研投入，提升相关科研成果的数量和质量；二是搭建林业科技供需平台，满足供需双方多样性需求；三是积极推广林业科技成果，形成科研投入与产出良性循环。

首先，在加大林业科研投入方面，龙江森工集团及其下属机构需要根据自身林业产业发展的需要，具体分析自身的林业科技需求选择适宜的获取方式，通过自主科研或者借助林业高校、科研院所等将资本转化为林业科研成果；其次，为了有效地促进林业科研的投入、研发以及推广，龙江森工集团应该积极促进龙江森工集团林业局、林场、林业企业与林业高校、林业科研院所、林业推广机构之间的沟通合作，一方面可以适当召集不同形式的林业科技成果推广展销会，搭建一个现实的林业科技供需平台，从而增加林业科技供需双方的合作，另一方面也可以建设一个虚拟的网络林业科技供需平台，从而实现林业科技供给和需求及时对接；最后，在林业科技成果推广与应用方面，龙江森工集团需要根据自身实际情况，尤其是各个林业局和林场的实际发展需求，积极推广相应的林业科技，从而将林业科技有效地应用到相应的林业生产经营活动中，从而充分带动龙江森工集团林业产业转型和林业经济增长，并在此过程中形成良好的科研投入产出循环，不断提升龙江森工集团林业科技水平，改变现阶段龙江森工集团林业生产经营落后的发展局面。

目前，龙江森工集团非木质林产品生产、加工产业发展相对较弱，非木质林产品的开发利用还未形成规模化与集约化，产业整体未能从真正意义上实现对林业经济的显著带动作用，其原因是当前的林业科技与管理服务未能提升非木质林产品的生产、加工等重要环节的质量与规模。从非木质林产品第三产业内部次级产业的发展情况来看，林业旅游与休闲服务的发展日趋成熟，第三产业逐渐形成以林业旅游与休闲服务为主导部分的产业格局，从林业生产服务、林业专业技术服务以及林业公共管理及其他组织服务三个产业发展来看，规模均相对较小，2015年，三者占非木质林产品第三产业的比重分别为2.01%、4.07%以及12.66%，可以看出，为非木质林业产业提供技术支持与管理服务的林业经营服务产业规模明显落后于其他非木质林业产业。

林业科技以及相关管理服务水平的落后是龙江森工集团非木质林产品生产以

及产出水平较低的重要原因，因此，要加大林业科技和管理服务的支撑力量，提升非木质林业产业的发展动力，具体途径包括加大创新技术投入，提高创新意识；构建科研高校与林业企业沟通平台，优化人员配置；整合科技资源，促进科研成果产业化。

在创新技术投入方面，龙江森工集团及其下属机构要在定位好非木质林业产业发展的自身处境下，培养自身的创新意识，在发展过程中，明确所需技术的开发重点，增加科研投入，并对投入资金进行科学分配。加大对各种非木质林产品的深加工力度，建立与非木质林业产业发展相切合的技术服务体系。

在构建科研高校与林业企业沟通平台方面，充分发挥林业科技人才以及相关林业科研单位的重要作用，加强林业高校与林业企业之间的沟通合作。农林院校要明确自身在林业技术推广方面的重要作用，优化当前科技和教育体制，对人才评价体系进行改革，以林业科技服务的相关内容作为其中一项考核标准，鼓励科研人员积极参加面向基层的科技服务，如可以组建林区服务小组，由科研高校与基层技术推广人员共同参与专业合作组织以及示范基地对接等。相关林业局、林业企业、林场等可以针对发展过程中的现实问题，聘请农林院校的学者和科研人员到地方进行科学技术研发方面的讲座，同时注重引进相关专业的优秀毕业生，优化企业人员配置。

在促进科研成果产业化方面，制定相关的鼓励政策，加强科技成果融入企业，增强科研成果与重要生产要素之间的结合的深度，注重形成良好的研发、实验、推广间的良性循环过程，重点突破坚果、浆果、花卉新品研发、森林食品加工制造、动物繁育等关键技术，积极推广研发方面的科技成果，提升当前非木质林业产业的发展动力，推动非木质林业产业往高效、优质、高端的方向发展。

9.6　完善林业产业链产业群，促进林业产业协调发展

林业产业链的建立可以将割裂的林业产业有机的连接在一起，从而有助于内化林业经营成本，提高林业生产经营效率；与此同时，林业产业群的完善则有助于进一步提高林业产业集聚程度，形成林业产业的规模优势和外部影响力。因此，建立完善的林业产业链和产业群是促进龙江森工集团林业产业协调发展和林业经济快速增长的有效措施。

9.2～9.5 节中的分析与对策建议侧重于单个林业产业的发展，实际上，林业系统的每个林业产业间或多或少地存在某种内在联系，因此，可以根据不同林业产业之间关系主次和性质的不同建立适宜的林业产业链和产业群。对龙江森工集团林业产业群和产业链的建立和完善而言，具体可以体现在两个方面：一方面是提高龙江森工集团林业经济的产业化和组织化程度，将分散的林业产业集聚起来

形成合理的林业产业集群；另一方面是将林产品的生产、加工、存储、运输和销售等多个流程有序地连接起来，从而建立完善的林业产业链，在促进龙江森工集团林业产业协调发展的同时充分带动林业产业转型升级与林业经济增长。

此外，龙江森工集团及其下属的各个林场和相关林业企业的地理分散性和经营独立性，林业生产必然存在相应的产业集聚分散化和利益主体多样化，因此，需要龙江森工集团及其下属的四个林业管理局作为管理主体，做好对龙江森工集团林业产业发展的规划与管理。林业产业发展规划和布局需要从龙江森工集团全局的角度出发，根据各个林业局、林场的自身资源禀赋特征，建立适宜的林业产业聚集区，在发挥区域林业经营特色的同时形成区域林业产业规模优势。此外，通过统一的产业规划和经营管理还可以在实现生产经营规模效应的同时弱化多利益主体的潜在矛盾，最终建立一套完善的多元化林业产业群。

通过发挥龙江森工集团林业资源禀赋优势，发展多元化林业产业并建设与之对应的林产品加工业，林业产业链的始端就已基本具备，而一个完善的林业产业链还需要建设一个恰当的林业产业链终端，并将林业产业链中的各个环节有序地衔接在一起，从而形成一个完善的林业产业链。值得注意的是林业产业链的终端是以林产品营销和信息反馈为主的重要环节，而一个良好的林产品营销环节不仅要有较高的推广能力，同时还要有敏感的市场预见能力，即林产品营销过程中要时刻强化市场导向作用，通过有效地把握林产品市场的供求变化及时调整林产品营销方案，并将相关信息反馈给林产品生产加工等环节，从而形成真正完备的林业产业链。

另外，从非木质林业产业发展现状来看，国有林区非木质林业产业产值占涉林产业总产值的比重亦表现出明显的上升趋势，2015 年所占比重高达 72.16%，已经成为林业经济发展的重要组成部分。非木质林业产业与林业产业结构之间的关联分析结果显示，非木质林业产业的发展对林业产业发展有显著的影响作用，且影响作用逐步加强，能够作为推动林业产业结构调整、促进林业经济优质发展的重要途径。但是，从非木质林业产业内部次级产业发展以及内部构成产业的发展潜力来看，非木质林业产业内部结构不协调，有待进一步优化。因此，在肯定非木质林业产业发展能够推动林业产业结构调整的作用下，就必须优化非木质林业产业结构，促进非木质林业产业全产业链发展，推动林业产业布局，促进林业经济可持续发展。

全产业链发展能够实现将种植与养殖、产品加工、分销/物流、品牌推广、产品销售等多个环节连接在一起，能够使上下游企业共同形成一个利益共同体，在此产业链上所有的环境必须以消费者需求与市场为导向，在对产品质量进行控制下，实现产品来源可追溯，打造"安全、放心、健康"非木质林业产业链，同时推动非木质林业产业的集聚水平和产业群的建立，推动龙江森工集团非木质林业产业协调发展，进而推动林业经济快速增长。

促进非木质林业产业全产业链发展。首先，发挥市场导向作用，政府和企业可以构建信息交易平台，在了解与掌握市场的基础上，运用相关网络技术汇总非木质林产品市场的相关信息，能够把产业链终端消费者的需求，通过市场导向作用与机制反馈到种植、养殖以及产品加工环节，建立规范、科学的非木质林业产业链初始端。其次，加强营销网络积极搭建交流平台，做大做强品牌推广、产品销售等环节，通过举办非木质林产品交易会、产业发展论坛等形式，在区域重要节点城市以及中心城市，建立大型非木质林产品交易市场，实现非木质林产品产、供、销等环节的有效对接，提升使资源有效配置。企业以及政府要采取多样化的营销手段积极宣传自身产品，提升产品知名度，在巩固和扩大区域市场的同时，积极开拓异地市场，提供全方位、多层次的服务。此外，政府可通过资金资助、税费减免等手段，大力扶持非木质林业产业的发展，以促进非木质林业产业全产业链发展。

总之，龙江森工集团在有层次、有针对性地促进非木质林产品各产业发展的过程中，必须要基于国家林业政策背景和龙江森工集团非木质资源情况，根据非木质林业产业内部构成产业各自的发展现状以及带动作用，对各个产业以及产业间协调发展进行合理规划，针对性地结合多种有效措施在促进龙江森工集团非木质林业产业结构优化的同时，带动林业经济实现优质高效发展。另外，无论基于何种视角研究和推进龙江森工集团林业产业结构优化，都必须充分考虑国家林业政策约束和龙江森工集团林业资源禀赋，从林业产业的发展现状和发展潜力等角度对各个林业产业的发展做出合理的规划，并利用多种形式的调节措施在促进龙江森工集团林业产业优化的同时充分带动林业经济的增长。

9.7　本章小结

本章主要对龙江森工集团林业产业类型识别、产业结构优化、非木质林业产业发展等内容的研究成果进行梳理总结，并针对龙江森工集团林业经济和林业产业发展现状从应对国家林业政策、优化林业产业布局、发展林区有效森林资源禀赋优势、建设多元化林业产业、扩大林产品深加工规模、提升林业科技推广效果、建立林业产业集群以及促进林业经济与林业产业协调发展等方面给出相应的对策建议。

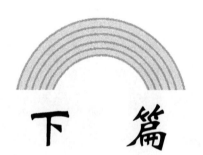

下 篇

黑龙江省大小兴安岭森林生态功能区林业产业识别与生态产业建设

第10章 黑龙江省大小兴安岭森林生态功能区林业产业识别

为了建立并完善黑龙江省大小兴安岭生态主导型产业体系，同时在产业发展过程中实现对生态主导型产业的进一步优化，需要对当下的林业产业现状进行分析，确定现有林业基础产业、林业支柱产业、林业替代产业等产业类型。考虑到统计指标的变动以及数据的可得性，这里使用2009～2015年黑龙江省大小兴安岭林业产值数据并基于灰色发展决策对黑龙江省大小兴安岭森林生态功能区林业产业类型进行识别与划分。

根据黑龙江省大小兴安岭森林生态功能区的区域范围界定，黑龙江省大小兴安岭森林生态功能区主要包括大兴安岭地区、黑河市和伊春市行政辖区及通河县、巴彦县、绥棱县、汤原县、萝北县山区部分（包含区域范围内林区、垦区），因此在进行区域范围内的数据分析和模型构建时应该使用整个黑龙江省大小兴安岭森林生态功能区内的数据。然而，在实际的操作中将整个黑龙江省大小兴安岭森林生态功能区的数据进行收集整理存在较大的困难。考虑到数据的可得性，这里在进行模型构建与数据分析时主要使用了大兴安岭地区、黑河市和伊春市的相关数据，其他县级地区由于数据难以获取，加之在黑龙江省大小兴安岭森林生态功能区内所占的面积比重较小，因此可以暂不予考虑。显然，使用大兴安岭地区、黑河市和伊春市的相关数据对黑龙江省大小兴安岭森林生态功能区的发展情况进行研究也足以满足模型构建和现状分析的要求（数据来源：大兴安岭地区、黑河市和伊春市林业局）。

10.1 黑龙江省大小兴安岭森林生态功能区林业三次产业灰色发展决策

设黑龙江省大小兴安岭森林生态功能区林业总产值发展为 a_0（包括林业系统非林产业），即事件集为 $A_0 = \{a_0\}$；林业第一产业发展对策为 b_{01}，林业第二产业发展对策为 b_{02}，林业第三产业发展对策为 b_{03}，则对策集为 $B_0 = \{b_{01}, b_{02}, b_{03}\}$，从而有局势集 $S_0 = \left\{ s_{ij} = (a_i, b_j) \middle| a_i \in A_0, b_j \in B_0 \right\} = \{s_{01}, s_{02}, s_{03}\}$。

黑龙江省大小兴安岭森林生态功能区林业总产值收益为目标0，其相应的效果值

为各产业产值，则在目标 0 下，对应局势 s_{ij} 的局势效果时间序列（2009～2015 年林业产值）依次为

$$\boldsymbol{u}_{01}^{(0)} = \{u_{01}^{(0)}(1), u_{01}^{(0)}(2), \cdots, u_{01}^{(0)}(7)\} = \{844963, 1011541, \cdots, 1447868.6\}$$

$$\boldsymbol{u}_{02}^{(0)} = \{u_{02}^{(0)}(1), u_{02}^{(0)}(2), \cdots, u_{02}^{(0)}(7)\} = \{986026, 1106995, \cdots, 676028\}$$

$$\boldsymbol{u}_{03}^{(0)} = \{u_{03}^{(0)}(1), u_{03}^{(0)}(2), \cdots, u_{03}^{(0)}(7)\} = \{317169, 381925, \cdots, 855203\}$$

根据灰色 GM（1，1）模型可以对上述局势效果时间序列 $u_{ij}^{(k)}$ 进行最小二乘的估计，运用灰色系统理论建模软件（GTMS3.0）进行计算，从而可以得到其参数 $\hat{\alpha}_{ij}^{(k)} = [a_{ij}^{(k)}, b_{ij}^{(k)}]^{\mathrm{T}}$，其结果如下：

$$\hat{\alpha}_{01}^{(0)} = [a_{01}^{(0)}, b_{01}^{(0)}]^{\mathrm{T}} = [-0.0648, 1056240.1425]^{\mathrm{T}}$$

$$\hat{\alpha}_{02}^{(0)} = [a_{02}^{(0)}, b_{02}^{(0)}]^{\mathrm{T}} = [0.0657, 1351840.8109]^{\mathrm{T}}$$

$$\hat{\alpha}_{03}^{(0)} = [a_{03}^{(0)}, b_{03}^{(0)}]^{\mathrm{T}} = [-0.1233, 416151.4740]^{\mathrm{T}}$$

其中，林业第一、第二、第三产业灰色发展决策模型的平均相对误差分别为 7.4061%、16.7496%、7.9486%，林业第一、第三产业模型的平均误差相对较小，林业第二产业灰色发展模型的平均相对误差较大。然而，考虑到 2015 年黑龙江省大小兴安岭森林生态功能区林业第一、第二、第三产业产值比重分别为 48.60%、22.69%、28.71%，即林业第二产业产值比重相对较小，其误差也是可以接受的。此外，对于三个模型的发展系数 $-a_{0i}^{(0)}$，显然，$-a_{0i}^{(0)} < 0.3$，因此灰色 GM（1，1）模型的拟合效果极好，可以进行中长期预测。

与此同时，目标 0 的效果值越大越好，而此时 $\max\limits_{1 \leqslant i \leqslant 3}\{-a_{0i}^{(0)}\} = -a_{03}^{(0)} = 0.1233$。所以，$s_{03}$ 为目标 0 下的发展系数最优局势，而黑龙江省大小兴安岭森林生态功能区林业三次产业的发展系数最优局势顺序依次为：$s_{03} > s_{01} > s_{02}$，即林业第三产业发展＞林业第一产业发展＞林业第二产业发展。

此时，黑龙江省大小兴安岭森林生态功能区林业三次产业的灰色 GM（1，1）模型分别为

林业第一产业：$\hat{X}_{01}^{(0)}(2009 + k) = 1075750.9976\mathrm{e}^{0.0648k}$

林业第二产业：$\hat{X}_{02}^{(0)}(2009 + k) = 1330282.7992\mathrm{e}^{-0.0657k}$

林业第三产业：$\hat{X}_{03}^{(0)}(2009 + k) = 428310.4534\mathrm{e}^{0.1233k}$

式中，$k = 0, 1, 2, \cdots$。

当 $k=7$ 时，代入上述模型得到 2016 年林业三次产业产值预测值，同理可以计算得到 2016～2020 年林业三次产业产值预测值。黑龙江省大小兴安岭森林生态功能区 2009～2015 年林业三次产业产值与 2016～2020 年林业三次产业产值预测值如表 10-1 和图 10-1 所示。

表 10-1　2009～2020 年黑龙江省大小兴安岭森林生态功能区林业三次产业产值

单位：万元

年份	林业第一产业	林业第二产业	林业第三产业
2009	844 963.00	986 026.00	317 169.00
2010	1 011 541.00	1 106 995.00	381 925.00
2011	1 197 446.00	1 101 599.00	595 511.00
2012	1 387 585.00	1 265 626.00	655 917.00
2013	1 599 240.27	1 363 020.00	750 286.29
2014	1 497 042.53	861 567.00	796 482.58
2015	1 447 868.56	676 028.00	855 203.00
2016	1 692 716.08	839 915.06	1 015 299.46
2017	1 805 962.57	786 512.39	1 148 529.31
2018	1 926 785.49	736 505.11	1 299 241.87
2019	2 055 691.74	689 677.35	1 469 731.27
2020	2 193 222.11	645 826.95	1 662 592.67

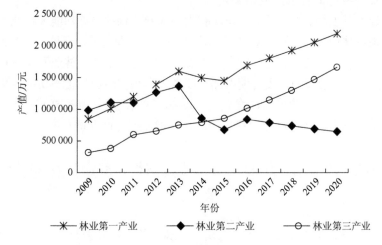

图 10-1　2009～2020 年黑龙江省大小兴安岭森林生态功能区林业三次产业产值折线图

　　根据表 10-1 可以看出 2016 年黑龙江省大小兴安岭森林生态功能区林业第一、第二、第三产业产值的预测值分别为 1 692 716.08 万元、839 915.06 万元、1 015 299.46 万元，在目标 0 下的预测最优局势为最大预测值，其预测最优局势顺序依次为：$u_{01} > u_{03} > u_{02}$，即林业第一产业产值＞林业第三产业产值＞林业第二产业产值。

　　从黑龙江省大小兴安岭森林生态功能区林业三次产业的灰色发展系数最优局势顺序来看，$-a_{0i}^{(0)} < 0.3$，所以在中长期内林业第三产业的发展将作为黑龙江省大

小兴安岭森林生态功能区林业总产值发展的核心动力，其次为林业第一产业和林业第二产业。然而，林业三次产业的灰色发展系数相差并不是很大，这也表明现阶段黑龙江省大小兴安岭森林生态功能区林业产业的发展还是相对均衡的。

从黑龙江省大小兴安岭森林生态功能区林业三次产业的预测最优局势顺序来看，2019 年预期林业第一、第二、第三产业比重依次为 48.77%、16.36%、34.87%，2020 年预期林业第一、第二、第三产业比重则将调整为 48.72%、14.35%、36.93%，相比 2015 年实际林业第一、第二、第三产业产值比重 48.60%、22.69%、28.71%，显然黑龙江省大小兴安岭森林生态功能区林业产业结构正在进行调整与优化。从图 10-1 可以看出，黑龙江省大小兴安岭森林生态功能区林业第一产业的增长量仍将远大于林业第二、第三产业，并且在短期之内林业第一产业仍将占据主体地位，其次是林业第三产业和第二产业。只有经历较长时间的产业结构调整，黑龙江省大小兴安岭森林生态功能区林业产业才会转移为以林业第三产业为主，林业第一、第二产业为辅，当然，根据黑龙江省大小兴安岭森林生态功能区林业基础也可以积极发展林业第三产业，形成以林业第一产业为基础，林业第二产业为优势，林业第三产业为特色的林业产业格局。

从这样的发展趋势来分析，黑龙江省大小兴安岭森林生态功能区林业产业发展的重心正在由林业第一产业向林业第二产业和第三产业转移，但是，考虑到林业第一产业的比重较大，且在黑龙江省大小兴安岭森林生态功能区林业发展过程中占据主导地位，因此在较长的一段时期内黑龙江省大小兴安岭森林生态功能区仍应以林业第一产业为主，以林业第二、第三产业为辅，同时逐渐加强接替产业的发展，建立具有一定影响力的特色产业、优势产业，形成完善的产业链和产业群。

10.2　黑龙江省大小兴安岭森林生态功能区林业第一产业识别

设黑龙江省大小兴安岭森林生态功能区林业第一产业发展为 a_1，即事件集为 $A_1 = \{a_1\}$；林木的培养和种植产业发展对策为 b_{11}，木材采运产业发展对策为 b_{12}，经济林产品的种植和采集产业发展对策为 b_{13}，花卉的种植产业发展对策为 b_{14}，动物繁育和利用发展产业对策为 b_{15}，林业第一产业中林业系统非林产业发展对策为 b_{16}，则对策集为 $B_1 = \{b_{11}, b_{12}, \cdots, b_{16}\}$，从而有局势集 $S_1 = \left\{ s_{ij} = (a_i, b_j) \big| a_i \in A_1, b_j \in B_1 \right\} = \{s_{11}, s_{12}, \cdots, s_{16}\}$。

若黑龙江省大小兴安岭森林生态功能区林业第一产业的收益为目标 1，则其相应的效果值为第一产业内各次级产业的产值，则在目标 1 下，对应局势 s_{ij} 的局势效果时间序列依次为 $u_{11}^{(1)}, u_{12}^{(1)}, \cdots, u_{16}^{(1)}$。根据灰色 GM（1，1）模型和灰色发展决策模型对黑龙江省大小兴安岭森林生态功能区林业第一产业中各次级产业进行建模（见附录 6），得到相应的计算结果见表 10-2。

表 10-2　黑龙江省大小兴安岭森林生态功能区林业第一产业内各次级产业灰色发展分析

发展对策	涉林产业					非林产业
	b_{11}	b_{12}	b_{13}	b_{14}	b_{15}	b_{16}
$-a_{1i}^{(1)}$	0.004 1	−0.471 5	0.180 1	0.076 3	0.007 4	0.067 3
$\overline{\Delta}_{1i}$ /%	6.526 0	35.139 8	13.393 0	3.854 5	5.827 8	6.314 9
2016 年预测值/万元	182 538.03	0	516 911.97	2 960.79	26 941.79	996 874.74
2016 年预测值比重/%	25.03	0	70.87	0.41	3.69	55.75
产业类型识别	基础产业	衰退产业	支柱产业	一般产业	一般产业	辅助产业

注：b_{11} 运用 2009～2015 年数据并进行倒序一阶缓冲算子处理计算得到；由于 b_{12} 受国有林区禁伐政策的影响，预期产值设置为 0 万元；b_{14} 及 b_{15} 同样运用 2009～2015 年数据并进行倒序一阶缓冲算子处理计算得到，其他则利用 2009～2015 年原始数据计算得到。

尽管部分模型的拟合误差较大，尤其是木材采运次级产业的灰色 GM（1，1）模型拟合的平均相对误差较大且超过 35%，但是考虑政策约束和其预测值为 0，因此其误差不会对整个第一产业发展分析造成严重的影响，其结果也是可以接受的。因此，从整体上看上述灰色 GM（1，1）模型的拟合结果可以满足进一步分析的精度要求。

在研究黑龙江省大小兴安岭森林生态功能区主导型经济模式与产业优化时主要针对涉林产业，因此在分析黑龙江省大小兴安岭森林生态功能区林业产业发展策略时暂不考虑林业系统非林产业。

显然，在林业第一产业发展中，目标 1 的效果值越大越好，而此时 $\max_{1\leqslant i \leqslant 6}\{-a_{1i}^{(1)}\} = -a_{13}^{(1)} = 0.1801$，因此，$s_{13}$ 为目标 1 条件下的灰色发展系数最优局势，同时黑龙江省大小兴安岭森林生态功能区林业第一产业中各产业的发展系数最优局势顺序依次为：$s_{13} > s_{14} > s_{16} > s_{15} > s_{11} > s_{12}$，即经济林产品的种植和采集发展＞花卉的种植发展＞林业第一产业中林业系统非林产业发展＞动物繁育和利用发展＞林木的培养和种植发展＞木材采运发展。

根据灰色 GM（1，1）模型可以对 2016 年黑龙江省大小兴安岭森林生态功能区林业第一产业各次级产业产值进行预测，见表 10-2，则黑龙江省大小兴安岭森林生态功能区林业第一产业中涉林产业部分的预测最优局势依次为：$u_{13} > u_{11} > u_{15} > u_{14} > u_{12}$，即经济林产品的种植和采集比重＞林木的培养和种植比重＞动物繁育和利用比重＞花卉种植比重＞木材采运比重。

　　显然，从 2009～2015 年黑龙江省大小兴安岭森林生态功能区林业第一产业各次级产业的灰色发展系数最优局势顺序来看，经济林产品的种植和采集明显具有极强的发展动力，是林业第一产业发展的主导动力。花卉的种植、林木的培养和种植及动物繁育和利用也具有一定的发展潜力。因此，从发展的角度对黑龙江省大小兴安岭森林生态功能区林业第一产业进行发展时应兼顾对上述具有发展潜力的次级产业进行发展。

　　从 2016 年黑龙江省大小兴安岭森林生态功能区林业第一产业各次级产业的灰色预测值来看，经济林产品的种植和采集在涉林产业中同样占据主导地位，其次是林木的培养和种植，而其他次级涉林产业则比重较少，均不足 5%，因此从这个角度上来看，经济林产品的种植和采集以及林木的培养和种植则是林业第一产业的主要部分，是林业第一产业的核心次级产业。

　　结合林业第一产业发展系数最优局势顺序和预测最优局势顺序，这里对林业第一产业中的各次级产业进行产业类型的划分（表 10-2）。显然，林木的培养和种植是黑龙江省大小兴安岭森林生态功能区发展的基础产业，而经济林产品的种植和采集则是黑龙江省大小兴安岭森林生态功能区的支柱产业，相比之下，其他次级产业则属于一般产业或辅助产业。显然，随着"天然林资源保护工程"和国有林区商业性禁伐政策的实施，木材采运在林业第一产业中已经丧失了主导地位，取而代之的是经济林产品的种植和采集以及林木的培养和种植，因此，大力发展经济林产品的种植和采集以及林木的培养和种植是未来黑龙江省大小兴安岭森林生态功能区建立主导型经济发展模式与实现产业优化的发展方向。

10.3　黑龙江省大小兴安岭森林生态功能区林业第二产业识别

　　设黑龙江省大小兴安岭森林生态功能区林业第二产业发展为 a_2，即事件集为 $A_2=\{a_2\}$；木材加工及竹藤棕苇制品制造产业发展对策为 b_{21}，木竹藤家具制造产业发展对策为 b_{22}，木竹苇浆造纸产业发展对策为 b_{23}，林产化学产品制造产业发展对策为 b_{24}，木质工艺品和木质文教体育用品制造产业发展对策为 b_{25}，非木质林产品加工制造业产业发展对策为 b_{26}，林业第二产业中林业系统非林产业发展对策为 b_{27}，则对策集为 $B_2=\{b_{21},b_{22},\cdots,b_{27}\}$，从而有局势集 $S_2=\left\{s_{ij}=(a_i,b_j)\middle| a_i\in A_2, b_j\in B_2\right\}=\{s_{21},s_{22},\cdots,s_{27}\}$。

　　若黑龙江省大小兴安岭森林生态功能区林业第二产业的收益为目标 2，其相应的效果值为第二产业内各产业的产值，则在目标 2 下，对应局势 s_{ij} 的局势效果时间序列依次为 $u_{21}^{(2)},u_{22}^{(2)},\cdots,u_{27}^{(2)}$。根据灰色 GM（1，1）模型和灰色发展决策模型对黑龙江省大小兴安岭森林生态功能区林业第二产业中各次级产业进行建模，得到相应的计算结果见表 10-3。

表 10-3　黑龙江省大小兴安岭森林生态功能区林业第二产业内各次级产业灰色发展分析

发展对策	涉林产业						非林产业
	b_{21}	b_{22}	b_{23}	b_{24}	b_{25}	b_{26}	b_{27}
$-a_{2i}^{(2)}$	−0.184 0	−0.047 8	−0.363 0	−0.146 8	−0.231 5	0.032 3	−0.024 3
$\overline{\Delta}_{2i}$ /%	9.169 1	14.105 1	15.798 4	12.902 1	11.851 8	5.657 9	15.411 4
2016 年预测值/万元	82 785.88	56 979.54	375.03	13 955.93	2 763.44	50 121.25	503 748.16
2016 年预测值比重/%	40.00	27.53	0.18	6.74	1.34	24.22	70.88
产业类型识别	支柱产业	一般产业	淘汰产业	一般产业	一般产业	潜在优势产业	辅助产业

注：b_{21}、b_{23}、b_{24}、b_{25} 运用 2009～2015 年数据并进行倒序二阶缓冲算子处理计算得到；b_{26} 运用 2009～2015 年数据并进行倒序一阶缓冲算子处理计算得到；b_{22} 和 b_{27} 运用原始数据计算得到。

尽管部分模型的拟合误差较大，尤其是木竹苇浆造纸的灰色 GM（1，1）模型拟合的平均相对误差达到 15.7984%，但是其预测值比重较小，仅为 0.18%，且其灰色发展系数为−0.3630，属于急速衰退的状态，因此其误差不会对整个第二产业发展分析造成严重的影响，其结果同样也是可以接受的。因此，从整体上看上述灰色 GM（1，1）模型的拟合结果可以满足进一步分析的精度要求。

在林业第二产业中，目标 2 的效果值越大越好，而此时 $\max\limits_{1\leqslant i\leqslant 7}\{-a_{2i}^{(2)}\}=-a_{26}^{(2)}=$ 0.0323，因此，s_{26} 为目标 2 条件下的灰色发展系数最优局势，同时黑龙江省大小兴安岭森林生态功能区林业第二产业中各产业的发展系数最优局势顺序依次为：$s_{26}>s_{27}>s_{22}>s_{24}>s_{21}>s_{25}>s_{23}$，即非木质林产品加工制造业发展＞林业第二产业中林业系统非林产业发展＞木竹藤家具制造发展＞林产化学产品制造发展＞木材加工及竹藤棕苇制品制造发展＞木质工艺品和木质文教体育用品制造发展＞木竹苇浆造纸发展。

根据灰色 GM（1，1）模型可以对 2016 年黑龙江省大小兴安岭森林生态功能区林业第二产业中涉林部分各次级产业产值进行预测（表 10-3），则林业第二产业的预测最优局势依次为：$u_{21}>u_{22}>u_{26}>u_{24}>u_{25}>u_{23}$，即木材加工及竹藤棕苇制品制造比重＞木竹藤家具制造比重＞非木质林产品加工制造业比重＞林产化学产品制造比重＞木质工艺品和木质文教体育用品制造比重＞木竹苇浆造纸比重。

从 2009～2015 年黑龙江省大小兴安岭森林生态功能区林业第二产业内次级

产业的发展情况来看，非木质林产品加工制造业的发展最为迅速，灰色发展系数
达到了 0.0323，远大于其他次级产业。木竹苇浆造纸的灰色发展系数为–0.3630，尽
管对其进行灰色 GM（1，1）模型修正，但是不难发现其 2016 年预测值比重较小，
仅为 0.18%，属于急速衰退的状态，因此木竹苇浆造纸属于应尽快淘汰的产业。

　　从 2016 年黑龙江省大小兴安岭森林生态功能区林业第二产业内各次级产业
的灰色预测值来看，木材加工及竹藤棕苇制品制造和木竹藤家具制造占据涉林产
业产值的绝大部分，其中木材加工及竹藤棕苇制品制造的比重明显大于木竹藤家
具制造比重，因此黑龙江省大小兴安岭森林生态功能区林业第二产业中的主导次
级产业为木材加工及竹藤棕苇制品制造，而考虑林业各产业间的相互联系和林业
产业的灰色发展系数，可以看出黑龙江省大小兴安岭森林生态功能区林业第二产
业中的非木质林产品加工制造业具有很强的发展潜力，其中，2016 年预测值占涉
林产业比重达到 24.22%，仅次于木材加工及竹藤棕苇制品制造和木竹藤家具制
造，相比林业第二产业中其他次级产业处于衰退的状态（灰色发展系数为负值），
非木质林产品加工制造业已经成为黑龙江省大小兴安岭森林生态功能区林业产业
发展的潜在优势产业，是未来林业第二产业发展的核心。

　　结合林业第二产业发展系数最优局势顺序和预测最优局势顺序，这里对林业第
二产业中的次级产业进行产业类型的划分（表 10-3）。显然，考虑黑龙江省大小兴
安岭森林生态功能区的森林资源基础和林业第二产业的自身发展特点，可以将木材
加工及竹藤棕苇制品制造定为林业第二产业的支柱产业（受林业政策影响带有衰退
特征），而非木质林产品加工制造业则是黑龙江省大小兴安岭森林生态功能区的潜
在优势产业，木竹苇浆造纸为淘汰产业，其他产业则为一般产业或辅助产业。

10.4　黑龙江省大小兴安岭森林生态功能区林业
第三产业识别

　　设黑龙江省大小兴安岭森林生态功能区林业第三产业发展为 a_3，即事件集为
$A_3 = \{a_3\}$；林业旅游与休闲服务产业发展对策为 b_{31}，林业生产服务产业发展对策为
b_{32}，林业生态服务产业发展对策为 b_{33}，林业专业技术服务产业发展对策为 b_{34}，林业公
共管理及其他组织服务产业发展对策为 b_{35}，林业第三产业中林业系统非林产业发展对策
为 b_{36}，则对策集为 $B_3 = \{b_{31}, b_{32}, \cdots, b_{36}\}$，则有局势集 $S_3 = \left\{ s_{ij} = (a_i, b_j) \middle| a_i \in A_3, b_j \in B_3 \right\} =$
$\{s_{31}, s_{32}, \cdots, s_{36}\}$。

　　若黑龙江省大小兴安岭森林生态功能区林业第三产业的收益为目标 3，其相
应的效果值为第三产业内各产业的产值，则在目标 3 下，对应局势 s_{ij} 的局势效果
时间序列依次为 $u_{31}^{(3)}, u_{32}^{(3)}, \cdots, u_{36}^{(3)}$。根据灰色 GM（1，1）模型和灰色发展决策模型

对黑龙江省大小兴安岭森林生态功能区林业第三产业中各次级产业进行建模，得到相应计算结果见表 10-4。

表 10-4　黑龙江省大小兴安岭森林生态功能区林业第三产业内各次级产业灰色发展分析

发展对策	涉林产业					非林产业
	b_{31}	b_{32}	b_{33}	b_{34}	b_{35}	b_{36}
$-a_{3i}^{(3)}$	0.135 9	0.015 3	−0.172 7	0.101 2	0.210 0	0.089 0
$\overline{\Delta}_{3i}$ /%	10.716 7	22.533 4	5.190 8	2.069 7	7.853 2	9.408 0
2016 年预测值/万元	455 960.34	11 806.21	2 159.02	10 135.54	119 318.87	429 636.99
2016 年预测值比重/%	76.07	1.97	0.36	1.69	19.91	41.75
产业类型识别	支柱产业	一般产业	辅助产业	辅助产业	辅助产业	辅助产业

注：b_{31}、b_{32}、b_{36} 运用原始数据计算得到，b_{33} 运用 2009~2015 年数据并进行倒序二阶缓冲算子处理计算得到，b_{34}、b_{35} 运用 2009~2015 年数据并进行倒序一阶缓冲算子处理计算得到。

从上述模型拟合效果来看，平均相对误差整体较小，计算部分涉林产品的拟合误差偏大，但是其所在比重较小，因此灰色 GM（1，1）模型的拟合效果较好，完全满足进一步分析的需要。

在林业第三产业中，目标 3 的效果值越大越好，而此时 $\max\limits_{1\leqslant i\leqslant 6}\{-a_{3i}^{(3)}\}=-a_{35}^{(3)}=$ 0.2100，所以，s_{35} 为目标 3 条件下的灰色发展系数最优局势，同时黑龙江省大小兴安岭森林生态功能区林业第三产业中各产业的发展系数最优局势顺序依次为：$s_{35}>s_{31}>s_{34}>s_{36}>s_{32}>s_{33}$，即林业公共管理及其他组织服务发展＞林业旅游与休闲服务业发展＞林业专业技术服务发展＞林业第三产业中林业系统非林产业发展＞林业生产服务发展＞林业生态服务发展。

根据灰色 GM（1，1）模型可以对 2016 年黑龙江省大小兴安岭森林生态功能区林业第三产业中涉林部分各次级产业产值进行预测（表 10-4），则林业第三产业的预测最优局势依次为：$u_{31}>u_{35}>u_{32}>u_{34}>u_{33}$，即林业旅游与休闲服务比重＞林业公共管理及其他组织服务比重＞林业生产服务比重＞林业专业技术服务比重＞林业生态服务比重。

从 2009~2015 年黑龙江省大小兴安岭森林生态功能区林业第三产业内次级产业的发展情况来看，林业旅游与休闲服务和林业公共管理及其他组织服务都具有很强的发展动力，尽管林业旅游与休闲服务的灰色发展系数略小于林业公共管理及其他组织服务的灰色发展系数，但是考虑到林业旅游与休闲服务在林业第三产业中占据较大份额，林业旅游与休闲服务仍将是林业第三产业发展的核心动力。

从 2016 年黑龙江省大小兴安岭森林生态功能区林业第三产业中涉林部分各次级产业的灰色预测值来看，林业旅游与休闲服务的比重占涉林部分的 76.07%，说明林业旅游与休闲服务是林业第三产业中涉林产业的主要组成部分，其次是林业公共管理及其他组织服务的比重占涉林部分的 19.91%，而林业生产服务、林业生态服务和林业专业技术服务的比重相对较小。

结合黑龙江省大小兴安岭森林生态功能区林业第三产业发展系数最优局势顺序和预测最优局势顺序，这里对林业第三产业中的次级产业进行产业类型的划分（表 10-4）。可以看出，林业旅游与休闲服务已经成为黑龙江省大小兴安岭森林生态功能区林业发展的支柱产业，也是未来林业第三产业重点发展的产业。相比之下，尽管林业公共管理及其他组织服务在预测值中的比重不及林业旅游与休闲服务，但是考虑其灰色发展系数，其未来的发展也是极具潜力的，可以说是林业第三产业重要的辅助产业，其他次级产业则属于一般产业或辅助产业。

10.5　黑龙江省大小兴安岭森林生态功能区林业产业优化方向

黑龙江省大小兴安岭森林生态功能区林业三次产业内部各次级产业的发展皆有主导产业、一般产业和辅助产业，但是随着各次级产业的迅速发展及产业间的联系日益紧密，林业产业结构的发展也产生了巨大的变化。

从上述的分析结果来看，林业第一产业的发展重心已经由林木采伐转移到经济林产品的种植和采集以及林木的培养和种植，尤其是经济林产品的种植和采集已经成为大小兴安岭森林生态功能区林业第一产业的支柱。

林业第二产业中尽管木质林产品的加工制造虽然发展相对缓慢，但是由于其所涉及的次级产业较多，且所占据的产值比重较大，在相对较长的一段时间内木质林产品的加工制造仍是林业第二产业发展的重点，而在其发展过程中最重要的已不再是强调产值增长速度，而是产业内部结构的优化以及生态化、可持续化发展。相比木质林产品的加工制造的发展，林业第二产业中的非木质林产品加工制造业则呈现出迅猛发展态势，正逐渐替代木质林产品的加工制造的核心地位，在第一产业中经济林产品的种植和采集等次级产业的迅速发展前提下，非木质林产品加工制造业的发展必然成为未来林业第二产业发展的主导产业。

相比林业第二产业，林业第三产业的发展已经成为整个林业产业发展的核心动力所在，尤其是林业旅游与休闲服务的发展带动了整个林业第三产业的发展。林业旅游与休闲服务的迅速发展是居民生活水平提高的侧面表现，黑龙江省大小兴安岭森林生态功能区具有得天独厚的自然资源，发展生态旅游是极具地方特色的生态化产业发展方向。因此，黑龙江省大小兴安岭森林生态功能区应大力发展以生态旅游为特色的林业旅游与休闲服务，从而充分带动林业第三产业发展。

随着黑龙江省大小兴安岭森林生态功能区林业三次产业的发展以及各产业内次级产业结构的调整，黑龙江省大小兴安岭森林生态功能区林业产业的发展必然重新进行优化调整。根据林业三次产业内各次级主导产业的地位和属性，可以着重发展生态主导型经济发展模式。即以生态循环型森林培育业为林业产业基础，以木质资源接续产业模式和非木质资源替代产业模式为主要发展方向，从而形成新的产业结构布局，通过产业间的合并与产业结构的优化调整使黑龙江省大小兴安岭森林生态功能区林业产业的发展焕发新的动力，形成完备的生态主导型经济发展模式，这正是未来黑龙江省大小兴安岭森林生态功能区林业产业的发展前进方向。

10.6　本章小结

本章基于灰色 GM（1，1）模型与灰色发展决策模型对黑龙江省大小兴安岭森林生态功能区林业三次产业发展系数进行了测算，得出在中长期内林业第一产业的发展将作为黑龙江省大小兴安岭森林生态功能区林业产业发展的核心动力，其次分别为林业第三产业和林业第二产业，进一步对林业三次产业内部产业发展局势进行了预测与分析，指出林业三次产业内部各次级产业所属类型，即主导产业、基础产业、一般产业以及辅助产业，为今后功能区内林业三次产业建设及其内部次级产业优化提供一定的理论支撑。

第11章 黑龙江省大小兴安岭森林生态功能区林业生态产业模式建设

11.1 黑龙江省大小兴安岭资源禀赋的关联产业链分析

为了研究黑龙江省大小兴安岭森林生态功能区基于资源禀赋的生态产业间的关联关系，从而为建立完善的林业生态产业链提供科学的依据，本章运用2009～2015年黑龙江省大小兴安岭森林生态功能区林业三次产业中的主要组成部分进行关联分析，并利用灰色绝对关联模型分析产业间关联密切程度，从而找到若干发展林业生态产业的路径。

根据第10章林业产业识别分析的结果，本章的主要林业指标有林业第一产业中的林木的培养和种植（b_{11}），木材采运（b_{12}），经济林产品的种植和采集（b_{13}）；林业第二产业中的木材加工及竹藤棕苇制品制造（b_{21}），木竹藤家具制造（b_{22}），非木质林产品加工制造业（b_{26}）；林业第三产业中的林业旅游与休闲服务（b_{31}），林业生产服务（b_{32}），林业专业技术服务（b_{34}），林业公共管理及其他组织服务（b_{35}）。

11.1.1 灰色绝对关联模型方法

灰色绝对关联模型是灰色关联分析中的一种，而灰色绝对关联分析侧重事物发展的几何形态，如果两事物的发展形态越相似，灰色绝对关联度系数越高。此外，相比灰色相对关联分析，灰色绝对关联分析还考虑了两事物之间的实际数量级关系，更有利于产业链关联分析。具体的计算方法与过程如下：

设系统行为序列 $X_i = [x_i(1), x_i(2), \cdots, x_i(n)]$，$X_j = [x_j(1), x_j(2), \cdots, x_j(n)]$ 的始点零化像分别为 $X_i^0 = [x_i^0(1), x_i^0(2), \cdots, x_i^0(n)]$，$X_j^0 = [x_j^0(1), x_j^0(2), \cdots, x_j^0(n)]$。令 $s_i - s_j = \int_1^n (X_i^0 - X_j^0)dt$，$S_i - S_j = \int_1^n (X_i - X_j)dt$。

则称 $\varepsilon_{0i} = \dfrac{1 + |s_0| + |s_i|}{1 + |s_0| + |s_i| + |s_i - s_0|}$ 为 X_0 与 X_i 的灰色绝对关联度，简称绝对关联度。

11.1.2 黑龙江省大小兴安岭森林生态功能区林业产业灰色绝对关联测度

将 2009～2015 年黑龙江省大小兴安岭森林生态功能区林业产业数据代入灰

色绝对关联模型之中，运用灰色系统理论建模软件（GTMS3.0）计算得到各产业间的关联度矩阵，见表 11-1。

表 11-1　主要林业产业灰色绝对关联度系数矩阵

产业	b_{11}	b_{12}	b_{13}	b_{21}	b_{22}	b_{26}	b_{31}	b_{32}	b_{34}	b_{35}
b_{11}	1	0.9945	0.8641	0.6789	0.5051	0.5492	0.8892	0.5120	0.5116	0.5992
b_{12}		1	0.8601	0.6809	0.5051	0.5497	0.8849	0.5122	0.5118	0.6003
b_{13}			1	0.6303	0.5037	0.5358	0.9678	0.5088	0.5085	0.5722
b_{21}				1	0.5142	0.6375	0.6392	0.5337	0.5325	0.7773
b_{22}					1	0.5515	0.5039	0.7105	0.7177	0.5256
b_{26}						1	0.5383	0.6224	0.6183	0.7479
b_{31}							1	0.5094	0.5091	0.5772
b_{32}								1	0.9835	0.5607
b_{34}									1	0.5587
b_{35}										1

从表 11-1 来看，林木的培养和种植（b_{11}）与木材采运（b_{12}）、经济林产品的种植和采集（b_{13}）、林业旅游与休闲服务（b_{31}）关系最为密切（灰色绝对关联度分别为 0.9945、0.8641、0.8892），这说明林木的培养和种植是进行木材采运、经济林产品的种植和采集以及林业旅游与休闲服务的重要基础，木材采运与经济林产品的种植和采集、林业旅游与休闲服务的灰色绝对关联系数较高主要间接通过林木的培养和种植的关联而产生传递关系；木材采运是林木产品加工生产的重要基础，但是黑龙江省大小兴安岭森林生态功能区实施的林业保护和禁伐政策导致林木采运日益衰退，因此，木材采运与木材加工及竹藤棕苇制品制造（b_{21}）、木竹藤家具制造（b_{22}）的灰色绝对关联系数也相对较小，黑龙江省大小兴安岭生态功能区的林木加工业同样依赖林木原料的进口；经济林产品的种植和采集与非木质林产品加工制造业（b_{26}）的绝对灰色关联系数仅为 0.5358，这表明黑龙江省大小兴安岭森林生态功能区经济林产品的种植和采集与非木质林产品加工制造业存在较大的不协调，这也侧面体现在第 10 章的产业比重关系与灰色发展系数存在较大差异上，经济林产品的种植和采集及林业旅游与休闲服务的灰色绝对关联系数高达 0.9678，这表明经济林产品经营与森林游憩服务有很大的融合空间，可以通过黑龙江省大小兴安岭森林生态功能区特色林产品的生产带动森林旅游业，同时林区旅游业能够推动林区特色林产品的销售，从而在实现产业融合的基础上推动产业规模的进一步增长；木材加工及竹藤棕苇制品制造、木竹藤家具制造与其他林业产业的灰色绝对关联系数均较小，即木材加工独立性较强，其中，木材

加工及竹藤棕苇制品制造与林业公共管理及其他组织服务（b_{35}）的灰色绝对关联系数相对较大，为 0.7773，表明初级林木产品加工对林业管理领域的需求大于林业技术领域的需求，木竹藤家具制造则更侧重于对林业技术领域的需求，与林业生产服务（b_{32}）、林业专业技术服务（b_{34}）的灰色绝对关联系数分别为 0.7105、0.7177，明显大于其他林业产业；林业第三产业中仅有林业生产服务与林业专业技术服务的灰色绝对关联度较高，为 0.9835，即林业生产服务与林业专业技术服务存在相互带动的内在关联关系。

为了进一步分析黑龙江省大小兴安岭森林生态功能区林业产业的影响力效果，这里粗略地将每个林业产业与其他产业间的灰色绝对关联度求和并取其平均值，通过对平均灰色绝对关联度进行排序，找出哪些林业产业与其他产业间的关联更为密切，而这样的林业产业也必将是林业事业发展过程中的重要产业。根据表 11-1 计算结果见表 11-2。

表 11-2　各产业平均绝对关联度排序

次级产业	产业关联度和	平均关联度	排序
林木的培养和种植 b_{11}	7.1038	0.6782	1
木材采运 b_{12}	7.0995	0.6777	2
经济林产品的种植和采集 b_{13}	6.9513	0.6613	4
木材加工及竹藤棕苇制品制造 b_{21}	6.6245	0.6249	5
木竹藤家具制造 b_{22}	6.0373	0.5597	10
非木质林产品加工制造业 b_{26}	6.3506	0.5945	9
林业旅游与休闲服务 b_{31}	7.0190	0.6688	3
林业生产服务 b_{32}	6.4532	0.6059	7
林业专业技术服务 b_{34}	6.4517	0.6057	8
林业公共管理及其他组织服务 b_{35}	6.5191	0.6132	6

根据平均灰色绝对关联度计算结果得到各产业关联影响效果顺序为：$\bar{\varepsilon}_{11} > \bar{\varepsilon}_{12} > \bar{\varepsilon}_{31} > \bar{\varepsilon}_{13} > \bar{\varepsilon}_{21} > \bar{\varepsilon}_{35} > \bar{\varepsilon}_{32} > \bar{\varepsilon}_{34} > \bar{\varepsilon}_{26} > \bar{\varepsilon}_{22}$，即林木的培养和种植（$b_{11}$）＞木材采运（$b_{12}$）＞林业旅游与休闲服务（$b_{31}$）＞经济林产品的种植和采集（$b_{13}$）＞木材加工及竹藤棕苇制品制造（$b_{21}$）＞林业公共管理及其他组织服务（$b_{35}$）＞林业生产服务（$b_{32}$）＞林业专业技术服务（$b_{34}$）＞非木质林产品加工制造业（$b_{26}$）＞木竹藤家具制造（$b_{22}$）。

显然，林木的培养和种植在整个林业涉林产业系统中关联影响效果最大，这也表明黑龙江省大小兴安岭森林生态功能区林业产业发展必须巩固林业基础，发挥黑龙江省大小兴安岭森林生态功能区林业资源禀赋优势；木材采运的平均灰色绝对关联系数较大主要是历史数据趋势惯性结果，考虑到林业政策约束，黑龙江省大小兴安岭森林生态功能区木材采运产业的发展关联影响效果将大大下降；此外，林业旅游与休闲服务也占据了相当重要的位置，因此发展林业旅游与休闲服务也是未来黑龙江省大小兴安岭森林生态功能区产业结构调整与优势产业建设的重要方向之一；经济林产品的种植和采集近年来发展较快，是黑龙江省大小兴安岭森林生态功能区林业生态产业建设的重要内容之一，如何进一步提升经济林产品的加工规模和加工质量，利用区域特色经济林产品打造区域品牌优势，是推动经济林产品的种植和采集产业发展的重要途径，也是实现区域生态产业与经济增长的有效方式；另外，木材加工及竹藤棕苇制品制造较大的依赖于林木资源，而短期内木材加工及竹藤棕苇制品制造的次级产业优势仍能通过原料进口的方式维持下去，这也表明当下黑龙江省大小兴安岭森林生态功能区在较长的一段时间里仍必须将林木生产与加工作为重要扶持的对象，加速产业间的整合，优化产业布局，从而提升林木产品生产的附加价值；林业生产服务、林业专业技术服务、林业公共管理及其他组织服务等内容是推动林业产业发展和生态产业建设的有效方式，未来黑龙江省大小兴安岭森林生态功能区林业经济发展和林业生态产业必须依赖林业科技的推广和合理的产业规划布局，从而不断提升林业经济的内生增长动力，推动林业生态产业的建设与协调发展；相比之下，木竹藤家具制造的平均灰色关联度最小，这也说明黑龙江省大小兴安岭森林生态功能区的木竹藤家具制造处于相对孤立的状态，这与黑龙江省大小兴安岭森林生态功能区的林业政策约束与区域生态化建设存在密切关系，因此，木竹藤家具制造只能依赖原料的进口，中俄林木产品贸易情况是决定家具制造业未来发展的关键所在。

11.2　"一根两翼"式生态主导型经济发展模式

11.2.1　"一根两翼"式发展模式的含义

"一根两翼"式生态主导型经济发展模式是基于区域生态发展的视角从森林资源特定现状出发，发展前后及旁侧关联的相关产业链条，在稳固森林资源的基础之上发展多种林业产业，最终形成完善而又高效的林业产业链和林业产业网，从而为黑龙江省大小兴安岭森林生态功能区生态可持续发展指出新的方向。

"一根两翼"式生态主导型经济发展模式中"根"指的是生态循环型森林培育业，两"翼"分别指的是木质资源接续产业模式和非木质资源替代产业模式。

具体来说，生态循环型森林培育业决定了其他林业产业的发展，因此是黑龙江省大小兴安岭森林生态功能区生态可持续发展的根本，而木质资源接续产业模式和非木质资源替代产业模式则是林业产业发展的两个大的方向，因此是黑龙江省大小兴安岭森林生态功能区经济可持续发展的双翼。

"一根两翼"式生态主导型经济发展模式的关系如图 11-1 所示。

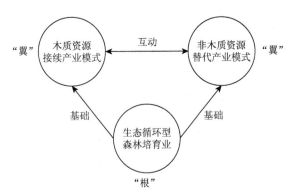

图 11-1　"一根两翼"式生态主导型经济发展模式关系示意图

11.2.2　构建生态循环型森林培育业——"根"

生态循环型森林培育业就是尽可能有效地运用生态规律和自然力量去造就森林、培育森林，持续不断地发挥森林对经济、社会发展的各种功效。通过实施生态循环型森林培育业建设，可以有效地改善黑龙江省大小兴安岭森林生态功能区森林生态资源短缺的局面，这是接替产业建设的基础，同时也是黑龙江省大小兴安岭森林生态功能区实现生态主导型经济发展的根本之路。森林经营和资源培育是人为促进森林资源尽快超过自然演替阶段，提高森林质量的重要措施。我国黑龙江省大小兴安岭森林生态功能区与俄罗斯接壤，可以通过林木原料进口方式解决林木禁伐而导致的原料不足问题，从而在发展林木产品加工业的同时有效地保护黑龙江省大小兴安岭森林生态功能区的林业资源。

森林资源的生态化与循环化实际上就是以现代生态学和生态经济学理论为指导，以森林资源永续利用和可持续发展为原则，运用先进技术，在维护森林生态系统平衡和促进森林生产力提高的前提下，实现森林经济效益与生态效益、森林近期经济效益与长远经济效益的统一与协同。要实现森林资源的生态化与循环化，就必须更新林业经营理念，调整工作思路，创新工作方法，用信息化改造传统的林业经营方式，建立现代化林业经营模式，将科技、信息、生态、自然规律、经济社会等融入林木培育与森林经营过程中，通过现代化林业建设推动森林生态资源基础产业的发展。

11.2.3　构建木质资源接续产业模式——"翼"

1. 林业加工企业清洁生产与循环利用

林业加工企业在林产品加工过程中，产生的废水、固体废弃物等废物资源，木材保护处理、人造板和地板生产过程中产生的甲醛、有毒废水或固体废弃物等。不同的木材、林化产品以及使用不同的工艺条件，都会造成不同程度的污染。因此，通过清洁生产来实现林业加工企业的"小循环"，依靠林业科技力量，通过采用清洁生产技术，使生产过程的资源效率最大化，污染排放最小化，实现了清洁生产和良性循环。例如，将加工剩余的枝丫材等废料，粉碎加工成中密度板，对于加工过程中出现的废水、废气一定要建立自我循环净化系统。这是木质资源接续产业发展模式极为重要的组成部分。

2. 多环节加工增值的林木深加工产业

做优林木深加工产业。坚持森林资源保护与利用的有机结合，以市场需求为导向，培育壮大科技含量高、附加值高、资源利用率高的林木精深加工产业，不断推进林木产品加工从初级向高级发展。积极发展循环经济，提高采伐、造材、加工剩余物及废旧木质材料的综合利用水平，实现林木资源的多环节加工增值。木材深加工产业与经济林产品的种植和采集以及碳汇造林产业关系密切，作为木质资源产业中的支柱产业。在今后发展中，一定要注重延长林木加工产业链条，在黑龙江省大小兴安岭森林生态功能区形成初级产品、中端产品和高端产品各有侧重的产业链。

3. 培育发展生物质能源产业

培育发展清洁能源产业。运用清洁发展机制，加快发展绿色清洁能源工业。因地制宜发展生物质能源，切实提高清洁能源在林区能源生产和消费结构中的比重，解决林区替代能源的问题。生物质能源产业与林木的培养和种植、木材采运以及林业加工企业都存在密切联系，鼓励企业利用林业抚育剩余物、养殖业废弃物、林区灌木、秸秆、木材加工中产生的废弃物等发展生物质能源，此产业能够作为新兴产业大力推广与发展。

4. 加快实施碳汇造林产业

黑龙江省大小兴安岭森林生态功能区的采伐迹地立地条件相对较好，林木生长量较高，林木的固碳量具有交易的价值；另外，从黑龙江省大小兴安岭森林生态功能区的历史人工林采伐利用周期来看，造林和再造林的轮伐期适合碳汇贸易。

我国又是全球最大的造林、再造林国家，具有可观的碳汇出售，碳汇贸易在我国具有广阔的前景。因此，龙江森工集团的造林和再造林可在满足龙江森工集团产业木材需求的同时，附带碳汇交易。与林木深加工产业、林木培养和种植以及木材采运形成"木材生产—三剩物利用—碳汇造林"这样一个产业链条。这一产业链不仅可以满足生产木材、再生木材制品、生物质能源，还能够在未来实现社会对木材的多种需求，替代化石能源缓解能源短缺。

11.2.4　构建非木质资源替代产业模式——"翼"

1. 增强非木质森林植物资源发展模式

非木质资源是指在森林中或任何类似用途的土地上生产的所有可以更新的产品（但木材、薪材、木炭、石料、水不包括在内）。它包括非木材林产品，如茶叶、干果、水果、花卉、药材、食用菌、竹子及其副产品等森林植物资源。它与生态循环型森林培育业、木质资源持续产业存在十分密切的联系。

（1）大力发展绿色食品产业

利用黑龙江省大小兴安岭森林生态功能区特有的优势资源，充分利用林上和林下资源，按照规模化、集约化、绿色化的发展方向，积极吸纳林区人口转移和劳动力就业，大力发展绿色生态食品、特色畜禽产品生产和加工基地。扶持发展食用菌产业和特色山野菜产业，合理保护和开发野生林产品资源，积极发展以有机大豆为主的特色种植业，发展鹿、野猪、林蛙等特种经济动物养殖业，建设林区特色动物养殖基地。

（2）扶持发展北药产业

充分利用林区"绿色药库"资源优势，重点发展北方林区独具特色中药材的标准化种植和养殖，扩大规模，加大野生药材保护力度，建设北药特色原料供应基地。加强自主创新和产品研发，积极与国内知名中药企业和科研院所开展技术合作，实现北药生产技术现代化、质量标准化、产品规模化和品牌化，提升北药的精深加工水平，推动产品结构升级，建设现代化的北药生产加工基地。

2. 多元化的生态文化旅游业发展模式

黑龙江省大小兴安岭森林生态功能区具有得天独厚的自然资源，发展森林生态文化旅游是极具地方特色的生态化产业发展方向。森林生态文化旅游业可以促进功能区的林木的培养和种植，对绿色生态食品种植业与加工业也会产业极大的促进作用，可以为功能区内经济发展与生态保护产生助推效应。因此，黑龙江省大小兴安岭森林生态功能区应大力发展以生态文化旅游为特色的林业旅游与休闲服务。

"一根两翼"式生态主导型经济发展模式的"根"与"翼"产业关系如图 11-2 所示。

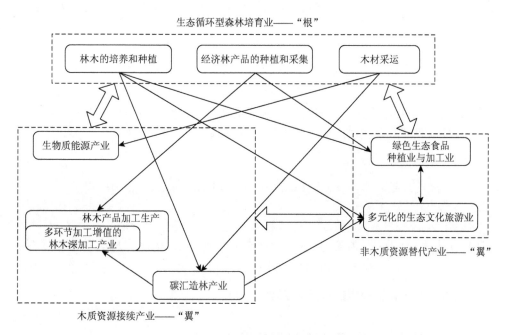

图 11-2 黑龙江省大小兴安岭森林生态功能区产业发展布局图

11.3 灰色结构型综合发展系数

"一根两翼"式生态主导型经济发展模式中的每一部分都包含了众多次级产业,如果使用普通的灰色发展系数,那么每个次级产业的灰色发展系数都为常数,如果将众多次级产业求和计算灰色发展系数不仅发展系数为常数,而且无法体现产业结构变动对"一根两翼"式生态主导型经济发展模式的具体影响。为了分析"一根两翼"式生态主导型经济发展模式中各部分的发展动态,并体现出产业结构的变动对"一根两翼"式生态主导型经济发展模式的影响,本节提出灰色产业结构型综合发展系数,并对 2009~2015 年各林业产业产值和 2016~2020 年各林业产业预测值进行计算,最终求得 2009~2020 年"一根两翼"式生态主导型经济发展模式的灰色产业结构型综合发展系数以对比各部分发展的差异。

11.3.1　灰色产业结构型综合发展系数的定义

根据灰色 GM（1，1）模型即可求得各次级产业的灰色发展系数，利用次级产业的综合发展情况配合综合指数的形式求解得到灰色产业结构型综合发展系数。

由于灰色发展系数对模型的影响是以 e^{-a} 的形式体现出来的，在对各产业的灰色发展系数进行结合的时候也必须以 e^{-a} 的形式进行。此外，产业结构的影响实质就是各次级产业的重要程度，用数值表示就是各次级产业的产值，可以直接作为 e^{-a} 的权重。如此，可以利用如下计算公式定义灰色产业结构型综合发展系数，对 $e^{-a_{ik}}$ 取对数即可求得灰色产业结构型综合发展系数，即有

$$\frac{\sum_{j=1}^{n} e^{-a_{ij}} f_{jk}}{\sum_{j=1}^{n} f_{jk}} = e^{-a_{ik}} \ (i=1,2,\cdots,m; j=1,2,\cdots,n; k=1,2,\cdots)$$

式中，i 为第 i 产业；j 为第 i 产业中第 j 次级产业；k 为年份；f_{jk} 为第 k 年第 j 次级产业产值；$-a_{ij}$ 为第 i 产业中第 j 次级产业的灰色发展系数；$-a_{ik}$ 为第 i 产业中第 k 年的灰色产业结构型综合发展系数。

11.3.2　灰色产业结构型综合发展系数的性质

1）利用产业产值进行加权，最终求得的灰色产业结构型综合发展系数带有很强的产业结构色彩。

2）不求个体最优，强调整体协调。即灰色产业结构型综合发展系数体现的是产业整体的发展情况，个体的变动对整体的冲击较小。

3）灰色产业结构型综合发展系数实质是对普通灰色发展系数的结构性时间分解。

11.4　"一根两翼"式生态主导型经济发展模式的综合发展系数计算

根据"一根两翼"发展模式的定义，这里将林业三次产业中涉林产业进行类型划分，分别归入生态循环型森林培育业、木质资源接续产业和非木质资源替代产业之中，分类结果见表 11-3。

表 11-3　黑龙江省大小兴安岭森林生态功能区"一根两翼"发展模式产业分类

产业归属	三次产业	次级产业	灰色发展系数
生态循环型森林培育业	第一产业	林木的培养和种植	0.0041
		经济林产品的种植和采集	0.1801
		花卉的种植	0.0763
		动物繁育和利用	0.0074
木质资源接续产业	第一产业	木材采运	−0.4715
	第二产业	木材加工及木竹藤棕苇制品制造	−0.1840
		木竹藤家具制造	−0.0478
		木竹苇浆造纸	−0.3630
		林产化学产品制造	−0.1468
		木质工艺品和木质文教体育用品制造	−0.2315
非木质资源替代产业	第二产业	非木质林产品加工制造业	0.0323
	第三产业	林业旅游与休闲服务	0.1359
		林业生产服务	0.0153
		林业生态服务	−0.1727
		林业专业技术服务	0.1012
		林业公共管理及其他组织服务	0.2100

　　根据灰色产业结构型综合发展系数计算的定义，这里还将第 10 章计算得到各产业的灰色发展系数整理过来，并结合 2009～2015 年各林业产业产值和 2016～2020 年各林业产业预测值计算 2009～2020 年"一根两翼"式生态主导型经济发展模式的灰色产业结构型综合发展系数，各林业产业产值和预测值见表 11-4 和表 11-5。

表 11-4　2009～2015 年黑龙江省大小兴安岭森林生态功能区林业涉林产业产值情况

产业归属	三次产业	次级产业	2009 年	2010 年	2011 年	2012 年	2013 年	2014 年	2015 年
生态循环型森林培育业	第一产业	林木的培养和种植	28 221	42 963	160 120	171 682	253 122.3	165 657.6	174 405.82
		经济林产品的种植和采集	93 171	109 123	205 131	273 374	353 051.4	374 678.8	386 963
		花卉的种植	273	877	2 731	728	1 812.74	2 599.48	2 710.72
		动物繁育和利用	10 693	17 431	17 300	25 562	29 269	31 414	24 142
木质资源接续产业	第一产业	木材采运	232 153	234 680	119 797	108 750	74 015.25	21 787.5	497.6
	第二产业	木材加工及木竹藤棕苇制品制造	406 570	453 168	391 249	448 064	418 761.5	226 577	77 480
		木竹藤家具制造	70 232	69 113	68 551	78 040	84 701	52 088	52 855

续表

产业归属	三次产业	次级产业	2009年	2010年	2011年	2012年	2013年	2014年	2015年
木质资源接续产业	第二产业	木竹苇浆造纸	13 705.4	7 112.3	9 478.7	11 247	5 683.5	357	487
		林产化学产品制造	21 792.9	24 970.8	38 073.6	38 640.5	53 166.75	45 877	10 554
		木质工艺品和木质文教体育用品制造	11 445.7	10 945.9	19 770.7	27 549.5	19 287.25	7 616	2 618
非木质资源替代产业	第二产业	非木质林产品加工制造业	26 683	37 837	26 015	20 960	73 761	35 263	48 589
	第三产业	林业旅游与休闲服务	113 653	159 556	218 632	293 067	338 322.9	368 134.7	359 050
		林业生产辅助服务	8 055	6 431	14 987	14 215	9 021.5	11 733	10 768
		林业生态服务	5 816	13 917	15 911	15 444	8 086.5	2 666	2 880
		林业专业技术服务	2 005	2 192	2 489	5 292	5 230.5	8 257	8 921
		林业公共管理及其他组织服务	6 541	5 662	20 212	26 513	37 084.44	37 567.88	105 762

表 11-5　2016～2020 年黑龙江省大小兴安岭森林生态功能区林业涉林产业产值灰色预测值

产业归属	三次产业	次级产业	2016年	2017年	2018年	2019年	2020年
生态循环型森林培育业	第一产业	林木的培养和种植	182 538.03	183 285.23	184 035.49	184 788.82	185 545.23
		经济林产品的种植和采集	516 911.97	618 928.62	741 079.06	887 336.86	1 062 459.78
		花卉的种植	2 960.79	3 195.48	3 448.76	3 722.13	4 017.16
		动物繁育和利用	26 941.79	27 142.60	27 344.91	27 548.73	27 754.07
木质资源接续产业	第一产业	木材采运	0.00	0.00	0.00	0.00	0.00
	第二产业	木材加工及木竹藤棕苇制品制造	82 785.88	68 873.06	57 298.39	47 668.94	39 657.79
		木竹藤家具制造	56 979.54	54 318.97	51 782.63	49 364.71	47 059.70
		木竹苇浆造纸	375.03	260.86	181.45	126.21	87.79
		林产化学产品制造	13 955.93	12 051.03	10 406.14	8 985.77	7 759.27
		木质工艺品和木质文教体育用品制造	2 763.44	2 192.32	1 739.24	1 379.80	1 094.64
非木质资源替代产业	第二产业	非木质林产品加工制造业	50 121.25	51 765.28	53 463.22	55 216.87	57 028.03
	第三产业	林业旅游与休闲服务	455 960.34	522 345.00	598 396.00	685 519.00	785 327.00
		林业生产辅助服务	11 806.21	11 988.58	12 173.77	12 361.81	12 552.77
		林业生态服务	2 159.02	1 816.56	1 528.42	1 285.98	1 082.00
		林业专业技术服务	10 135.54	11 214.86	12 409.10	13 730.53	15 192.66
		林业公共管理及其他组织服务	119 318.87	147 194.97	181 583.67	224 006.49	276 340.42

　　将表 11-3～表 11-5 代入灰色产业结构型综合发展系数的公式中计算得到 2009～2020 年大小兴安岭森林生态功能区"一根两翼"式生态主导型经济发展模式的灰色产业结构型综合发展系数（2016～2020 年为预测值综合发展系数），如表 11-6 和图 11-3 所示。

表 11-6　"一根两翼"灰色产业结构型综合发展系数

年份	生态循环型森林培育业	木质资源接续产业	非木质资源替代产业
2009	0.1315	−0.2520	0.1069
2010	0.1210	−0.2476	0.1008
2011	0.1023	−0.2169	0.1121
2012	0.1102	−0.2088	0.1200
2013	0.1057	−0.1931	0.1193
2014	0.1228	−0.1742	0.1296
2015	0.1237	−0.1315	0.1379
2016	0.1323	−0.1303	0.1390
2017	0.1382	−0.1259	0.1412
2018	0.1435	−0.1214	0.1434
2019	0.1483	−0.1169	0.1455
2020	0.1526	−0.1124	0.1475

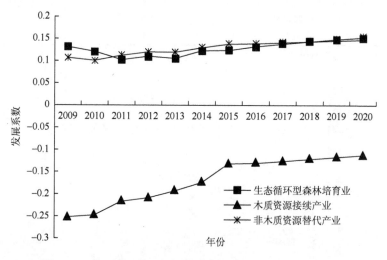

图 11-3　"一根两翼"灰色产业结构型综合发展系数折线图

　　从图 11-3 和表 11-6 中可以看出，2009～2020 年生态循环型森林培育业和非木质资源替代产业的灰色产业结构型综合发展系数基本稳定在 0.13 左右（平均值

分别为 0.1277 和 0.1286），属于相对快速发展的水平（年平均增长率分别为 13.62%
和 13.72%）；相比之下，木质资源接续产业的灰色综合发展系数全部为负值，即
整体上为负增长状态，灰色产业结构型综合发展系数从 2009 年的 −0.2520 减小为
2020 年的 −0.1124（年平均衰退速度分别为 −22.28% 和 −15.57%），即木质资源接续
产业的衰退仍在持续中但是衰退速度开始降低。

　　然而，仅考虑灰色产业结构型综合发展系数是远远不够的，还需要考虑"一
根两翼"产业构成的比重情况，表 11-7 和图 11-4 是 2009～2015 年"一根两翼"
产业实际构成情况和 2016～2020 年预测值构成情况。

表 11-7　2009～2020 年"一根两翼"产业构成情况　　　　单位：%

年份	生态循环型森林培育业比重	木质资源接续产业比重	非木质资源替代产业比重
2009	12.5934	71.9212	15.4854
2010	14.2472	66.8900	18.8628
2011	28.9588	48.6242	22.4170
2012	30.2314	45.6852	24.0834
2013	36.1179	37.1584	26.7237
2014	41.2526	25.4478	33.2996
2015	46.3647	11.3891	42.2462
2016	47.4927	10.2141	42.2931
2017	48.5008	8.0216	43.4776
2018	49.3532	6.2682	44.3785
2019	50.0851	4.8808	45.0341
2020	50.7252	3.7915	45.4832

注：不考虑林业系统非林产业。

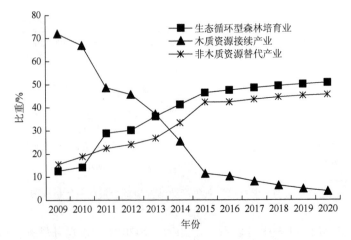

图 11-4　2009～2020 年"一根两翼"产业构成情况折线图

从表 11-7 和图 11-4 中可以看出,由于生态循环型森林培育业以及非木质资源替代产业的灰色综合发展系数都较大,其产值也将逐步增加,而木质资源接续产业的灰色综合发展系数为负值,各产业发展缓慢,整体处于衰退状态,因此随着生态循环型森林培育业和非木质资源替代产业的发展,木质资源接续产业比重将会逐渐下降,而生态循环型森林培育业以及非木质资源替代产业的比重则将会逐渐上升,直到达到新的平衡。

显然,如果不进行适当调控,"一根两翼"的发展模式也将是不均衡的,当然黑龙江省大小兴安岭森林生态功能区林业的发展要根据自身的实际情况,选择性的进行林业产业的发展,从而实现充分利用林业生态资源。针对图 11-3 和图 11-4 的示意,未来黑龙江省大小兴安岭森林生态功能区林业的发展将主要侧重生态循环型森林培育业的发展模式和非木质资源替代产业的发展模式,从 2020 年的预测比重来看,生态循环型森林培育业的比重将占到 50.73%,非木质资源替代产业的比重将占到 45.48%,两者之和将达到 96.21%,因此在这种发展趋势下,进一步调整和优化木质资源接续产业的内部结构,将其发展进一步推向市场,是未来木质资源接续产业发展模式的必由之路,在此过程中市场机制会适当摒弃木质资源接续产业发展模式中的一些落后产业,同时加入一些新的发展契机,从而使木质资源接续产业的发展获取新的动力。

总而言之,"一根两翼"式生态主导型经济发展模式是根据黑龙江省大小兴安岭森林生态功能区林业的资源要素禀赋以及发展需要而生成的新的发展模式,而在实际的发展过程中必然存在很多需要调整的地方,因此需要在前进中不断摸索,在发展中不断创新,只有这样才能将黑龙江省大小兴安岭森林生态功能区林业产业发展得更好。

11.5　本 章 小 结

本章首先利用灰色绝对关联模型,运用 2009～2015 年黑龙江省大小兴安岭森林生态功能区林业三次产业中的主要组成部分数据,分析产业间关联密切程度,从而找到若干发展生态产业的路径。其次对生态主导型经济模式的内涵与目标设置进行阐述,目的是对黑龙江省大小兴安岭森林生态功能区生态主导型产业发展模式进行构建。在循环经济的基础上,构建"一根两翼"式生态主导型经济发展模式,即生态型森林资源培育业、木质资源接续产业和非木质资源替代产业。最后对"一根两翼"式生态主导型经济发展模式中生态型森林资源培育业、木质资源接续产业和非木质资源替代产业的综合发展系数进行测算,探讨这三类综合产业的发展趋势,为今后黑龙江省大小兴安岭森林生态功能区生态产业建设提供一定的指导作用。

第12章 黑龙江省大小兴安岭森林生态功能区林业生态主导产业建设

基于第 10 章黑龙江省大小兴安岭森林生态功能区林业产业类型的识别中灰色发展决策模型和灰色 GM（1，1）模型的计算结果，本章将对黑龙江省大小兴安岭生态主导型产业发展体系进行研究，并根据分析结果提出黑龙江省大小兴安岭生态主导型产业最优发展策略，同时对产业结构进行优化分析。

根据黑龙江省大小兴安岭森林生态功能区林业产业类型的识别结果，这里将从建设生态循环型森林培育业、木质资源生态产业体系和非木质资源生态产业体系的建设的角度出发，并从对应的基础产业、支柱产业、替代产业的角度形成一套完整的产业体系，从而促进大小兴安岭森林生态功能区林业产业的结构优化与可持续发展。

12.1 生态循环型森林培育业的建设——基础产业

在黑龙江省大小兴安岭森林生态功能区加强生态循环型森林培育建设是未来黑龙江省大小兴安岭森林生态功能区发展的重要基础，而从短时期内来看黑龙江省大小兴安岭森林生态功能区森林培育主要包括林木的培养和种植及经济林产品的种植和采集两大类。这两大类林业产业向生态循环型产业的发展情况决定了未来黑龙江省大小兴安岭森林生态功能区的发展情况，而在这个发展的过程中最重要的就是如何优化产业布局，形成完善的生态循环型基础产业。

为了研究黑龙江省大小兴安岭森林生态功能区生态循环型森林培育的发展情况，这里运用灰色 GM（1，1）模型计算得到 2016～2020 年各相关产业的预测值［将灰色 GM（1，1）模型的参数代入原始模型中即可得到预测模型，从而可以计算得到相应的预测值，这里将预测模型从略，详情参见第 10 章内容，下同］，并结合 2009～2015 年的产业情况分析各林业产业未来的发展趋势，从而为尽快建立一个完善的生态循环型森林培育业做出最优的决策规划。详细情况如表 12-1 和图 12-1 所示。

表 12-1　生态循环型森林培育业的发展情况及其预期情况　单位：万元

年份	林木的培养和种植	经济林产品的种植和采集
2009	28 221.00	93 171.00
2010	42 963.00	109 123.00
2011	160 120.00	205 131.00
2012	171 682.00	273 374.00
2013	253 122.28	353 051.40
2014	165 657.56	374 678.80
2015	174 405.82	386 963.00
2016	182 538.03	516 911.97
2017	183 285.23	618 928.62
2018	184 035.49	741 079.06
2019	184 788.82	887 336.86
2020	185 545.23	1 062 459.78

注：2016~2020 年为灰色 GM（1，1）模型的预测值，模型结果见表 10~2，下同。

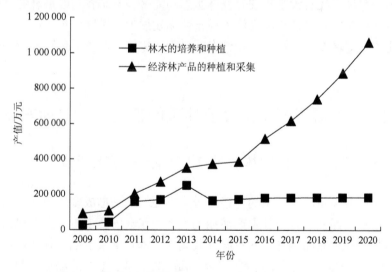

图 12-1　生态循环型森林培育业发展与预期情况折线图

　　显然，从图 12-1 和表 12-1 可以看出，经济林产品的种植和采集的规模相比林木的培养和种植规模较大，并且其潜在动力较为充足，虽然林木的培养和种植潜在发展较为缓慢，但是仍表现出较为明显的增长趋势。实际上，林木的培养和种植、经济林产品的种植和采集这两大产业的发展整体上是与黑龙江省大小兴安岭森林生态功能区生态产业建设的方向相一致。根据灰色 GM（1，1）模型的预测值，如果按照其内在的发展动力继续发展下去到 2020 年基础产业中的格局分布将出现巨大的变化。

　　根据预测结果 2020 年林木的培养和种植、经济林产品的种植和采集的预测值分别为 185 545.23 万元、1 062 459.78 万元，相比 2015 年的 174 405.82 万元、386 963.00 万元，年平均增长率分别为 0.98%和 22.39%，如果在 2016~2020 年按照该趋势发展，林木的培养和种植在生态循环型森林培育业中的比重将从 31.07%减少为 14.87%，而经济林产品的种植和采集在生态循环型森林培育业中的比重将得到全面发展，所占比重也将进一步增加为 85.13%，成为生态循环型森林培育业的核心。

　　上述的结果显然符合黑龙江省大小兴安岭森林生态功能区生态循环型森林培育建设的要求，也必然成为未来黑龙江省大小兴安岭森林生态功能区林业基础产业发展的方向。然而，如此高的发展速度并不一定是最优的，因为基础产业的发展（尤其是经济林产品的种植和采集）是以满足后续产业生产需求为重要目的，并且还要考虑黑龙江省大小兴安岭森林生态功能区的实际承载能力和市场接收能力，正确的发展应该是根据黑龙江省大小兴安岭森林生态功能区林业基础条件和市场预期需求，制定一套完善的生态循环型森林培育业发展规划，并在现有的基础上逐渐调整黑龙江省大小兴安岭森林生态功能区森林培育与经济林经营的发展布局，从而达到在森林培育和经济林经营协调发展的同时实现黑龙江省大小兴安岭森林生态功能区森林资源的可持续发展，形成完善的生态循环型林业基础产业布局。

12.2　木质资源生态产业体系的建设——接续产业

12.2.1　多环节加工增值的林木深加工产业——支柱产业

　　在木质资源生态产业体系的构建中最为重要的就是形成多环节加工增值的林木深加工产业，而从现有的林木产品加工生产所包含内容来看，主要包括了木材加工及木竹藤棕苇制品制造、木竹藤家具制造、木竹苇浆造纸、林产化学产品制造①以及木质工艺品和木质文教体育用品制造，其中属于木质品深加工的产业则主要包括木竹藤家具制造、木竹苇浆造纸、林产化学产品制造以及木质工艺品和木质文教体育用品制造。

　　为了深入分析现有的林木产品加工生产的发展现状以及林木深加工产业的发展情况，本节将对 2009~2020 年黑龙江省大小兴安岭森林生态功能区林木产品加

---

　　① 林产化学产品制造主要包括木材水解产品、木材热解产品、松香类产品、松节油类产品、栲胶类产品以及其他林产化学产品等，既包括木质林产品又包括非木质林产品，由于种类较多难以区分，这里暂将其列入木质林产品深加工范畴。

工产值和木质品深加工产值进行简要的分析对比（其中 2016～2020 年为预测值），详细情况如表 12-2 和图 12-2 所示。

表 12-2　林产品加工产值与预期情况

年份	林产品加工/万元	木质林产品加工/万元	木质林产品深加工/万元	木质林产品深加工比重/%
2009	550 429.00	523 746.00	117 176.00	22.37
2010	603 147.00	565 310.00	112 142.00	19.84
2011	553 138.00	527 123.00	135 874.00	25.78
2012	624 501.00	603 541.00	155 477.00	25.76
2013	655 361.00	581 600.00	162 838.50	28.00
2014	420 241.00	332 515.00	105 938.00	31.86
2015	225 511.00	143 994.00	66 514.00	46.19
2016	346 852.98	273 823.76	99 579.63	36.37
2017	311 251.73	237 736.76	93 815.50	39.46
2018	279 304.62	206 405.63	88 385.03	42.82
2019	250 636.59	179 203.60	83 268.90	46.47
2020	224 911.06	155 586.51	78 448.91	50.42

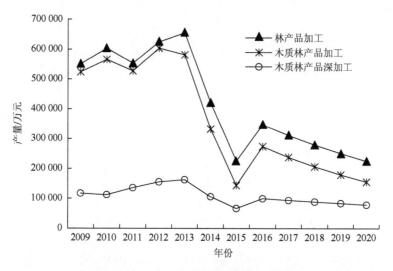

图 12-2　林产品加工产值与预期情况折线图

从表 12-2 和图 12-2 来看，2009～2013 年黑龙江省大小兴安岭森林生态功能区林产品加工产值较大，2013 年林产品加工产值为 655 361.00 万元，其中，木质林产品加工产值为 581 600.00 万元，木质林产品深加工产值为 162 838.50 万元；

2013～2015 年则呈现明显的下降趋势，这显然与国有林区天然林商业性禁伐政策的实施有密切关系，禁伐政策的执行导致林木产品加工原料供给不足，木质林产品加工产业只能依赖原料进口，生产成本增加，规模锐减；相比之下，木质林产品深加工所受影响相对较小，但是同样表现出下降的态势。从林产品加工产值的灰色预测结果来看，2020 年林产品加工产值预期为 224 911.06 万元，仅为 2013 年的 34.32%，木质林产品加工产值预期为 155 586.51 万元，仅为 2013 年的 26.75%，木质林产品深加工产值预期为 78 448.91 万元，仅为 2013 年的 48.18%。

此外，从表 12-2 中木质林产品深加工占木质林产品加工产值比重来看，在国有林区禁伐政策的约束下，木质林产品加工规模锐减，其中，初级木质林产品加工所受影响最大，木质林产品深加工由于能够获取较高的潜在林产品价值，即使原料成本上升，仍能在一定程度上维持原有生产规模。因此，木质林产品深加工占木质林产品加工产值的比重将越来越高，其中，2009 年仅为 22.37%，2020 年预期将达到 50.42%，也就是说短期内黑龙江省大小兴安岭森林生态功能区林木产品加工生产仍侧重初级林木产品的加工生产，但是在中长期黑龙江省大小兴安岭森林生态功能区木质林产品加工生产将以木质林产品深加工为主体。

尽管受国有林区禁伐政策的约束，木质林产品深加工将出现衰退倾向，但是在中短期内，木质林产品深加工产业仍将得到一定的发展，根据 2009～2015 年木质林产品深加工产业预测得到 2016～2020 年产值情况，见表 12-3。

表 12-3　木质林产品深加工产业发展情况及其预期情况　　　　　单位：万元

年份	木竹藤家具制造	木竹苇浆造纸	林产化学产品制造	木质工艺品和木质文教体育用品制造
2009	70 232.00	13 705.40	21 792.90	11 445.70
2010	69 113.00	7 112.30	24 970.80	10 945.90
2011	68 551.00	9 478.70	38 073.60	19 770.70
2012	78 040.00	11 247.00	38 640.50	27 549.50
2013	84 701.00	5 683.50	53 166.75	19 287.25
2014	52 088.00	357.00	45 877.00	7 616.00
2015	52 855.00	487.00	10 554.00	2 618.00
2016	56 979.54	375.03	13 955.93	2 763.44
2017	54 318.97	260.86	12 051.03	2 192.32
2018	51 782.63	181.45	10 406.14	1 739.24
2019	49 364.71	126.21	8 985.77	1 379.80
2020	47 059.70	87.79	7 759.27	1 094.64

从木质林产品深加工的预期产值来看，2020 年木竹苇浆造纸产值仅为 87.79 万元，显然属于淘汰行业，这与产业类型识别的结果是一致的。木质工艺品和木质

文教体育用品制造的规模虽然呈现出递减的态势，但是 2020 年预期产值仍能达到 1094.64 万元，则属于一般行业，林产化学产品制造和木竹藤家具制造则属于发展潜力较大的产业，尤其是木竹藤家具制造属于相对传统的行业，2020 年预期产值为 47 059.70 万元，是木质林产品深加工的主体部分，我国黑龙江省大小兴安岭森林生态功能区地处黑龙江省西北部，北面靠近俄罗斯，而黑龙江省大小兴安岭森林生态功能区内的黑河市是重要的贸易城市，完全具备利用俄罗斯进口木材进行深加工进而向其出售成品家具的地理位置优势，并且从现阶段中俄林产品贸易构成来看，在木质家具贸易完全具备广阔的市场发展前景。

显然，在这种木质林产品加工行业发展的现状下，作为木质资源生态产业体系中最为重要的一部分的多环节加工增值的林木深加工产业必须重新进行较为全面的行业结构布局，进一步调整木质林产品深加工在林木产品加工生产的比重，逐步加强林木产品的深加工规模，提升林木产品潜在附加价值，通过提升林木产品深加工在林产品加工中的份额，从而间接提升林木产品的产品价值，降低初级林木产品消耗量，减弱林产品加工对林木原料的需求依赖，将林木产品深加工产业建设成为黑龙江省大小兴安岭森林生态功能区林产品加工领域的支柱产业。

12.2.2　生物质能源产业和碳汇造林产业——新兴产业

在木质林产品加工制造产业发展缓慢的前提下，适当发展新型产业也是改善木质资源生态产业发展现状的措施之一。

黑龙江省大小兴安岭森林生态功能区内拥有丰富的森林资源，可以对林木中的生物能通过物理、生物或者化学的方法，高效转化成为高品质能源，而这种能源转换是典型的清洁能源转换，转换后的生物质能源在燃烧过程中释放的二氧化碳与其生产过程中吸收的二氧化碳几乎相同。如此即可有效降低煤炭能源消耗所带来的环境污染问题，同时还形成一套包括生物柴油、燃料酒精、燃料气体和木质固体燃料加工利用的新兴产业，从而为黑龙江省大小兴安岭森林生态功能区的产业发展注入新的动力。

与生物质能源产业相比，碳汇造林产业也是近些年来比较流行的新兴产业，黑龙江省大小兴安岭森林生态功能区的采伐迹地立地条件相对较好，林木生长量较高，林木的固碳量具有交易的价值。从黑龙江省大小兴安岭森林生态功能区人工林采伐利用周期来看，造林和再造林的轮伐期适合碳汇贸易。因此，龙江森工集团的造林和再造林可在满足龙江森工集团产业木材需求的同时附带碳汇交易。

总之，大力发展生物质能源产业和碳汇造林产业是促进黑龙江省大小兴安岭森林生态功能区产业结构优化，为黑龙江省大小兴安岭森林生态功能区林业经济的增长开辟一条新的道路，而这些新兴产业在不久的将来也必然成为黑龙江省大小兴安岭森林生态功能区林业经济增长的中坚力量。

12.3　非木质资源生态产业体系的建设——替代产业

从 11.2.2 节中可以看出黑龙江省大小兴安岭森林生态功能区林业木质资源接续产业的发展存在一定的制约因素，但是非木质资源替代产业却发展迅猛，逐渐形成了绿色生态食品种植业与加工业和多元化森林生态文化旅游业等优势产业，而这些产业也逐渐成为拉动黑龙江省大小兴安岭森林生态功能区林业经济增长的核心。

12.3.1　绿色生态食品种植业与加工业——优势产业

绿色生态食品的种植业的发展其实从经济林产品的种植和采集看到其发展的缩影，同样绿色生态食品的加工业发展也可以从非木质林产品加工制造业发掘其踪迹。其中，非木质林产品加工制造业的发展可以从表 12-4 和图 12-3 看出。

表 12-4　非木质林产品加工制造业发展情况及其预期情况　　　单位：万元

年份	非木质林产品加工制造业
2009	26 683.00
2010	37 837.00
2011	26 015.00
2012	20 960.00
2013	73 761.00
2014	35 263.00
2015	48 589.00
2016	50 121.25
2017	51 765.28
2018	53 463.22
2019	55 216.87
2020	57 028.03

从图 12-3 可以看出，非木质林产品加工制造业在 2009～2015 年的发展相对缓慢并且波动较大，但是仍表现出明显的增长趋势。在此发展趋势下 2020 年黑龙江省大小兴安岭森林生态功能区非木质林产品加工制造业预期产值为 57 028.03 万元，为了达到这一预期产值，2015～2020 年非木质林产品加工制造业产值年平均增长率至

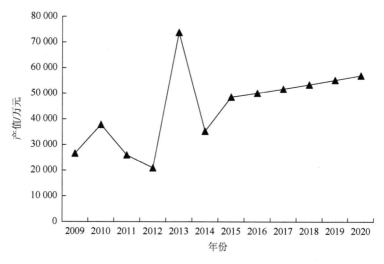

图 12-3　非木质林产品加工制造业发展与预期情况折线图

少为 3.25%，但是这仍远远小于经济林产品的种植和采集的预期年平均增长率 22.39%（2015～2020 年），因此，从这个角度来看，黑龙江省大小兴安岭森林生态功能区绿色生态食品种植业与加工业发展存在一定的不协调。因此，急需提升非木质林产品加工制造业的能力，尤其是绿色森林食品的深加工规模和能力，从而充分挖掘森林生态食品的潜在附加价值。从黑龙江省大小兴安岭森林生态功能区绿色生态食品种植业与加工业未来的发展来看，绿色生态食品种植业与加工业也必然会成为黑龙江省大小兴安岭森林生态功能区林业经济发展的核心力量。

12.3.2　多元化的生态文化旅游业——特色产业

旅游业的发展是人民生活水平提高的一个侧面反映，随着人民对旅游兴趣和热情逐渐增强，单一的风景旅游已经不能满足人民的旅游要求，因此多元化的生态文化旅游业将逐渐成为旅游业市场的主流之一。

从黑龙江省大小兴安岭森林生态功能区多元化的生态文化旅游业的发展可以从林业旅游与休闲服务近年来的发展情况侧面反映出来。详细发展情况如表 12-5 和图 12-4 所示。

表 12-5　林业旅游与休闲服务发展情况及其预期情况　　单位：万元

年份	林业旅游与休闲服务
2009	113 653
2010	159 556

续表

年份	林业旅游与休闲服务
2011	218 632
2012	293 067
2013	338 323
2014	368 135
2015	359 050
2016	455 960
2017	522 345
2018	598 396
2019	685 519
2020	785 327

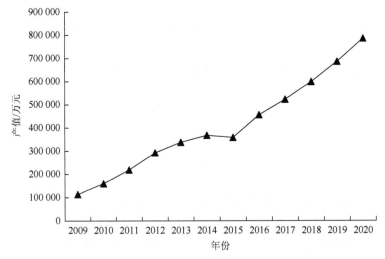

图 12-4　林业旅游与休闲服务发展与预期情况折线图

从图 12-4 可以看出，黑龙江省大小兴安岭森林生态功能区林业旅游与休闲服务的发展处于一种稳定增长的状态中，2009～2015 年的年平均增长率为 21.13%，而按照 2020 年的预测值来看，2015～2020 年的年平均增长率也将达到 16.94%，明显大于其他林业产业的发展速度，因此，黑龙江省大小兴安岭森林生态功能区多元化的生态文化旅游业的发展是极具潜力的。

在促进黑龙江省大小兴安岭森林生态功能区多元化的生态文化旅游业的发展上，地方政府应积极推进黑龙江省大小兴安岭森林生态功能区旅游基础设施的建设，大力培养原始森林游、冬季滑雪、夏季漂流等森林生态旅项目，逐渐形成以森林公园为主，以自然保护区为辅的森林旅游产业。同时，还要在生态旅游中加入地方文化，有机地将生态和文化结合，形成具有特色的多元化的生态文化旅游业，增强黑龙江省大小兴安岭森林生态功能区多元化的生态文化旅游业的知名度，充分带动区域经济发展。

12.4　黑龙江省大小兴安岭生态主导型产业发展布局与结构优化

根据第 10 章产业类型的识别分析结果，并结合黑龙江省大小兴安岭森林生态功能区各产业的发展趋势，本节将给出黑龙江省大小兴安岭生态主导型产业发展的新式布局与主要产业间的灰色绝对关联系数（根据 2009～2015 年数据计算得到），并根据这个布局给出优化黑龙江省大小兴安岭森林生态功能区林业产业结构的若干建议。产业间灰色绝对关联系数与产业发展布局情况如图 12-5 所示。

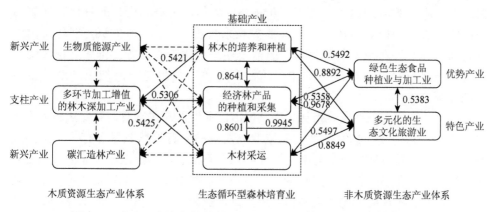

图 12-5　大小兴安岭森林生态功能区产业关联系数与产业发展布局图

黑龙江省大小兴安岭森林生态功能区产业发展是以生态循环型森林培育业为基础产业，以木质资源生态产业体系为接续产业，以非木质资源生态产业体系为替代产业的产业布局，这实际上就是对原有产业进行优化布局后的新型生态主导型经济发展模式。

从作为基础产业的生态循环型森林培育业内部来看，林木的培养和种植与经济林产品的种植和采集之间的灰色绝对关联系数达到了 0.8641，显然两者之间存在十分密切的内在关系，木材采运与经济林产品的种植和采集之间的灰色绝对关联系数则为 0.8601，即两者之间存在较为密切的内在关系，而林木的培养和种植与木材采运之间的灰色绝对关联系数为 0.9945，两者之间的关系极为密切，即林木的培养和种植是木材采运的重要基础，也是未来替代木材采运的重要内容。

从多环节加工增值的林木深加工产业和作为基础产业的生态循环型森林培育业之间的关系来看，多环节加工增值的林木深加工产业与林木的培养和种植、经济林产品的种植和采集以及木材采运之间的灰色绝对关联系数分别为 0.5421、0.5306以及 0.5425，尽管灰色绝对关联系数较小，但是从其大小顺序来看，多环节加工增值的林木深加工产业仍旧与木材采运之间的关系最为密切，其次为林木的培养和种植，这也说明林业基础产值的发展，尤其是林木的种植与采伐对多环节加工增值的林木深加工产业存在重要的影响，但是，考虑到国有林区禁伐政策的影响，这种影响效果可能会显著下降，取而代之的则是林木进出口对多环节加工增值的林木深加工产业的深层次影响。

从非木质资源生态产业体系与生态循环型森林培育业之间的关系来看，其内部产业间灰色绝对关联系数最为显著的分别为林木的培养和种植与多元化的生态文化旅游业、经济林产品的种植和采集与多元化的生态文化旅游业，灰色绝对关联系数分别达到 0.8892、0.9678，另外，经济林产品的种植和采集与绿色生态食品种植业与加工业之间的关联系数较小，仅为 0.5358，即体现出生产与加工环节存在较大的不协调，急需发展绿色生态食品加工业，这也表明发展好林业基础产业是促进林业生态旅游和绿色森林生态产品加工产业的重要基础保障。

从黑龙江省大小兴安岭森林生态功能区产业发展布局来看，黑龙江省大小兴安岭森林生态功能区林产品加工制造业以及森林生态旅游业尽管有了一定的发展，但是从其发展规律以及与基础产业间的关系来看，显然这些产业的发展受到林业基础产业发展的制约，因此从这一点考虑，黑龙江省大小兴安岭森林生态功能区产业发展布局应首先以巩固和发展基础产业为主，以林产品加工生产制造和森林生态旅游以及新兴产业的发展为辅。而对辅助产业进行细致划分也就形成了"以木质资源生态产业体系为接续产业，以非木质资源生态产业体系为替代产业"的新型生态主导型林业产业布局。

显然，在生态主导型经济发展模式下每一个大类产业的内部都应该进行产业结构的调整与优化，同时也要考虑各产业间的内在联系，通过产业间的相互带动逐步形成完善的产业链和产业群。

总而言之，黑龙江省大小兴安岭森林生态功能区生态主导型经济发展模式最优产业布局和产业结构实际上就是在满足当下经济社会发展需求的前提下逐步降低经济社会发展对环境的破坏和依赖程度，同时在区域全面发展过程中逐步提高经济规模和居民的生产生活水平，最终实现人口、经济、社会、环境和生态的全面、协调、可持续的发展。

12.5　本章小结

　　本章对黑龙江省大小兴安岭森林生态功能区生态主导型产业体系进行了明确与构建，并对黑龙江省大小兴安岭森林生态功能区生态主导型产业布局与结构进行了优化。在产业体系构建方面，明确生态循环型森林培育业为产业体系构建的基础，木质资源生态产业作为体系构建的支柱产业与新兴产业，非木质资源生态产业作为体系构建的优势与特色产业。上述主导型产业在整体上进行布局与结构调整，根据数据分析结果，从理论上能够形成合理、优化的黑龙江省大小兴安岭生态主导型产业体系。

第 13 章　黑龙江省大小兴安岭森林生态功能区生态主导型经济发展模式的政策环境与支撑体系

要保证黑龙江省大小兴安岭森林生态功能区生态产业体系平稳、顺利地运行，除了保持良好的生态环境以外，还需要一个非常有效的模式支撑保障体系，其中包括：宏观政策与制度支撑、体制与法律支撑、科技与资金支撑、宣传与管理支撑以及企业培育与生态产业竞争力支撑。

13.1　宏观政策与制度支撑

黑龙江省大小兴安岭森林生态功能区所面临的一个问题是当前的某些林业政策不适应生态功能区发展的需要。现行某些林业政策既不能有效激励全社会投资于营造林，增加森林植被，也不能有效保护现有森林资源。其表现在现行森林资源管理制度不适应市场经济发展需要。现行森林资源保护管理制度是计划经济的产物，主要由森林限额采伐制度和凭证采伐、凭证运输制度构成，该政策与市场经济规则背道而驰。市场经济运行的条件是市场经济主体必须拥有对自己产品的处置权，而我国现行林业政策剥夺了林农对自己经营林木的处置权，降低了林农营林造林的积极性。应该建立政府与市场协调、互补的管理机制，使森林资源管理按市场经济规律规范运行。市场经济对自然资源配置起基础性作用，这是因为：①在市场经济条件下，资源是有价的。不仅具有价值，而且具有一定的价格，在稀缺经济供给格局下，这种价格会随需求量增加而不断提高，从而通过价值规律来调节资源的供需关系，最终实现资源的优化。②与资源有价相连，对资源的使用是有偿的。在市场经济下，无论对资源的占有、消耗和利用，都必须按市场价格支付费用，才能有效地制止对资源的浪费和破坏。市场经济的显著特征是生产者按照市场供求状况的变化而自行决策，经济效益是生产者考虑的首要条件。这决定了市场经济在生态环境建设中的不足之处，市场失灵的存在为政府的介入提供了可能性，决定了保护国有林，发挥其生态效益只能采取国家项目形式的做法。但是，政府在生态环境的优化配置方面有时也面临着失灵的困扰。这是因为从某种意义上讲，政府是一种自然垄断性组织，政府的干预结果并非十全十美，它的副作用主要是产生浪费和无效率。不完善信息与不完全市场不但导致市场失灵，同样也是导致政府失灵的根源。在环境建设中我们不能简单用一种"失灵"代替另一种"失灵"。全面稳妥的做法是建立一种政策调节与市场配置协调互补的管理模式，即减少政府失灵造成的生态资源配置效率的损失。具体地说，在中国社会现有的市场经济、管理体制下，国有林保护暨"天然林资源保护工程"中，市场与政府之间协调互补的经营关系应是政府运用法制、行政和规章进行管理的同时，还应积极培育森林资源市场，建立产权交易制度，通过外部不经济性的内部化，调整不合理的价格；生态环境建设的管理模式从单一的政府调解和行政管理手段，转向以政府为主，充分发挥市场基础性作用，这不仅仅是实施国有林保护，生态环境建设的需要，也是探索符合我国国情的生态建设模式具有深远意义的大事。

13.2　体制与法律支撑

1. 体制支撑

黑龙江省大小兴安岭森林生态功能区最突出的林业问题之一就是体制不顺，错综复杂。体制上的矛盾主要表现在资源管理体制、经营管理体制和行政管理体制。长期以来，黑龙江省大小兴安岭森林生态功能区管理体制条块分割、层级复杂、自成体系、各自为政。黑龙江省大兴安岭林业管理局由国家林业局直属，同时又与地方政府合一。龙江森工集团所辖的伊春林业管理局和伊春市政企合一，伊春市归省管。这样的管理体制，极不利于政府职能的发挥，也不利于企业健康发展。既严重影响了企业的经济效益，又加大了企业管理成本，严重制约了林业生态经济的发展。原因有五点：一是政企不分使不同的价值取向目标难以兼容。当生态效益与经济效益发生冲突时，企业往往会本能地坚持利润最大化的原则而忽视生态效益，使政府追求的公共利益、社会利益目标悬空。二是政企不分严重地混淆了财政与企业两种资金的性质。用计划经济的办法和行政命令，支配承担着生产经营职能的企业资金，而不是用财政资金供养政府工作人员，承担社会性和福利性支出，不仅增加企业负担，削弱企业的竞争力，也迫使企业把资金缺口放在大量消耗资源上。三是政企不分使国家对森林资源监管流于形式。政府既当裁判员，又当运动员，与企业形成一损俱损，一荣俱荣的格局，使国家对森林资源的监管，无论怎样变换形式，无论机构怎样升格，无论监管队伍专业化到什么程度，都无法解决"自己的刀削不了自己的把"的问题，这是政府管理失灵的典型表现。四是政企不分导致地方与企业对森林的经营不可避免地走向"重采轻育"。采伐迹地、火烧迹地、开矿采金形成的废弃地不能得到及时有效的恢复，在局部与全局、当前与长远的利益博弈中，受损的总是长远与全局利益。五是政企不分导致生态功能区经济社会发展的边缘化。近年来党中央、国务院制定的有关经济发展的很多政策，如小城镇发展、新农村建设等，生态功能区根本享受不到，已成为影响生态功能区社会事业发展的重要原因。

解决上述问题，要改革国有生态功能区资源管理体制、经营管理体制和行政管理体制。首先，要确定明晰、长期、稳定、可靠的森林资源所有权与使用权制度，使所有权与使用权分离，是改革的核心。林业是以森林资源为基础的产业和公益事业，林业的发展必须考虑森林资源的持续利用和生态环境保护，必须能够满足社会经济发展的需要，同时还必须能够实现相关部门和主体的各种经济效益。国有森林资源归国家所有的国有产权制度，使以森林资源为主体的国有生态功能区自开发建设至今，仍然按照计划经济的体制模式运行，在不同程度上仍保留计划经济的残余。国有森林资源、林地林木、林业企业归国家所有，国家通过森林采伐限额，制定木材生产计划任务，国有林业企业承担着公益性、管理性和福利性的社会职能。这种计划经济体制和模式使企业活力不强，素质低下，职工积极性不高，造成生态功能区社会发展滞后，经济效益不佳，生态破坏严重，阻碍了国有生态功能区林业生态经济的协调发展和可持续发展自生能力的增强。森林资源所有权的拥有者（即所有者）应该充分享有对资源的管理权、收益权和处置权。要使森林资源所有权和使用权分家，形成国有森林资源所有者对国有林使用者的有效监督则应在此基础上实行林价制度，加强国有森林资源管理，发展多种形式的非公有经济实体，非公有林和非木材林产品经济。

其次，要政企分开，政府与企业各司其职。政企分开是黑龙江省大小兴安岭森林生态功能区现实经济社会结构状况的要求。经过几十年的开发建设，黑龙江省大小兴安岭森林生态功能区与开发建设初期相比，尽管目前区域经济仍是以林木为主的经济，但随着生态功能区人口的迅猛增加，生态功能区社会服务体系的建立和完善，已远非当初木材采运大军进驻时的单一社会状况，现已形成比较完整的经济和社会体系。面对目前的经济社会结构，仍以当初"大企业、小政府""实企业、虚政府"的经营管理模式进行管理已不适应，而且随着国有生态功能区战略性转移，以生态建设为主的定位已确定，单一林业产业经济已不能支撑整个区域经济社会的发展，纯粹的国有林业局（企业）也不可能、也不应该再将区域经济社会的各项事务全部包揽起来。从宏观上调控区域经济发展、监督规范区域市场发育、规划推动社会事业进步、提供公共服务，政府机关责无旁贷。

2. 法律支撑

法是实现国家职能的基本手段和重要工具，国家是法存在和发展的政治基础与有力保障。发展林业生态经济是国家的一个重要战略，与每一位公民都息息相关，涉及社会方方面面的利益关系。各级政府是实现国家职能的机构。发展林业生态经济必须要有一系列法律和法规作保障。

一方面，以立法形式更好地协调林业的社会公益职能与私人生产的利益关系，使森林培育业能获取社会平均利润，采取宏观手段解决经营林业的动力机制和激励机制；另一方面，以制度建设，规范市场行为，为林业生产经营主体参与市场竞争，创造公正、公平、公开和诚信的市场环境。主要是建立健全林地、林木流转和评估制度，林权变更登记公示制度，外资造林保护制度，造林工程招投标制度，林业工程规划、施工、监理队伍的资质制度，动植物驯养繁殖利用制度，森林旅游服务市场管理制度，育林基金运作制度，农村社区服务组织制度，森林防火、病虫害防治、义务植树制度等。

依法治林，把黑龙江省大小兴安岭森林生态功能区林业生态经济建设的全过程纳入法制化轨道。要加强林业法制教育，为加快林业生态经济发展创造良好的法制环境。要加强林业执法队伍建设，整合执法力量，提高执法水平，提升执法权威。要运用法律手段，加强对森林资源和野生动植物的保护管理，强化森林防火和森林病虫害防治工作，规范征占用林地、木材采伐、运输、经营加工和野生动物猎捕、驯养繁殖等行为，维护林业生产秩序，严厉打击破坏森林资源的违法犯罪活动，坚决刹住乱砍滥伐森林、乱捕滥猎野生动物、乱采滥挖野生植物、乱征滥占林地湿地的歪风，保护林业生产经营者的合法权益，维护森林资源的安全。

13.3　科技与资金支撑

1. 科技支撑

科学技术是第一生产力，科技进步是人类提高自然资源利用率最根本的措施。科技是实现可持续发展、构建生态功能区林业生态经济模式的必要手段。现代林业以现代科技为基础，追求森林的多功能、多目标产出和综合效益最优化。现代林业的发展，不仅要运用整体综合与协调的方法解决整体的宏观性问题，还需要现代高新技术，如信息技术、生物技术、生态系统技术等与传统技术的综合应用解决微观问题，从而使现代林业真正成为知识密集型产业和事业，不断提高林业生态经济效益。长期以来，黑龙江省大小兴安岭森林生态功能区科技与林业生产结合的不够紧密，营林生产科技含量低，发展滞后。由于黑龙江省大小兴安岭森林生态功能区高纬度的地理环境和气候条件，一些国家级科研机构和其他省市的科研成果，不能直接被拿来推广应用，只能依靠本身的科研理论进行研究，一些制约林业发展的瓶颈技术，如森林防火及病虫害防治技术、优质速生林木新品种培育技术、中幼林改造提高林分生产力技术等，还没有得到有效解决。科技推广机构不健全，成果转化率低，林业科技推广体系建设远远落后于农业，严重影响了林业新技术、新成果的推广和应用。因此，要继续加快推进"数字化林业"建设，加强林业应用科学研究和林业高新技术开发，对高效实用的先进林业技术进行组装配套并应用到林业建设中；尽快突破森林资源保育和林产品加工、利用等方面的技术瓶颈，特别是在沙漠化土地治理、森林资源消长与生态恢复、林木良种选育及资源监测等关键性技术方面加快研发；进一步深化林业科技体制改革，创办科技经营型企业，建立科技示范点，开展科技承包和林业技术推广，加快林业科技成果转化，鼓励科技人员到林业建设第一线开展技术推广和试验示范，提高林业生态建设和产业发展的质量和效益。

黑龙江省大小兴安岭森林生态功能区林业科技应在林木种苗、林木引种驯化、速生丰产林建设、森林防火、病虫害防治、生物多样性保护及林木种植资源库建设等方面采用大科技、大联合的方式，将区内外的科研院所、高校紧密结合，形成优势互补的项目实施、研究、示范、推广队伍，建立区内外著名专家组成的技术指导小组，指导、解决项目实施过程中的技术难题。

2. 资金支撑

环境保护是公共行为，是政府的职责。政府是环境保护的投入主体。怎样有效运用政府资源加强和推进环保，是环境保护目标实现的关键。政府资源包括政策资源、组织资源、物质资源。林业生态经济需要政府制定适当的投资政策，优化投资结构，保证生态环境投资与经济建设投资协调发展。

随着市场经济体制的确立，可以无偿使用的社会资源越来越少，生态环境建设的成本呈明显上升趋势。一是生态建设的投入机制较以往发生了变化。在以往的生态工程建设中，投入政策充分考虑了制度优势，设计了以国家投入为辅、农民投工投劳为主的建设机制，农民成为建设的主体。实际执行中，农民投工起到了决定性的作用。随着改革的不断深入和市场经济体制的逐步完善，政府调动制度资源的能力受到很大限制，公益事业建设与建设者追求经济利益的矛盾逐步显性化。原有的投入机制已经不能发挥相应的作用，增加建设投入，改变建设机制成为必然。二是生态环境的建设规模、内容逐步扩大，建设目标呈现多样化趋势。市场经济条件下，政府依靠制度优势调动社会资源进行生态环境建设的能力逐步削弱。由于生态环境建设公益性与商业投资追求经济利益之间的矛盾，私人资本很难产生投资的动机，政府在生态环境建设中客观上发挥着投入主体的作用。三是建设的直接成本明显上升，从种苗到管护，都发生了变化。改革开放初期生态建设每亩①补助不足 10 元，目前每亩的造林成本一般要上百元，有的甚至要近千

---

① 1 亩≈666.67m²。

元。政府在生态环境建设中持续投入的能力将直接决定生态环境的规模与速度,决定中国生态环境改善的进程。

黑龙江省大小兴安岭森林生态功能区除原料林以外,全面停止主伐后,一是收入减少、效益下降,育林费提取减少。二是严重制约产业的发展。造成采伐生产设施大量闲置,后备森林资源培育资金短缺,林产工业的加工原料和多种经营发展食用菌等的"三剩物"原料严重不足。三是大量富余职工下岗,无业可就。四是刚性支出资金严重短缺,五是黑龙江省大小兴安岭森林生态功能区处于寒温带,积温低,森林生长周期长,一般在 40~60 年,据测算休养生息期以 30~40 年为宜,而现有国家投入天然林资金的期限是 n 年,与黑龙江省大小兴安岭森林生态功能区的木材生产周期差距较大。黑龙江省的速生丰产林 20 年后才能进入抚育间伐期,30 年才能进入采伐期。目前,森工生态功能区虽然森林面积、蓄积实现双增长,但是可采资源仍然不足,成过熟林面积仅占 3.2%,蓄积占森林蓄积总量的 5.6%;幼中龄林面积占森林总面积的 85.1%,蓄积占森林蓄积总量的 77.7%,如果不延长"天然林资源保护工程"的工程期,只能继续采伐中幼林,将造成生态环境的恶化。因此,建议国家给予政策和资金扶持。一是延长国家投入天然林资金的期限,根据各森工集团森林生长周期核定休养生息期来确定国家投入资金的期限。二是降低地方配套资金比重。由于省财政困难,难以承担国家规定的天然林资源保护配套资金(配套比重 30%),建议国家给予全额补助,或将省配套比重降低到 5%。三是出台由于减产受到直接经济损失的补偿政策,每减产 $1m^3$ 国家补偿一定资金。四是出台企业关闭停产的补偿政策。五是出台富余职工分流安置、社会保险、撤并林场、生态移民等方面的补助政策。六是提高天然林资源保护财政补助标准。现行的天然林资源保护财政补助标准过低且投入不足。"天然林资源保护工程"的公益林管护费和政社性支出补助标准都是按着 1997 年的工资、物价水平计算的,20 多年变化不大。工程实施以来,国家先后出台了一系列的工资和物价调整政策,各项补助明显偏低,影响了工程的健康发展和职工的利益;森林资源培育保护资金不足,现有方案强调了对天然林的保护,没有对森林资源培育做出要求和资金安排。

另外,黑龙江省大小兴安岭森林生态功能区应充分借助西部大开发的历史机遇,借助国家资金及政策,运用市场机制,调动各方面的有利因素参与林业生态经济建设。逐步建立起以国家投入为主导和全社会参与投入为支撑的林业生态经济建设的开发投入机制,形成多层次、多渠道、多元化的投资体系。

13.4 宣传与管理支撑

1. 宣传支撑

加强发展林业生态经济的宣传力度,增强公众发展林业生态经济的意识。在这方面，许多发达国家的成功经验值得借鉴。他们通过生态经济教育提高公众生态经济意识，继而引导公众在更广的范围和更深的意义上参与生态经济的管理。中国人民大学社会学系的一份调查显示，当前我国居民的环境意识在整体上还是属于比较浅层次的。因此，在加强环保宣传，充分调动公众保护和改善环境的积极性的同时，增强公众保护环境和发展生态经济的意识和责任感。

保护和改善生态环境需要社会全体人员的参与，长期共同努力才能取得效果，为此，应利用各种形式加大媒体的宣传力度，在全社会范围内进行宣传环保法律和环境标准法规以及国际环保公约、协议等，提倡绿色生活方式，让绿色概念深入人心。通过宣传、教育增强公民的环保意识，使人们认识"破坏自然资源就是破坏生产力，保护自然资源就是保护生产力，改善自然资源就是发展生产力"的道理，改变消费生活方式，在减少资源浪费与环境污染方面起到以身作则的示范作用。

2. 管理支撑

第一，强化林业行业协会的作用。发达国家，不管什么样的产业，不仅要有完善的服务体系，还要有健全的自律体系，这样，就保证了企业的有效运转，保证了同一产品在市场中的有序竞争，而这种服务和自律，一般都是通过权威的产业协会、商会实现的。发展林业生态经济的战略措施之一就是要充分发挥林业产业协会作用，实现行业自律、自治的有效管理。行业协会是可以有所作为的。例如，中国林业产业协会正在抓的几个事：一是建立全国林业产业基础数据库，全面反映林业企业名录、经营状况、主要林产品市场价格、产业发展动态；二是建立林业重点市场和企业联系制度，及时准确地了解和掌握全国林产品市场和企业运行情况；三是充分发挥行业协会在沟通政府与企业、开展行业自律、维护合法权益、解决国际贸易争端等方面作用；四是开展林业名牌产品、绿色产品和产业集群认定扶持工作；五是开展林业产业税费优惠政策的调研和争取工作等；六是建立和完善林业产业发展的服务体系。

第二，实施绿色经济核算办法。建立保护生态环境，实行资源环境核算制度，把自然资源和环境纳入国民经济核算体系。建立生态资源的实物账户和价值量账户支持建立综合的环境与经济核算体系，以补充和改进国民经济核算体系，改变过去无偿使用自然资源和环境并将成本转嫁给社会，使之反映环境恶化造成的经济损失，并以绿色国民生产总值作为主要参数来考核企业和各级领导者的绩效。政府要把环境保护纳入企业经营决策中，使企业在生产经营中必须考虑对环境的影响和资源利用效率，以确立新的成本观。即企业在对成本和效率的核算时加上环境成本和资源成本，以彻底改变单纯追求 GDP 增长和利润最大化的目标，不考虑环境成本和效率。

　　第三，推行清洁生产。清洁生产是指对生产过程与产品采取整体预防性的环境策略，以减小人类对宇宙可能的危害。开展清洁生产有助于实现资源节约和环境保护，能够实现节能、降耗、减污、增效，是提高企业市场竞争力的最佳途径。从 20 世纪 90 年代初清洁生产的理念被引入我国后，得到了广泛传播，政府有关部门不仅倡导，也进行了积极的培训、示范和推广。为了动员全社会的力量推行清洁生产、实现可持续发展，第九届全国人大常委会把《中华人民共和国清洁生产促进法》列入立法规划，并由环境与资源保护委员会组织起草。黑龙江省大小兴安岭森林生态功能区有丰富的动植物资源，通过清洁生产，可以生产出让人放心的绿色食品，使这里成为绿色食品生产基地。清洁生产需要全社会的共同参与和推动，包括企业的经营管理、政府的政策法规、技术创新、教育培训以及公众参与和监督。

13.5　企业培育与生态产业竞争力支撑

1. 企业培育支撑

　　生态产业的微观主体是企业和农民，构建企业的生态观是实现可持续发展在微观领域的最终落脚点。过去，我们在生态建设中强调生态效益多，追求经济效益少，影响了社会各界投入生态建设的积极性。因此，要鼓励和支持企业进入生态建设领域，并把企业吸引到大小兴安岭森林生态功能区的生态建设项目中来。如此，既能减轻政府生态建设资金的投入压力，又可以实现生态建设的可持续发展和良性循环。从实施生态产业发展的行为来看，关键在于企业要实施一种无废无污，把不良成分、副作用降到最低点的贯穿于整个经营活动中的生产模式。同时，作为发展中国家的企业，要想跨越绿色壁垒进入国际市场，还必须完成企业的生态转换，构建生态发展模式。

　　在生态产业发展过程中，龙头企业至关重要。它不仅担负着开拓市场、管理林户的重任而且也是促进功能区产业结构调整的重要力量，因此，政府要加大对龙头企业的扶持力度。在资金方面，通过无偿资助、无息、低息专项贷款、贴息贷款和税费减免等方式，扶持龙头企业基本建设和技术改造，促进龙头企业技术创新和进步，提高产品科技含量和精深加工程度，增强产品的市场竞争力。同时，协调金融部门，制定优惠政策引进外资，吸引第二、第三产业的资金对龙头企业进行资金投入，促进龙头企业上规模、上水平、上档次、增加生态产品的质量。逐步形成以龙头企业自我投入为主，政府和信贷扶持为导向、国内外资金为补充的生态产业龙头企业多元化的投入机制，在政策方面，需要政府在财政、信贷、出口、税收等诸方面对龙头企业给予适当优惠。同时，在产品认证、检验等费用方面给予优惠，在管理方面，龙江森工集团和林业管理局是服务主体，要改变用行政手段干预龙头企业生产的做法，努力为生态产品龙头企业创造一个良好的外部环境，保证龙头企业的顺利发展。

2. 生态产业竞争力支撑

第一，打造黑龙江省大小兴安岭区域品牌。商品品牌是一种无形资产，它代表着信誉、档次，其价值难以估量。随着生活水平的提高和健康意识的增强，人们越来越追求无污染、天然纯净的高档绿色产品，这种需求为黑龙江省大小兴安岭森林生态功能区生态产品，如食品、药品等提供了越来越广阔的市场空间。特别是我国加入 WTO 后，各贸易成员国之间的商品关税壁垒消除了，但各国会利用 WTO（《贸易技术壁垒协议》）中"关于不得阻止任何国家采取必要的措施保护人类、保护环境"的条款，普遍实施严格的环保法规和苛刻的环保技术标准，设置保护本国市场商品的"绿色壁垒"。特别是发达国家对农产品质量标准的要求越来越高，如欧美等国家和地区近年来提出所谓"有机食品""生态食品""自然食品""健康食品"等，对农产品中化学物质的限量更加苛刻。

黑龙江省大小兴安岭地区是当今世界上稀有的原始生态状况保存最为完好而且自然资源最为丰富的地域之一。无污染、天然纯净是其最大的特色。如果能充分发挥其自然资源优势，以大小兴安岭为品牌系列，开发优质、安全、营养的生态食品，发展壮大生态产业，必将提高大小兴安岭食品、药品等生态产品在国际国内市场上的竞争能力。

第二，选择区域主导产业。一个地区的主导产业应该具备以下指标，产业的市场潜力比较大，产业的比较优势度高，产业规模比较大，产业关联度高。综合考虑黑龙江省大小兴安岭森林生态功能区的资源优势度、经济发展总体水平与平衡度、保持生态平衡等因素，本区的主导产业应为：①"绿色及有机食品"生产与深加工产业，主要是利用林业生产中的各类特产资源开发的天然营养食品等。②以现代生物技术为依托的健康产业，包括中药现代化开发与生物制药业、天然滋补类保健品等。这一产业主要是利用大小兴安岭特有的中药材资源，经过人工集约化繁殖、规模化种植等进行中药现代化开发，形成特有的中成药产业。利用各类天然资源经过深加工生产各类滋补类产品，以现代生物技术为依托的生物制药业等，共同形成特有的"健康产业"。

第三，确定区域优势产业。所谓优势产业，是指利用黑龙江省大小兴安岭森林生态功能区的特有的区位条件、资源优势和原有基础，把某些产业发展成黑龙江省大小兴安岭森林生态功能区的优势产业。例如，医药业，包括中药现代化、生物制药、原料药与合成药制造等；生物资源保护与开发，包括森林生物资源的开发及相关性产业等；具有北方特色的旅游产业，包括利用冰雪、民俗、各类原始自然景观与风光等旅游资源的开发，形成以"生态旅游"为主要旅游产品的北方特色旅游产业。

13.6　本 章 小 结

本章对黑龙江省大小兴安岭森林生态功能区生态产业体系运行的支撑体系进行了分析、归纳和总结，提出了要保证黑龙江省大小兴安岭森林生态功能区生态产业体系平稳、顺利地运行，支撑体系应该包括以下重要的五部分：宏观政策与制度支撑、体制与法律支撑、科技与资金支撑、宣传与管理支撑以及企业培育与生态产业竞争力支撑，并且对每个支撑部分进行了较为详细的阐述。

结　　论

国有林区是我国林业事业发展的核心区域，黑龙江省国有林区是东北地区重要的森林资源宝库，在区域经济社会发展与生态环境保持中扮演着重要角色。随着"天然林资源保护工程"、天然林禁伐等一系列国家林业政策的实施，国有林区在林业经济发展与林业产业建设方面面临诸多困境，如何利用国有林区有效森林资源禀赋，发挥区域林业资源优势，建设林业优势产业与特色产业，推进林业现代化建设与生态化转型，是破解国有林区林业事业发展困境的关键所在，《林业发展"十三五"规划》和《林业产业发展"十三五"规划》则进一步指出了林业经济发展与林业产业建设的具体内容，两个规划中都明确要求"发展林业优势产业，加快林业产业升级"，因此，优化林业产业结构、培养优势林业产业是推动国有林区林业产业发展与林业经济增长的有效途径之一，也是实现林业经济转型与林业生态化建设的根本方式。

本研究以黑龙江省国有林区为例，对龙江森工集团和黑龙江省大小兴安岭森林生态功能区两个具体研究对象分别进行林业产业识别、林业产业结构优化、优势林业产业建设、林业产业发展模式构建等内容的研究，得出以下结论：

1）对龙江森工集团和黑龙江省大小兴安岭森林生态功能区的林业产业识别结果表明，林业三次产业结构均呈现向"一、三、二"的产业结构布局转换，现阶段黑龙江国有林区林业第一产业仍旧是林业系统中的主导产业。从林业三次产业内部次级林业产业类型识别结果来看，林木的培养和种植是林业经济的基础，被识别为基础产业，经济林产品的种植和采集为林业第一产业中的主导次级产业，林木采运为衰退产业；木材加工及竹藤棕苇制品制造仍是林业第二产业中的主导次级产业，但是非木质林产品加工制造存在巨大的发展潜力，为林业第二产业中的潜在产业；林业旅游与休闲服务为林业第三产业中的主导次级产业，其他产业则被识别为一般产业、衰退产业、辅助产业等。

2）从龙江森工集团林业三次产业与各次级产业结构转化分析结果表明，龙江森工集团林业三次产业存在明显的林业第一产业向林业第二、第三产业转化的倾向，林业第三产业的发展潜力巨大。经济林经营对木材采运有较为明显的转化替代倾向，林业第二产业的发展实际上是木质林产品加工向非木质林产品加工的转化，这也恰好与林业第一产业内部结构的转化相一致，林业第三产业内部存在林业居民服务向林业经营服务转化的倾向，现阶段龙江森工集团林业产业结构转化的核心特征是木质林业产业向非木质林业产业转化。

3）龙江森工集团非木质林业产业与产业结构的关联分析结果表明，非木质林业产业对林业产业影响显著，能够作为推进林业经济转型的有效驱动力，带动林业经济发展；龙江森工集团非木质林业产业发展潜力分析则进一步表明，非木质林产品内部次级产业与产业总体之间存在长期协整关系，经济林产品的种植和采集、林业居民服务对非木质林业产业呈现正向带动效应，且长期内趋于稳定；非木质林产品加工制造业、林产化学产品制造以及林业经营服务对非木质林业产业的正向带动效应不显著，其他林业产业对非木质林业产业的带动效应各不相同，但整体上对非木质林业产业增长的带动效应较为明显。

4）黑龙江省大小兴安岭森林生态功能区林业生态产业模式建设的分析结果表明，通过构建"一根两翼"式生态主导型经济发展模式，可以凸显生态型森林资源培育业、木质资源接续产业和非木质资源替代产业三类林业产业的综合发展趋势，其中，生态型森林资源培育业和非木质资源替代产业一直保持较为显著的增长态势，在黑龙江省大小兴安岭森林生态功能区林业生态产业建设过程中扮演了重要角色，而木质资源接续产业受国家林业政策约束，整体呈现衰退态势，但是可以通过优化林业产业结构、合理布局产业体系，不断降低林业政策约束，并不断形成新形势下木质资源接续产业。

针对上述的分析结果，本书从推进林业产业建设视角出发，对推动龙江森工集团非木质林业产业建设和黑龙江省大小兴安岭森林生态功能区林业生态产业建设两个方面进一步给出了若干对策建议。

实际上，林业经济发展与林业产业建设是现阶段国有林区林业事业开展的主要内容，本研究希望能通过对林业产业识别、林业产业结构优化、非木质林业产业发展、林业生态产业建设等一系列典型问题进行分析，找出国有林区林业事业发展过程中的症结所在，并针对性地给出若干解决对策。

参 考 文 献

埃尔克曼. 1999. 工业生态学. 徐兴元译. 北京：经济日报出版社

边志新. 2007. 国有林业资源型城市经济转型的对策. 学术交流，（3）：108～111

蔡炯，高岚，康媛. 2010. 林业资源型城市如何转型. 经济导刊，（1）：58～59

曹建华，王红英. 2005. 林业政策模拟模型研究——一个分析的框架. 江西农业大学学报，（4）：602～606

曹世恩. 1992. 森林资源管理学. 北京：中国林业出版社

曹新. 1998. 产业结构与经济增长. 社会科学辑刊，（1）：49-55，159

曹媛媛. 2016. 石家庄林业产业结构调整研究. 内蒙古农业大学硕士学位论文

陈飞. 2016. 安徽省林业生态经济政策效果评价研究. 安徽农业大学硕士学位论文

陈杰. 2012. MATLAB宝典（第3版）. 北京：电子工业出版社

陈木发. 2007. 林业的可持续发展和森林资源的持续利用. 广东科技，（8）：245～246

诚颖. 1997. 中国产业结构理论和政策研究. 北京：中国财政经济出版社

崔雨晴，徐秀英. 2011. 浙江省非木质林产品产业发展研究. 林业经济问题，（2）：131～136

党耀国，刘思峰，王庆丰. 2011. 区域产业结构优化理论与实践. 北京：科学出版社

邓冬梅. 2016. 林业生态文明评价指标体系构建与应用. 华南农业大学硕士学位论文

丁贺，聂华，张颖. 2014. 中国林业产业结构演变趋势及弹性模型分析. 世界林业研究，27（2）：57～60

丁胜，廖浪涛，温作民，等. 2013. 江苏林业产业发展的关联效应分析. 南京林业大学学报（自然科学版），（2）：118～122

丁郁. 2011. 关于伊春停止森林主伐几个问题的思考. 林业经济，（10）：34～36

董锁成. 1994. 经济地域运动论. 北京：科学出版社

甘海力. 2016. 黔中地区非木质林产品发展现状和对策. 中国林业产业，（6）：248～249

耿利敏，沈文星. 2014. 非木质林产品与减少贫困研究综述. 世界林业研究，（1）：1～6

耿玉德，万志芳. 2006. 黑龙江省国有林区林业产业结构调整与优化研究. 林业科学，（42）：86～93

龚曙明. 2010. 宏观经济统计分析——理论、方法与实务. 北京：中国水利水电出版社

关宏图，王兆君，商瑞. 2007. 伊春林业资源型城市经济转型策略研究. 中国林业经济，（11）：39～42

郭慧光，马丕京，刘富兴. 2000. 生物资源的可持续开发利用. 生态经济，（4）：29-32

郭占胜，靖安猛，魏亚平. 2007. 林业可持续发展能力综合评价指标体系研究. 河南林业科技，（9）：32～33

韩顺法，李向民. 2009. 基于产业融合的产业类型演变及划分研究. 中国工业经济，12：66～75

韩晓静. 2006. 层次分析法在SWOT分析中的应用. 情报探索，5：119～122

胡延杰. 2016. 我国非木质林产品认证发展现状与对策. 林业经济, 38 (9)：43～47

华景伟. 2007. 伊春市国有林业资源型城市经济转型的探讨. 林业经济, (4)：27～30

黄和平, 彭小琳, 孔凡斌, 等. 2014. 鄱阳湖生态经济区生态经济指数评价. 生态学报, 34 (11)：
　　3107～3114

黄烈亚, 翟印礼, 梁霁. 2010. 产业结构变动与林业经济增长：贡献与差异. 林业经济, (4)：
　　113～116

姜传军. 2007. 林业资源型城市经济转型模式选择. 中国林业经济, (3)：26～29

姜四清. 2009. 统筹生态保护和经济转型促进大小兴安岭林区可持续发展. 林业经济, (11)：
　　51～52

姜学民, 时正新, 王全新, 等. 1984. 对生态经济学基本理论问题的探讨——全国生态经济科学
　　讨论会基本理论组观点综述. 环境科学与技术, (3)：46-48, 45

金德刚. 2008. 林业资源型城市经济转型扶持政策研究. 中国林业经济, (9)：34～37

雷加富. 2005. 关于相持阶段的林业产业发展问题——在林业产业建设专题研究班上的讲话.
　　中国林业产业, (9)：6～14

李超, 刘兆刚, 李凤日. 2011. 我国非木质林产品资源现状及其分类体系的研究. 森林工程, (5)：
　　1～7

李臣. 2016. 黑龙江省国有林区林业产业转型研究. 东北林业大学硕士学位论文

李京文, 郑友敬, 齐建国. 1988. 技术进步与产业结构问题研究. 科学学研究, (4)：43-54, 114

李孟刚. 2010. 产业经济学. 北京：高等教育出版社

李鹏丹, 张雅丽. 2016. 西部地区农户经营非木质林产品对收入影响分析. 林业经济, (11)：
　　92～96

李秋娟, 陈绍志, 胡延杰. 2016. 非木质林产品认证发展现状. 世界林业研究, 29 (1)：14～18

李洋, 王雅提. 2017. 非木质林产品绿色供应链研究综述. 林业经济, 39 (6)：42～48

李有润, 沈静珠, 胡山鹰, 等. 2001. 生态工业及生态工业园区的研究与进展. 化工学报, (3)：
　　189～192

李子奈, 叶阿忠. 2012. 高级应用计量经济学. 北京：清华大学出版社

利忠. 2004. 论生态林业与林业可持续发展的有效途径. 林业调查规划, (4)：45～47

梁伟军, 易法海. 2007. 生态产业演进机制研究. 经济纵横, (20)：70～73

廖冰, 陈思杭, 金志农. 2014a. 林业科技进步对林业经济增长贡献率分析——以江西省为例. 农
　　村经济与科技, (9)：39～42

廖冰, 廖文梅, 金志农. 2014b. 林业产业结构变动对林业经济增长影响的实证分析——以江西
　　省为例. 新疆农垦经济, (4)：51～55

廖灵芝, 吕宛青. 2015. 中国林产品贸易壁垒研究综述. 林业经济问题, (6)：558～561

林剑平, 吴跃红, 陈松岭. 2007. 林业资源型城市转型及可持续发展研究. 西北林学院学报,
　　22, (6)：150～152

林世祥. 2007. 福安市林业生态与产业发展对策. 防护林科技, (1)：55～57

林毅夫. 1999. 要素禀赋比较优势与经济发展. 中国改革, 8：14～16

刘超. 2005. 循环经济与林业可持续发展研究. 林业经济问题, (10)：257～260

刘思峰, 党耀国. 2010. 灰色系统理论及其应用（第五版）. 北京：科学出版社

刘思峰，李炳军，杨岭，等. 1998. 区域主导产业评价指标与数学模型. 中国管理科学，（6）：8～13

刘思华. 1994. 生态与经济协调互促：现代经济发展模式的重构. 中南财经大学学报，（1）：35～40，116

刘显凤，戚福庆. 2001. 林业产业化发展剖析. 林业勘查设计，（2）：72

刘增文，李雅素. 2003. 论生态系统的可持续性和持续林业. 西北林学院学报，18，（4）：151～155

刘增文，李雅素，李文华. 2003. 关于生态系统概念的讨论. 西北农林科技大学学报（自然科学版），（06）：204～208

刘振. 2004. 发展循环经济，实现可持续发展——自组织超循环运行机理透视. 节能与环保，（8）：12～14

卢萍，罗明灿. 2009. 非木质林产品开发利用研究综述. 内蒙古林业调查设计，（4）：97～100

吕洁华，张洪瑞，张滨. 2014a. 基于马尔可夫二次规划模型的黑龙江省林业产业结构的有序度测算与优化. 林业科学，（9）：138～144

吕洁华，张滨，张洪瑞. 2014b. 基于灰色发展决策的林业产业类型的识别研究——以黑龙江省为例. 林业经济问题，（3）：236～242，249

吕洁华，张滨，张洪瑞. 2014c. 基于灰色发展决策的伊春市林业产业类型识别分析. 林业经济，（5）：90～94

吕盈. 2013. 我国林业产业结构变动的库兹涅茨经验法则分析. 求索，（7）：32～34

罗小龙，甄峰. 2000. 生态位态势理论在城乡结合部应用的初步研究——以南京市为例. 经济地理，（2）：55～59

马边防. 2009. 为大小兴安岭生态功能区建设提供制度保障. 黑龙江日报，2009-07-21（012）

牛乌日娜. 2016. 内蒙古林业产业结构的发展状况研究. 中国林业产业，（5）：202

潘炜栋. 2013. 产业结构对林业经济增长贡献程度的统计分析. 特区经济，（10）：177～179

齐泓鑫，赵丹丹，迟鸾仪. 2011. 恢复东北生态屏障 停止大小兴安岭主伐. 北方时报，2011-02-24（001）

齐木村，于波涛. 2015. 基于 DEA 方法的林业生态经济模式投入产出效率分析——以黑龙江森工林区为例. 安徽农业科学，43（17）：249～251，281

邱方明，沈月琴，朱臻，等. 2014. 林业标准化实施对林业经济增长的影响分析——基于 C-D 生产函数. 林业经济问题，（4）：324～329

曲格平. 2001. 发展循环经济是 21 世纪的大趋势. 中国环保产业，（2）：18～22

宋永贵. 2016. 非木质林产品认证助沾化冬枣走出国门. 中国绿色时报（A2）

苏东水. 2010. 产业经济学（第三版）. 北京：高等教育出版社

田军，张朋柱，王刊良，等. 2004. 基于德尔菲法的专家意见集成模型研究. 系统工程理论与实践，1：57～62

汪伟. 2016. 汶川县林业生态经济体系建设的战略思考. 经营管理者，（36）：268

王丹. 2006. 加强中俄合作促进东北林业资源型城市经济转型. 群言堂，（10）：43～45

王德鲁. 2004. 城市衰退产业识别方法及转型模式研究. 大连理工大学硕士学位论文

王满. 2010. 我国主要林业产业类型生产现状和布局. 林业经济，（8）：82～85，99

王玉芳，李朝霞，徐永乐. 2014. 龙江森工集团非木质林产品对企业经济增长影响研究. 林业经济，（9）：16～21

王玉芳，周妹，曹娟娟. 2015. 大小兴安岭国有林区经济转型与经济增长的关系分析. 林业经济问题，（2）：127～132

王玉芳，周妹，李静. 2016. 大小兴安岭国有林区转型发展进程评价. 林业经济，38（10）：22～27

王兆君，黄凤，关宏图. 2009. 林业资源型城市可持续发展的制度创新. 北京林业大学学报，（9）：100～104

魏斌，王晓燊. 2017. 辽宁省2010～2014年林业产业结构分析. 辽宁林业科技，（1）：34～37

吴士兵，印有瑜. 2009. 林业资源型城市经济转型模式分析及选择. 中国林副特产，10：90～92

吴亚奇，谢彦明，黄辰. 2015. 我国林业经济增长模式的实证分析. 中国林业经济，（6）：54～57

吴易明. 2002. 循环经济与经济可持续发展. 经济师，（10）：32～33

吴志文，杨淑军. 2005. CDM机制对中国林业发展和生态效益补偿的启示//2005年中国科协学术年会分26会场论文集，99～101

肖利容，杨校生，王斌，等. 2012. 浙江省林业产业结构现状以及变化趋势分析. 湖南农业科学，（13）：114-116.

肖兴志，彭宜钟，李少林. 2012. 中国最优产业结构：理论模型与定量测算. 经济学（季刊），12（1）：135～162

谢乃明，刘思峰. 2005. 离散GM（1，1）模型与灰色预测模型建模机理. 系统工程理论与实践，25（1）：93～99

谢彦明，张晶，张倩倩. 2012. 云南林业产业结构偏离份额分析. 西南林业大学学报，32（3）：75～79

徐传谌，谢地. 2007. 产业经济学. 北京：科学出版社

徐国祥. 2008. 统计预测与决策（第三版）. 上海：上海财经大学出版社

许智慧. 2013. 马尔可夫状态转移概率矩阵的求解方法研究. 东北农业大学硕士学位论文

严茂超. 2001. 生态经济学新论：理论、方法与应用. 北京：中国致公出版社

杨阳，田刚. 2015. 基于实证分析的中国林业产业结构关系研究. 林业经济问题，（3）：268～271

余智敏，田治威，潘焕学，等. 2014. 基于VAR模型的林业经济增长与林产品进出口贸易关系研究. 广东农业科学，（21）：192～196，209

臧良震，张彩虹，郝佼辰. 2014. 中国农村劳动力转移对林业经济发展的动态影响效应研究. 林业经济问题，（4）：304～308，313

曾昭文，罗春雨，王洋，等. 2008. 大小兴安岭生态功能区发展对策研究. 国土与自然资源研究，（3）：69-70

张爱美，谢屹，温亚利，等. 2008. 我国非木质林产品开发利用现状及对策研究. 北京林业大学学报（社会科学版），（3）：47～51

张波，商豪. 2009. 应用随机过程（第二版）. 北京：中国人民大学出版社

张朝辉，耿玉德. 2015. 基于路径演化理论的国有林区林业产业发展研究. 林业经济问题，（2）：97～102

张晨. 2010. 我国资源型城市绿色转型复合系统研究. 南开大学博士学位论文

张大红. 2005. 中国林业经济发展问题：基点·视角·途径. 绿色中国，（1）：24～28

张菊，陈实，王利明，等. 2017. 浅析内蒙古林业产业结构的发展现状. 内蒙古林业调查设计，

40（2）：97～99

张坤. 2003. 循环经济理论与实践. 北京：中国环境科学出版社

张蓬涛，封志明. 2002. 西部地区旅游资源综合分析与开发对策. 资源科学，24，（2）

张琦，万志芳. 2016. 黑龙江省国有林区林业产业转型模式的构建. 东北林业大学学报，44（4）：102～106

张松. 2015. 非木质林产品开发利用对林区职工住户收入的影响研究. 东北林业大学硕士学位论文

张维宸，韩忠彧. 2011. 未来区域经济格局下的国土规划. 中国土地，（7）：45～48

张映. 2007. 黑龙江省伊春林区生态林业可持续发展分析. 东北林业大学学报，（12）：63～65

张於情，王玉芳. 2004. 林业生态建设的成效、问题及对策. 林业经济问题，（4）：227～230

张雨竹，王玉芳，宫力平. 2016. 黑龙江省非木质林产品产业与林业产业结构关联分析. 林业经济，38（2）：68～74

张智光. 2007. 林业生态与林业产业协调发展研究综述. 林业经济，（3）：66～69

赵丹，彭芳，梁洁，等. 2016. 西南地区林业产业集聚水平研究. 兴义民族师范学院学报，（6）：21～24

赵静. 2014. 江西省非木质林产品产业发展及其对区域林业及林农收入的影响研究. 北京林业大学博士学位论文

赵良平，李冰，高均凯，等. 2004. 论全国林业生态建设与治理的问题与方向. 水土保持研究，（12）：179～182

赵林美. 2016. 林业投资政策对林业生态经济的贡献度分析. 赤峰学院学报（自然科学版），32（1）：94～96

赵树宽，姜红. 2007. 基于创新结构效应的产业类型划分及判定方法研究. 中国工业经济，（7）：40～46

赵旭. 1999. 生态城市的可持续发展机制. 科技导报，（12）：55～57

郑新宇. 2016. 河池市林业产业发展研究. 广西大学硕士学位论文

钟艳，李湘玲，史常亮. 2011. 东北地区林业产业结构变动对林业经济增长的贡献. 资源开发与市场，（11）：1006～1009

周宏春，刘燕华. 2005. 循环经济学. 北京：中国发展出版社

朱玉杰，高晓雨，杨冕. 2011. 黑龙江省林业产业结构优化的灰色决策. 东北林业大学学报，（4）：113～115

朱玉林，陈洪. 2007. 基于可持续发展理论的林业循环经济研究. 生态经济，（6）：108～110

朱臻，沈月琴，吕秋菊，等. 2011. 非木质林产品生产的投入要素及影响因素实证分析. 自然资源学报，（2）：201～208

朱震锋，曹玉昆，王非，等. 2016. 黑龙江森工林区产业结构相似度测算及动态评价. 林业经济问题，（3）：197～202

Allenby B. 1999. Industrial Ecology：Policy Framework and Implementation. Prentice Hall

Angelsen A，Kaimowitz D. 1999. Rethinking the cause of deforestation：lessons from economic models. The World Bank Research Observer，（14）：73～98

Ayre G，Callway R. 2005. Governance for Sustainable Development：A Foundation for the Future. Earthscan

Bradshaw A D. 1983. The reconstruction of ecosystem. Journal of Applied Ecology, (20): 1~17

Brown M T. 2005. Landscape restoration following phosphate mining: 30 years of co-evolution of science, industry and regulation. Ecological Engineering. 24 (4): 309~329

Carree M A. 2002. Industrial Restructuring and Economic Growth. Small Business Economics, (6): 312~314

Chen J D, Wu Y Y, Song M L, et al. 2017. Stochastic frontier analysis of productive efficiency in China's Forestry Industry. Journal of Forest Economics, (5): 87~95

Clark C G. 1940. Conditions of economic progress. London: Macmillan Press

Drucker J. 2013. Industrial structure and the sources of agglomeration Economies: evidence from manufacturing plant production. Growth and Change, 44 (1): 54~91

Escobal J, Aldana U. 2003. Are nontimber forest products the antidote to rainforest degradation? Brazil nut extraction in Madre De Dios, Peru. World Development, (31): 1873~1887

FAO. 1984. Forestry division, Forestry: Statistics today for tomorrow, 1995 FAO//Guidelines: land evaluation for rainfed agriculture (FAO soil bulletin No. 52), Rome

FAO. 1997. 2006-01-15More than wood-Special options on multiple use of forests 1997. http: //fao. org/docrep/v2535e/v2535e00.htm[2006-01-15]

Frosch R A, Gallopoulos N E. 1992. Towards an Industrial Ecology. The Treatment and Handling of Wastes, 269~292

Gol. National Working Plan Code. 2004. Ministry of Environment and Forests, Government of India, 1~48

Grainger A, Malayang B S. 2006. A model of policy changes to secure sustainable forest management and control of deforestation in the Philippines. Forest Policy and Economics, 8, (1): 67~80

Hirschman A O. 1958. The Strategy of Economic Development. New Haven: Yale University Press

IIFM. 2005. Refining indicators of Bhopal-India process and implementation strategy of criteria and indicators for sustainable forest management in India. In National Workshop proceeding

Janse G, Ottitsch A. 2007. Factors influencing the role of Non-Wood Forest Products and Services. Forest Policy and Economics, 7 (3): 309-319

Kangas A., Kangas J., Laukkanen S. 2006. Fuzzy multicriteria approval method and its application to two forest planning problems. Forest Science, 52, (3): 232~242

Khanina L G, Bobrovsky M V, Karjalainen T, et al. 2001. A review of recent projects on forest biodiversity investigations in Europe including Russia. Joensuu, Finland: European Forest Institute

Kilchling P, Hansmann R, Seeland K. 2009. Demand for non-timber forest products: Surveys of urban consumers and sellers in Switzerland. Forest Policy and Ecomomics, 7 (11): 294~300

Kotwal P C, Omprakash M D, Gairola S. 2008. Ecological Indicators: Imperative to sustainable forest management. Ecological Indicators, (8): 104~107

Lantz V. 2002. Is there an Environmental Kuznets Curve for clearcutting in Canadian forests?. Journal of Forest Economics, 8 (3): 199-212

Mamo G, Sjaastad E, Vedeld P. 2007. Economic dependence on forest resources: A case from Dendi District, Ethiopia. Forest Policy and Economics, (9): 916~927

Mater J. 2005. The role of forest industry in the future of the world. Forest Products Journa1, 55, (9): 4~11

McDermott C, Cashore B, Kanowski P. 2010. Global environment forest policies-an international comparison. Management of Environmental Quality, (1)

Mulenga B P, Richardson R B, Tembo G. 2012. No-timber forest products and rural poverty alleviation in Zambia. Lusaka, Zambia: Indaba Agricultural Policy Research Institute, 125~149

Namaalwa J, Sankhayan P L, Hofstad O. 2007. A dynamic bio-economic model for analyzing deforestation and degradation: An application to woodlands in Uganda. Forest policy and Economics, (9): 479~495

Peneder M. 2003. Industrial structure and aggregate growth. Structual Change and Economic Dynamics, 14 (11): 427~448

Schlarb M. 2001. Eco-Industrial Development: A Strategy for Building Sustainable Communities. Economic Development Administration, 1~32

Shahi C K, Kant S. 2005. An evolutionary game theoretic approach to joint forest management. Working Paper, Faculty of Forestry, University of Toronto, Toronto, Canada

Shahi C K, Kant S. 2007. An evolutionary game-theoretic approach to the strategies of community members under Joint Forest Management regime. Forest Policy and Economics, (9): 763~775

Strynmetes N. 2012. Non-wood forest products for livelihoods/Productos forestales no maderables como medios de vida. Bosque (Valdivia), (3): 329~332

Valli V, Saccone D. 2009. Structual Change and Economic Development in China and India. The European Journal of Comparative Economics, 6 (1): 101~129

Wohlfahrt G. 1996. The Swedish forest industry in the ecocycle. Unasylva (FAO), (187): 265~273

附　　录

附录1　2003～2015 年龙江森工集团林业系统产值构成情况　单位：万元

年份	林业系统产业产值				林业系统涉林产业产值			
	合计	林业第一产业	林业第二产业	林业第三产业	合计	林业第一产业	林业第二产业	林业第三产业
2003	1 373 765	546 926	551 294	275 545	731 316	252 710	445 542	33 064
2004	1 514 657	626 101	591 405	297 151	816 710	287 556	485 084	44 070
2005	1 636 524	693 420	614 052	329 052	910 756	351 587	504 726	54 443
2006	1 820 460	781 851	664 253	374 356	870 585	382 755	428 231	59 599
2007	2 160 680	966 226	767 707	426 747	1 021 158	452 966	502 718	65 474
2008	2 450 449	1 089 627	843 945	516 877	1 116 138	488 252	537 290	90 596
2009	2 968 920	1 139 158	1 232 747	597 015	1 251 408	491 570	626 517	133 321
2010	3 440 190	1 337 092	1 391 445	711 653	1 383 799	541 705	676 058	166 036
2011	3 897 045	1 524 894	1 488 274	883 877	1 505 330	689 098	552 330	263 902
2012	4 414 494	1 685 271	1 675 562	1 053 661	1 616 017	650 623	625 016	340 378
2013	4 952 635	1 833 074	1 844 846	1 274 715	1 917 762	829 326	673 169	415 267
2014	4 781 827	1 884 022	1 514 217	1 383 588	1 789 277	812 170	537 169	439 938
2015	5 013 894	1 948 797	1 498 675	1 566 422	1 957 836	914 735	445 401	597 700

资料来源：2003～2015 年《中国林业统计年鉴》。

附录2　2003～2015 年龙江森工集团林业第一产业内部构成情况（涉林部分）

单位：万元

年份	林业第一产业内部涉林部分产业产值						重新分类后		
	合计	林木的培养和种植	木材采运	经济林产品的种植和采集	花卉的种植	动物繁育和利用	花卉种植与动物利用	经济林经营和木材采运	其他林业生产
2003	252 710	16 430	198 075	38 205	0	0	0	236 280	16 430
2004	287 556	20 146	206 766	60 062	0	582	582	266 828	20 728
2005	351 587	19 876	249 315	82 005	30	361	391	331 320	20 267
2006	382 755	18 981	293 137	68 029	116	2 492	2 608	361 166	21 589
2007	452 966	22 024	347 540	81 221	97	2 084	2 181	428 761	24 205
2008	488 252	23 234	367 528	91 130	116	6 244	6 360	458 658	29 594
2009	491 570	25 127	338 693	120 399	50	7 301	7 351	459 092	32 478

| 年份 | 林业第一产业内部涉林部分产业产值 | | | | | | 重新分类后 | | |
	合计	林木的培养和种植	木材采运	经济林产品的种植和采集	花卉的种植	动物繁育和利用	花卉种植与动物利用	经济林经营和木材采运	其他林业生产
2010	541 705	35 607	370 475	127 990	40	7 593	7 633	498 465	43 240
2011	689 098	94 142	222 580	363 624	342	8 410	8 752	586 204	102 894
2012	650 623	124 372	156 138	356 514	16	13 583	13 599	512 652	137 971
2013	829 326	149 824	87 295	579 954	0	12 253	12 253	667 249	162 077
2014	812 170	131 360	77 924	593 592	50	9 244	9 294	671 516	140 654
2015	914 735	142 382	2 261	758 346	48	11 698	11 746	760 607	154 128

注：由于部分林业涉林产业相对于同级别林业涉林产业产值太小，属于次要林业涉林产业，因此出于后续分析的需要将部分林业涉林产业进行合并。其中花卉种植与动物利用包括花卉的种植与动物繁育和利用两部分，经济林经营和木材采运包括经济林产品的种植和采集、木材采运两部分，其他林业生产包括林木的培养和种植、花卉的种植与动物繁育和利用三部分。

附录3　2003～2015年龙江森工集团林业第二产业内部构成情况（涉林部分）

单位：万元

| 年份 | 林业第二产业内部涉林部分产业产值 | | | | | | | 重新分类后 | |
	合计	木材加工及竹藤棕苇制品制造	木竹藤家具制造	木竹苇浆造纸	林产化学产品制造	木质工艺品和木质文教体育用品制造	非木质林产品加工制造业	其他	初级林木产品加工	其他林产品加工
2003	445 542	285 792	29 291	4 243	5 572	0	39 077	81 567	285 792	159 750
2004	485 084	297 942	33 610	10 320	4 007	5 177	34 293	99 735	297 942	187 142
2005	504 726	318 717	31 564	9 114	517	5 891	40 565	98 358	318 717	186 009
2006	428 231	346 857	41 604	4 139	7 450	5 759	9 590	12 832	346 857	81 374
2007	502 718	411 368	51 319	13 553	1 200	4 935	5 798	14 545	411 368	91 350
2008	537 290	429 320	66 285	7 964	2 983	4 491	3 028	23 219	429 320	107 970
2009	626 517	479 361	75 495	10 291	20 000	8 661	9 271	23 438	479 361	147 156
2010	676 058	522 091	91 988	4 248	9 800	7 701	4 877	35 353	522 091	153 967
2011	552 330	412 162	77 076	96	11 040	3 624	7 344	40 988	412 162	140 168
2012	625 016	481 270	83 889	210	15 687	13 312	7 529	23 119	481 270	143 746
2013	673 169	509 604	85 866	262	11 280	17 997	24 316	23 844	509 604	163 565
2014	537 169	363 210	66 758	477	5 600	17 911	26 094	57 119	363 210	173 959
2015	445 401	261 474	68 119	607	4 720	8 510	33 778	68 193	261 474	183 927

注：初级林木产品加工仅包括木材加工及竹藤棕苇制品制造，其他林产品加工包括林业第二产业涉林部分除木材加工及竹藤棕苇制品制造以外的其他所有林业次级产业。

附录4　2003～2015年龙江森工集团林业第三产业内部构成情况（涉林部分）

单位：万元

| 年份 | 林业第三产业内部涉林部分产业产值 | | | | | | 重新分类后 | |
	合计	林业生产服务	林业旅游与休闲服务	林业生态服务	林业专业技术服务	林业公共管理及其他组织服务	林业居民服务	林业经营服务
2003	33 064	6 210	20 747	0	5 546	561	26 957	6 107
2004	44 070	8 044	24 638	0	10 825	563	32 682	11 388
2005	54 443	8 281	32 377	0	13 551	234	40 658	13 785
2006	59 599	3 334	46 456	0	7 221	2 588	49 790	9 809
2007	65 474	2 742	59 536	0	574	2 622	62 278	3 196
2008	90 596	3 174	83 638	0	1 706	2 078	86 812	3 784
2009	133 321	3 092	116 539	118	1 798	11 774	119 631	13 690
2010	166 036	2 146	154 835	0	1 403	7 652	156 981	9 055
2011	263 902	1 834	227 966	8 705	8 856	16 541	229 800	34 102
2012	340 378	2 164	314 830	9 648	2 818	10 918	316 994	23 384
2013	415 267	7 062	384 768	1 193	3 376	18 868	391 830	23 437
2014	439 938	3 744	416 518	0	4 070	15 606	420 262	19 676
2015	597 700	11 985	480 882	4 852	24 330	75 651	492 867	104 833

注：林业居民服务包括林业旅游与休闲服务、林业生态服务两个方面，林业经营服务包括林业生产服务、林业专业技术服务、林业公共管理及其他组织服务三个方面。

附录5　2003～2015年黑龙江省大小兴安岭森林生态功能区林业系统产值构成情况

单位：万元

| 年份 | 林业系统产业产值 | | | | 林业系统涉林产业产值 | | | |
	总计	林业第一产业	林业第二产业	林业第三产业	合计	林业第一产业	林业第二产业	林业第三产业
2003	963 028.3	371 145.7	448 140.5	143 742.1	493 639.8	194 487.7	279 010	20 142.1
2004	1 115 531	444 461	493 634	177 435.5	540 131.2	208 442.5	305 125	26 563.7
2005	1 151 491	483 889.4	472 958	194 643.2	562 734.3	230 857.3	298 215.5	33 661.5
2006	1 280 089	524 175.9	523 052.4	232 861.1	646 721.8	251 352.9	343 068.4	52 300.5
2007	1 530 802	693 229	586 392	251 181	859 073	341 077	432 476	85 520
2008	1 741 011	773 225	710 203	257 583	952 950	352 795	495 096	105 059
2009	2 148 158	844 963	986 026	317 169	1 051 010	364 511	550 429	136 070
2010	2 500 461	1 011 541	1 106 995	381 925	1 195 979	405 074	603 147	187 758
2011	2 894 556	1 197 446	1 101 599	595 511	1 330 448	505 079	553 138	272 231
2012	3 309 128	1 387 585	1 265 626	655 917	1 559 128	580 096	624 501	354 531
2013	3 712 547	1 599 240	1 363 020	750 286.3	1 764 377	711 270.7	655 361	397 745.8
2014	3 155 092	1 497 043	861 567	796 482.6	1 444 737	596 137.3	420 241	428 358.6
2015	2 979 100	1 447 869	676 028	855 203	1 301 611	588 719.1	225 511	487 381

注：上述数据由伊春市、黑河市以及大兴安岭地区林业产业数据构成，其他地区数据忽略不计，下同。

附录6　2003～2015年黑龙江省大小兴安岭森林生态功能区林业第一产业内部构成情况

单位：万元

年份	合计	林业系统涉林产业						林业系统非林产业
		涉林产业合计	林木的培育和种植	木材采运	经济林产品的种植和采集	花卉的种植	动物繁育和利用	
2003	371 145.7	194 487.7	21 365	154 254.9	18 867.8	0	0	176 658
2004	444 461	208 442.5	22 216	167 778.3	18 448.2	0	0	236 018.5
2005	483 889.4	230 857.3	22 341.4	178 957.4	29 558.5	0	0	253 032.1
2006	524 175.9	251 352.9	15 801.6	195 403.7	38 338.6	56	1 753	272 823
2007	693 229	341 077	19 172	247 308	63 476	72	11 049	352 152
2008	773 225	352 795	20 273	265 305	57 433	143	9 641	420 430
2009	844 963	364 511	28 221	232 153	93 171	273	10 693	480 452
2010	1 011 541	405 074	42 963	234 680	109 123	877	17 431	606 467
2011	1 197 446	505 079	160 120	119 797	205 131	2 731	17 300	692 367
2012	1 387 585	580 096	171 682	108 750	273 374	728	25 562	807 489
2013	1 599 240	711 270.7	253 122.3	74 015.25	353 051.4	1 812.74	29 269	887 969.6
2014	1 497 043	596 137.3	165 657.6	21 787.5	374 678.8	2 599.48	31 414	900 905.2
2015	1 447 869	588 719.1	174 405.8	497.6	386 963	2 710.72	24 142	859 149.4

附录7　2003～2015年黑龙江省大小兴安岭森林生态功能区林业第二产业内部构成情况

单位：万元

年份	合计	林业系统涉林产业								林业系统非林产业
		涉林产业合计	木材加工及木竹藤棕苇制品制造	木竹藤家具制造	木竹苇浆造纸	林产化学产品制造	木质工艺品与木质文教体育用品制造	非木质林产品加工制造业	其他	
2003	448 140.5	279 010	233 660.9	34 374.9	4 237.6	4 033.6	2 703	0	—	169 130.5
2004	493 634	305 125	251 113	39 653	3 367	7 730	3 165	97	—	188 509
2005	472 958	298 215.5	245 766	39 603	3 330	3 625.5	4 544	1 347	—	174 742.5
2006	523 052.4	343 068.4	290 316.4	39 625	4 139	2 058	4 089	2 841	—	179 984
2007	586 392	432 476	350 763	58 774	6 712.6	7 377.2	4 830.2	4 019	—	153 916
2008	710 203	495 096	372 599.5	62 734	10 215.8	35 348.9	8 950.8	5 247	—	215 107
2009	986 026	550 429	406 570	70 232	13 705.4	21 792.9	11 445.7	26 683	—	435 597
2010	1 106 995	603 147	453 168	69 113	7 112.3	24 970.8	10 945.9	37 837	—	503 848
2011	1 101 599	553 138	391 249	68 551	9 478.7	38 073.6	19 770.7	26 015	—	548 461
2012	1 265 626	624 501	448 064	78 040	11 247	38 640.5	27 549.5	20 960	—	641 125
2013	1 363 020	655 361	418 761.5	84 701	5 683.5	53 166.75	19 287.25	73 761	—	707 659
2014	861 567	420 241	226 577	52 088	357	45 877	7 616	35 263	52 463	441 326
2015	676 028	225 511	77 480	52 855	487	10 554	2 618	48 589	32 928	450 517

附录8　2003~2015年黑龙江省大小兴安岭森林生态功能区林业第三产业内部构成情况

单位：万元

| 年份 | 合计 | 林业系统涉林产业 | | | | | | 林业系统非林产业 |
		涉林产业合计	林业生产辅助服务	林业旅游与休闲服务	林业生态服务	林业专业技术服务	林业公共管理服务及其他组织服务	
2003	143 742.1	20 142.1	0	18 577.9	549.2	1 015	0	123 600
2004	177 435.5	26 563.7	731.8	24 251.7	373.2	1 207	0	150 871.8
2005	194 643.2	33 661.5	1 023	31 978.6	659.9	0	0	160 981.7
2006	232 861.1	52 300.5	4 971.5	43 029.2	1 179.5	2 382	738.3	180 560.6
2007	251 181	85 520	8 266	64 239	1 569	2 386	9 060	165 661
2008	257 583	105 059	6 027	89 011.1	3 217.9	2 595	4 208	152 524
2009	317 169	136 070	8 055	113 653	5 816	2 005	6 541	181 099
2010	381 925	187 758	6 431	159 556	13 917	2 192	5 662	194 167
2011	595 511	272 231	14 987	218 632	15 911	2 489	20 212	323 280
2012	655 917	354 531	14 215	293 067	15 444	5 292	26 513	301 386
2013	750 286.3	397 745.8	9 021.5	338 322.9	8 086.5	5 230.5	37 084.44	352 540.5
2014	796 482.6	428 358.6	11 733	368 134.7	2 666	8 257	37 567.88	368 124
2015	855 203	487 381	10 768	359 050	2 880	8 921	105 762	367 822

附录9　龙江森工集团林业三次产业结构的转移矩阵的二次规划算法的MATLAB命令

```
>>H1=[2.144941    −2.087957    −2.344288    −0.624794；−2.087957    2.046058    2.278456
0.610863；−2.344288    2.278456    2.733995    0.604603；−0.624794    0.610863    0.604603
0.232103]；
>>H2=[2.414585    −2.126241    −2.558956    −0.550121；−2.126241    2.046058    2.278456
0.610863；−2.558956    2.278456    2.733995    0.604603；−0.550121    0.610863    0.604603
0.232103]；
>>H3=[0.323258    −0.721179    −0.713811    −0.272654；−0.721179    2.046058    2.278456
0.610863；−0.713811    2.278456    2.733995    0.604603；−0.272654    0.610863    0.604603
0.232103]；
>>M1=[1/3 1/3 1/3 1/3 1/3 1/3 1/3 1/3 1/3；1 0 0 0 0 0 0 0 0；0 1 0 0 0 0 0 0 0；0 0 1 0 0 0 0 0 0]；
>>M2=[1/3 1/3 1/3 1/3 1/3 1/3 1/3 1/3 1/3；0 0 0 1 0 0 0 0 0；0 0 0 0 1 0 0 0 0；0 0 0 0 0 1 0 0 0]；
>>M3=[1/3 1/3 1/3 1/3 1/3 1/3 1/3 1/3 1/3；0 0 0 0 0 0 1 0 0；0 0 0 0 0 0 0 1 0；0 0 0 0 0 0 0 0 1]；
>>H11=M1'*H1*M1；
>>H22=M2'*H2*M2；
>>H33=M3'*H3*M3；
>>H=H11+H22+H33；
```

```
>>f=[0; 0; 0; 0; 0; 0; 0; 0; 0];
>>A=[1 1 1 0 0 0 0 0 0; -1 -1 -1 0 0 0 0 0 0; 0 0 0 1 1 1 0 0 0; 0 0 0 -1 -1 -1 0 0 0; 0 0 0 0 0 0 1 1 1;
0 0 0 0 0 0 -1 -1 -1];
>>b=[1; -1; 1; -1; 1; -1];
>>lb=zeros(1, 2, 3, 4, 5, 6, 7, 8, 9);
>>[x, fval, exitflag, output, lambda]=quadprog(H, f, A, b, [], [], lb);

>>x

x=

     0.8926
     0.1073
     0.0001
     0.0000
     0.9314
     0.0686
     0.0660
     0.0000
     0.9340
```